100 MYFYRDOD
AR RAI O EMYNAU ENWOCAF CYMRU

HUW POWELL-DAVIES

CYHOEDDIADAU'R
GAIR

Cyflwynedig
er cof am
Lloyd Evans
fu'n mynegi llawer o'i brofiad
mewn emyn ac ar gân

ⓗ Cyhoeddiadau'r Gair 2004

Ail argraffiad 2018

Testun gwreiddiol: Huw Powell-Davies

Dymuna'r cyhoeddwyr gydnabod cymorth
Adrannau Cyngor Llyfrau Cymru.

Golygydd Cyffredinol: Aled Davies

ISBN 1 85994 495 7
Argraffwyd ym Mhrydain.

**Cyhoeddwyd gan
Cyhoeddiadau'r Gair, Cyngor Ysgolion Sul Cymru,
Ael y Bryn, Chwilog, Pwllheli, LL53 6SH
www.ysgolsul.com**

CYNNWYS

RHAGAIR

Un peth sy'n ein taro wrth edrych ar ein llyfr emynau cydenwadol newydd, *Caneuon Ffydd*, ydy amrywiaeth yr emynau a geir ynddo a bod y fath amrywiaeth ar gael inni i'w ddefnyddio wrth foli Duw yn y Gymraeg. Mae'r llun ar glawr y gyfrol hon yn ein hatgoffa fel y daeth ein hemynau yn rhan o'n gwead fel cenedl. Fy ngweddi i yw y bydd y gyfrol hon yn gymorth i ni fel unigolion a chynulleidfaoedd i droi profiad ein hemynwyr yn brofiad i ni eto wrth inni fyfyrio ar eu cynnwys a'u defnyddio i foli Duw y Tad, y Mab a'r Ysbryd Glân, ac y bydd y gyfrol yn gyfrwng bendith i'r rhai sy'n ei defnyddio.

Gosodwyd cant o emynau a myfyrdodau a gweddïau yma ynghyd, a hynny yn yr un drefn ag yr ymddengys yr emynau yn *Caneuon Ffydd*, gan redeg o'r naill adran i'r llall. Ceisiwyd cael rhywfaint o gydbwysedd rhwng yr adrannau, ond dewis personol wedi'r cyfan oedd y cant, ac arnaf fi mae'r bai os nad yw hoff emyn y darllenydd wedi ei gynnwys! Er bod cyfeiriad at gefndiroedd rhai o'r emynau, bwriad y gyfrol yw cynnig myfyrdod ar yr emyn dan sylw fydd yn arweiniad i ddefosiwn personol neu addoliad cyhoeddus, ac nid yw'n ffynhonnell ddihysbydd o wybodaeth amdanyn nhw.

Rhoddwyd cyfeiriadau Beiblaidd ym mhob un o'r myfyrdodau fel y gellir eu tynnu allan a darllen o'u cwmpas cyn canu'r emyn a myfyrio arno. Daw'r dyfyniadau Beiblaidd o'r Beibl Cymraeg Newydd, Argraffiad Diwygiedig, oni nodir yn wahanol (BWM: Beibl William Morgan). Ni fwriadwyd y gweddïau ond fel canllawiau i ysgogi ein gweddïau ein hunain. Cofiwn fod llawer iawn o'r emynau yn weddïau ynddynt eu hunain, ac wrth gofio eleni ganmlwyddiant Diwygiad 1904/5 yma yng Nghymru, boed inni eu defnyddio i ddiolch i Dduw am ei ffyddlondeb tuag atom ac i erfyn ar iddo ein dwyn yn nes ato, ac ymweld â ni drachefn yn nerth ei Ysbryd Glân.

Mae fy niolch yn fawr iawn i amryw byd o unigolion am eu cymorth imi. Pobl dda fel Alwenna Roberts, am ei chymorth yn teipio rhai o'r myfyrdodau; i Aled Lloyd Davies am ei gyngor ac am gael manteisio ar ei storfa fawr o wybodaeth yn y maes hwn; i'r golygydd am ei gymorth a'i ofal, ac i 'nheulu, Nan yn enwedig, a fu'n fy annog ymlaen yn y gwaith. Os erys unrhyw ddiffygion yn y gwaith, yna arnaf fi, a neb arall, y mae'r bai am y rheiny.

Huw Powell-Davies

CYFLWYNIAD

Buom fel Cymry yn ffodus ryfeddol yn ein hemynwyr dros y cenedlaethau, ac oherwydd ein bod fel cenedl wedi ein bendithio ag elfen gerddorol, mae'n eithaf posibl ein bod wedi anwylo mwy ar eiriau ein hemynau na llawer cenedl arall. Gwelodd yr hen Ficer Prichard hyn yn nechrau'r ail ganrif ar bymtheg trwy gyfrwng ei *Salmau Cân*, ac mae'r emyn wedi bod yn gyfrwng eneiniedig gan gredinwyr yng Nghymru i ddatgan eu ffydd a'u cred.

Yn y llyfr hwn, mae'r Parchedig Huw Powell-Davies wedi bwrw golwg dros gant o'r emynau a welir yn *Caneuon Ffydd*, ac ar ôl myfyrio drostynt, mae wedi rhannu ffrwyth ei fyfyrdod â ni. Gwnaeth hyn mewn modd fydd yn gaffaeliad i'n myfyrdod ninnau, boed hynny yn nhawelwch ein hystafell ddirgel, neu fel arweiniad mewn oedfa. Mewn oes pan mae pob eglwys bellach yn gorfod dibynnu mwy o lawer ar ei hadnoddau ei hun o Sul i Sul, bydd cynnwys y llyfr hwn yn sicr o fod yn gyfrwng gwerthfawr i addolwyr Cymru i fyfyrio uwchben rhai o berlau ein hiaith.

> Am eiriau wedi'u plethu'n dynn
> mewn emyn, rhoddwn foliant.
> Am ddawn y bardd, a chrefftwaith hwn,
> fe ganwn er D'ogoniant.
>
> Diolchwn am emynwyr lu
> fu'n canu am Dy Gariad.
> Trwy ddethol gair yn gelfydd iawn,
> cydrannu gawn eu profiad.
>
> Ac mewn priodas gair a chân
> cawn hafan o'n pryderon.
> Fe gawn mewn emyn, fel mewn salm,
> eli dry'n falm i'r galon.
>
> Am eiriau beirdd yr awen gu
> fu'n canu drwy'r canrifoedd;
> am waddol deg i ni a'n plant,
> rhown foliant yn oes oesoedd.
>
> *Aled Lloyd Davies*

Cydganwn foliant rhwydd

Caneuon Ffydd: Rhif 1

Cydganwn foliant rhwydd
i'n Harglwydd, gweddus yw;
yn nerth ein hiechyd llawenhawn,
mawr ydyw dawn ein Duw.

O deuwn oll ynghyd
yn unfryd ger ei fron,
offrymwn iddo ddiolch clau
mewn salmau llafar, llon.

Cyduned tonnau'r môr
eu mawl i'n Iôr o hyd,
a rhoed y ddaear fawr a'i phlant
ogoniant iddo i gyd.

O plygwn bawb ei lin
o flaen ein Brenin mawr;
addolwn ef, ein dyled yw,
'rŷm arno'n byw bob awr.

GWILYM HIRAETHOG, 1802–83

MYFYRDOD

Weithiau bydd angen anogaeth arnom er mwyn ein cael i ysbryd o
addoliad a mawl. Does dim anogaeth well i'w chael mewn
gwirionedd na chwmni brodyr a chwiorydd eraill yn y ffydd, a'r
weithred o ddyrchafu mawl i Dduw mewn cynulleidfa.
'Mawrygwch yr Arglwydd gyda mi, a dyrchafwn ei enw gyda'n
gilydd', meddai'r Salmydd (Salm 34:3), a dyna'n union mae
Gwilym Hiraethog yn ein hannog i'w wneud hefyd: 'Cydganwn
foliant rhwydd i'n Harglwydd.' Addas felly yw gosod yr emyn hwn
yn gyntaf ar ein cyfer yn *Caneuon Ffydd*, am mai dyma ddylai ein
blaenoriaeth gyntaf fod wrth inni gydgyfarfod i addoli'r Arglwydd,
sef gogoneddu ei enw, llawenhau ynddo, a diolch iddo am ei

ddaioni tuag atom. Oherwydd os mai felly roedd hi yn nydd y
Salmydd, cymaint mwy o reswm sydd gennym i ddyrchafu ei enw
gyda'n gilydd fel Eglwys Gristnogol. Oherwydd bod gennym
Arglwydd sydd wedi ei aberthu ei hun trosom ni ac sydd gyda ni
bob amser trwy ei Ysbryd Glân. Anogir ni gan awdur y Llythyr at
yr Hebreaid i 'ystyried sut y gallwn ennyn yn ein gilydd gariad a
gweithredoedd da, heb gefnu ar ein cydgynulliad ein hunain, yn ôl
arfer rhai, ond annog ein gilydd, ac yn fwy felly yn gymaint â'ch
bod yn gweld y Dydd yn dod yn agos' (Heb. 10: 24–25).

Emyn i'w ganu ar ddechrau oedfa ar fore Sul neu pryd
bynnag y down at ein gilydd fel pobl Dduw i'w addoli y dylai hwn
fod felly, er mwyn ein hatgoffa y dylai popeth a wnawn yn ystod y
gwasanaeth, pa bynnag ffordd yr awn ni o'i chwmpas hi i'w drefnu
a pha bynnag ffurf y rhoddwn ni arno, ein cyfeirio tuag at Dduw.
Dylem ein hatgoffa ein hunain o'n dyled iddo am iddo ef ein galw
ni ynghyd trwy ei ras a'i fod ef ei hun yn bwysicach na dim
amdanom ni ein hunain.

Un o nodweddion pwysicaf addoliad yw diolchgarwch:
'diolchaf i ti gerbron y gynulleidfa fawr', meddai'r Salmydd eto
(35:18). Y dull a ddefnyddiwyd yng nghyfnod y Salmydd ac yn yr
Hen Destament yn gyfan er mwyn mynegi diolch oedd canmol
daioni person wrth eraill, a hynny am nad oedd gair penodol yn
cyfleu yr hyn a ddeallwn ni wrth 'diolch'. Roedd yn rhaid canmol y
person, nid yn ei wyneb, ond gerbron eraill. Yn yr un modd fe
fyddid yn diolch i Dduw yn gyhoeddus am ei ras a'i gariad. Eto
mae'r diolch i'w offrymu iddo 'mewn salmau *llafar,* llon' yn ôl ein
hemynydd, a phawb sydd yn gwrando, yn sgil hynny, yn cael
clywed am ei ddaioni a'u hannog i ymuno yn y mawl a'r
diolchgarwch. 'Rhoed y ddaear fawr a'i phlant ogoniant iddo i
gyd.'

GWEDDI

O Dad, mor dda wyt ti ac mor rhyfeddol yw dy gariad tuag atom
nes na allwn ni ond dod ynghyd i ganu'th glodydd gerbron eraill a
cherbron y byd. Teilwng iawn wyt ti o fawl, Arglwydd. Bydded
gogoniant i'th enw. Amen.

Hwn ydyw'r dydd o ras ein Duw

Caneuon Ffydd: Rhif 10

Hwn ydyw'r dydd o ras ein Duw,
yr amser cymeradwy yw;
brysiwn i roi'n calonnau i gyd
i'r hwn fu farw dros y byd.

Gwelwch yr aberth mawr a gaed,
mae gobaith ichwi yn ei waed;
O dowch i mewn heb oedi'n hwy,
i wledda ar haeddiant marwol glwy'.

Dowch, bechaduriaid, dowch i'r wledd,
mae'r Iesu'n cynnig ichwi hedd:
mae croeso i bawb i ddod at Dduw,
mae'r alwad i holl ddynol-ryw.

CHARLES WESLEY, 1707–88
cyf. JOHN HUGHES, 1776–1843

MYFYRDOD

Ceir teimlad o frys yng nghyfieithiad John Hughes o emyn Saesneg Charles Wesley, 'This is the time, no more delay'. Ond yn ogystal â'n hatgoffa bod yr amser sydd gennym i ymateb i alwad Duw arnom yn yr Efengyl yn prinhau, cawn ein hatgoffa hefyd bod yr alwad honno'n un eang ac yn ymestyn at bawb yn ddiwahân ar hyd a lled y byd: 'brysiwn i roi'n calonnau i gyd i'r hwn fu farw dros y byd'; ac yna yn y pennill olaf: 'mae'r alwad i holl ddynol-ryw'.

Fe atgoffwyd Pedr yn Llyfr yr Actau o'r gwirionedd mawr hwn bod yr Efengyl yn Efengyl i bawb a bod gras Duw yn ymestyn at y cenhedloedd eraill yn ogystal ag at yr Iddewon. Dywedwn ein bod yn dysgu rhywbeth newydd bob dydd, ond roedd profiad dysgu Pedr yn mynd i newid gweddill ei weinidogaeth y diwrnod arbennig y cafodd y weledigaeth o holl anifeiliaid y ddaear wedi eu gosod o'i flaen ar ryw fath o hwyl anferth. 'A daeth llais ato, "Cod,

Pedr, lladd a bwyta." Dywedodd Pedr, "Na, na, Arglwydd; nid wyf fi erioed wedi bwyta dim halogedig nac aflan."' (Actau 10:13–14). Fe heriwyd llawer o syniadau Iddewig traddodiadol Pedr yn y weledigaeth honno, ac o hynny ymlaen bu'n fodlon, o dan arweiniad yr Ysbryd Glân, i sôn am Iesu Grist wrth bobl nad oedd ganddyn nhw ddim cefndir Iddewig. Arweiniwyd ef i dŷ Cornelius a oedd yn ei ddisgwyl yno, ac fe'i hachubwyd ef a'i holl deulu er nad oedden nhw'n Iddewon. Gwelwyd yr Eglwys yn tyfu ac yn ffrwytho ymysg y cenhedloedd yn sgil hyn, a dyna'n wir yw thema gweddill Llyfr yr Actau ar ôl y trobwynt allweddol hwn pryd y sylweddolwyd y ffaith bod Duw am weld yr Efengyl yn cael ei chyhoeddi i bob cenedl: 'Felly rhoddodd Duw i'r Cenhedloedd hefyd yr edifeirwch a rydd fywyd.'(Actau 11:18).

Fe allwn ninnau fod yn euog ar brydiau o feddwl nad oes angen Crist ar bawb – eu bod nhw efallai'n bobl ddi-fai hebddo! Neu efallai ein bod yn tybio, fel y disgyblion cynnar gynt, bod yn rhaid wrth fath arbennig o gefndir arnom – cefndir capel ac Ysgol Sul a gwybodaeth o amryw o emynau yn ein hachos ni fel Cymry. Ond fe gofiwn yr adnod sydd yn graidd i'r Efengyl, ac y byddwn yn ei gweld yn cael ei chwifio'n uchel mewn amryw o lefydd cyhoeddus – efallai ichi ei gweld mewn gêmau pêl-droed? Sôn ydw i am Ioan 3:16, wrth gwrs: 'Do, carodd Duw y byd gymaint nes iddo roi ei unig Fab, er mwyn i bob un sy'n credu ynddo ef beidio â mynd i ddistryw ond cael bywyd tragwyddol.' Nid rhai pobl haeddiannol yn unig a garodd Duw; nid pobl o gefndir arbennig ychwaith, ond y byd yn gyfan, ac mae e'n dyheu am gael perthynas agos a bywiol â phawb ohonom ac mae e wedi gwneud hynny'n bosibl yn aberth ei Fab drosom.

GWEDDI

Ein Tad, trugarog a graslon, dyro olwg llawn i ni heddiw ar ehangder dy neges yn Iesu Grist; y neges hon sydd yn newyddion da, nid ar gyfer rhai yn unig, ond ar gyfer y byd yn gyfan. Dysga ni i beidio â'i chadw i ni ein hunain – mae hi'n rhy fawr i hynny: 'mae croeso i bawb i ddod at Dduw, mae'r alwad i holl ddynol-ryw.' Er gogoniant i enw Iesu. Amen.

Wrth ddyfod, Iesu, ger dy fron

Caneuon Ffydd: Rhif 13

Wrth ddyfod, Iesu, ger dy fron
diolchwn yn yr oedfa hon
am dy addewid rasol di
i fod ymhlith y ddau neu dri.

O fewn dy byrth mae nefol rin
a heddwch i'n heneidiau blin,
ac ennaint pêr dy eiriau di
yn foddion gras i'r ddau neu dri.

O tyred yn dy rym i'n plith
i'n hadnewyddu ni â'th wlith,
ein mawl a'n diolch derbyn di
am gynnal braich y ddau neu dri.

O deued wedi'r hirlwm maith
dy wanwyn i fywhau y gwaith,
i'th Eglwys lân O anfon di
gydweithwyr at y ddau neu dri.

T. R. JONES

MYFYRDOD

Arferai pregethwyr y gorffennol sôn am 'dynnu ar raffau'r addewidion', sef dal gafael yn yr addewidion sydd inni yn y Beibl ac atgoffa Duw ohonyn nhw mewn gweddi. Ond nid oes angen atgoffa ein Harglwydd o'i addewidion i ni, wrth gwrs, er bod angen ein hatgoffa ein hunain ohonyn nhw yn gyson.

Dal gafael yn addewid Iesu a geir ym Mathew 18:20 mae T. R. Jones yn yr emyn hwn sydd yn gyfres o weddïau ynddo'i hun: 'Oherwydd lle y mae dau neu dri wedi dod ynghyd yn fy enw i, yr wyf yno yn eu canol.'

Felly, os gwyddom ein bod yn cyfarfod yn enw Iesu ac yn dod ynghyd mewn gweddi i ofyn am yr un arweiniad a bendithion, yna gallwn fod yn sicr bod Iesu yn sefyll yn ein plith. Sôn yn benodol am faterion lle mae angen arweiniad ynglŷn â disgyblaeth oddi mewn i'r Eglwys mae Iesu yma, ac yn ein hatgoffa na ddylem gymryd materion felly i'n dwylo ein hunain heb yn gyntaf fod wedi eu dwyn gerbron yr Arglwydd mewn gweddi, gan fod gweddi yn ein harbed hefyd rhag gweithredu'n faleisus. Gallwn yn sicr gymhwyso'r addewid ar gyfer gweddi yn gyffredinol a chredu bod grym neilltuol i'n gweddïau pan ddown ynghyd i'w cyflwyno yn enw Iesu Grist. Cydweddïo y byddwn yn ein hoedfaon, nid offrymu gweddïau unigol, ac mae'n dda rhoi cyfle i bawb i gadarnhau gweddïau ei gilydd wrth weddïo ar ran yr holl rai sydd wedi dod ynghyd.

Diolch mae'r emynydd yn gyntaf am bresenoldeb Iesu, oherwydd o wybod ein bod yn gytûn mewn gweddi a'n bod yn un yng Nghrist fe wyddom ei fod yn ein plith eisoes ac nad oes rhaid ei wahodd ymhellach. Peth rhyfedd iawn yw rhoi gwahoddiad i rywun i ymuno â chi os yw eisoes yno!

Ond nid wyf yn credu mai pwrpas Iesu wrth roi ei addewid yma oedd cyfyngu ein cyfarfodydd i ddau neu dri neu gyfiawnhau cyfarfodydd felly, oherwydd nid yw Iesu'n bendithio'r man y byddwn yn cyfarfod ynddo yn gymaint â'r rhai sy'n dod ynghyd yn ei enw. Eto i gyd, os yw'r emynydd yn ein hatgoffa bod Iesu yn ein plith, yna mae'n gwybod bod angen ein bywiocáu arnom, ac mai dim ond ei Ysbryd Glân ynom all wneud hynny, ac felly fe â yn ei flaen i ofyn am ei rym a'i adnewyddiad:

O tyred yn dy rym i'n plith
I'n hadnewyddu ni â'th wlith.

Mae'r gofyn olaf am 'gydweithwyr at y ddau neu dri', a'r gofyn hwnnw'n gwbl unol â gorchymyn Iesu ym Mathew 9:37–38: 'Y mae'r cynhaeaf yn fawr ond y gweithwyr yn brin; deisyfwch felly ar Arglwydd y cynhaeaf anfon gweithwyr i'w gynhaeaf.'

GWEDDI

Diolchwn, Arglwydd Iesu, am dy addewid i fod ymhlith y rhai sy'n dod ynghyd yn dy enw. Gofynnwn ninnau hefyd am iti'n llenwi ni â'th Ysbryd i'n hadnewyddu yn ein gwaith, oherwydd bod ehangder y cynhaeaf yn ormod inni yn ein nerth ein hunain. Deisyfwn ymhellach ar iti droi eraill at y gwaith a rhoi cydweithwyr i rannu gyda ni yn dy gynhaeaf. Y cyfan er mwyn dy enw. Amen.

Gwaith hyfryd iawn a melys yw

Caneuon Ffydd: Rhif 18

Gwaith hyfryd iawn a melys yw
moliannu d'enw di, O Dduw;
sôn am dy gariad fore glas,
a'r nos am wirioneddau gras.

Melys yw dydd y Saboth llon,
na flined gofal byd fy mron,
ond boed fy nghalon i mewn hwyl
fel telyn Dafydd ar yr ŵyl.

Yn Nuw fy nghalon lawenha,
bendithio'i waith a'i air a wna;
mor hardd yw gwaith dy ras, O Dduw,
a'th gyngor di, mor ddwfwn yw.

Mae gwir lawenydd ger dy fron
yn ffrydiau pur i lonni 'mron;
ond mi gaf lawn ogoniant fry
pan buro gras fy nghalon i.

ISAAC WATTS, 1674–1748
cyf. DAFYDD JONES, 1711–77

MYFYRDOD

Faint ohonom ni sydd yn mynd i orfoledd wrth sôn am waith? Gwn am lawer o bobl na allant sôn am fawr o ddim byd arall! Yn gyffredinol, peth digon diflas yw clywed pobl eraill yn sôn am waith. Ond sonia'n hemynydd ni yma am waith gwahanol iawn, sef y 'Gwaith hyfryd iawn a melys' sydd gennym i gyd fel credinwyr: 'moliannu d'enw di, O Dduw'. Cyfieithiad yw'r emyn hwn o un Isaac Watts: 'Sweet is the work, my God and King'. Fe gyfieithodd Dafydd Jones o Gaio yr oll o'r bron o waith Watts i'r Gymraeg a daethpwyd i'w adnabod hefyd fel 'Dafydd Jones, cyfieithydd Watts'. Mae John Thickens (*Emynau a'u Hawduriaid*) yn rhyfeddu iddo gael amser o gwbl i ffermio! Gwaith hyfryd iawn a melys yn wir ganddo oedd darparu caneuon mawl ar gyfer ei gyd-Gymry.

Ond beth yn union mae'r gwaith hwn yn ei olygu, neu beth yn wir yw 'mawl'? Soniodd rhywun mai ffydd wedi ei gosod ar gân ydy mawl, a'i fod yn mynegi'n hyder mewn Duw daionus a chariadus, a bod ein mawl yn datgan hynny wrth bawb o'n cwmpas. Mae gwaith yn rhywbeth y mae'n rhaid i'r rhan fwyaf ohonom ei wynebu; sut bynnag hwyliau sydd arnom ni, allwn ni mo'i esgeuluso. Felly hefyd gyda'r gwaith hyfryd hwn o foliannu Duw; ni ddylai ein mawl ddibynnu ar ein teimladau ac ni ddylai ein horiogrwydd effeithio dim arno. Gwaith i ymroi iddo yn y bore ac yn y nos ydyw fel ei gilydd, medd yr emynydd, ac yn arbennig felly ar ddydd yr Arglwydd. Dyna waith penodedig y dydd hwnnw. Nid yw'r emynydd am i ddim ddod ar draws y gwaith o foliannu Duw ar y dydd hwnnw – boed yn ofal am bethau eraill neu yn ddiffyg awydd: 'ond boed fy nghalon i mewn hwyl fel telyn Dafydd ar yr ŵyl'.

Wrth ganu caneuon fel hyn sydd yn llawn athrawiaeth ac efengyl yr ydym yn rhoi mynegiant i wirionedd yr hyn mae Duw wedi ei ddweud a'i wneud. Yn datgan mor fawr a daionus a graslon yw Duw a'r hyn mae wedi ei gyflawni: 'mor hardd yw gwaith dy ras, o Dduw'. Dathlwn, nid yn unig yr hyn a wnaeth yn y gorffennol, ond yr hyn y mae'n parhau i'w wneud yn y presennol a'r hyn y bwriada ei wneud yn y dyfodol hefyd – pan 'gaf lawn ogoniant fry pan buro gras fy nghalon i'. Canwn, felly, am ei iachawdwriaeth yn y gorffennol, ei arglwyddiaeth drosom yn y presennol, a dyfodiad ei Deyrnas yn ei chyflawnder yn y dyfodol. Wrth ddatgan hyn ar gân, yr ydym yn troi'n broffwydi bob un ohonom ac yn cynorthwyo yn y gwaith o ddwyn i fod yr hyn mae Duw wedi ei addo a'i gynllunio. Dyma pam, mewn gwirionedd, na ddylai dim, byth, gael cyfle i ddisodli'r gwaith hyfryd hwn o roi mawl i Dduw oddi fewn i Eglwys Crist.

GWEDDI

O Dad, tro ein calonnau at y gwaith hyfryd a melys hwn o ganu a rhoddi mawl i'th enw di. Helpa ni i ddeall arwyddocâd a phwysigrwydd y gwaith hwn oddi fewn i'th Eglwys. Yn enw Iesu, Amen.

Cenwch i'r Arglwydd

Caneuon Ffydd: Rhif 37

Cenwch i'r Arglwydd,
cenwch i'r Arglwydd,
Iôr ein hymwared ni yw;
aed yn beraidd hyd y nef
aberth moliant iddo ef,
bendigedig fo'r Arglwydd, ein Duw.

Molwch yr Arglwydd,
molwch yr Arglwydd,
molwch yr Arglwydd, ei saint;
wrth ffynhonnau'r dyfroedd byw
gorfoledded meibion Duw,
byddant hyfryd yng ngwynfyd eu braint.

Moeswch i'r Arglwydd,
moeswch i'r Arglwydd,
moeswch ogoniant a nerth;
o'u caethiwed, rhoed yn rhydd
fyrdd o etifeddion ffydd,
mawl i enw Preswylydd y berth.

Dychwel i'w Seion,
dychwel i'w Seion
dyrfa aneirif ryw ddydd;
bydd llawenydd ar eu pen,
ac o flaen yr orsedd wen
Halelwia dragwyddol a fydd.

GWILI, 1872–1936

MYFYRDOD

Mae gan addoliad Beiblaidd nifer o wahanol agweddau arno, ac fe gyfleir llawer o'r amrywiaeth hwnnw yn emyn mawl Gwili, neu John Jenkins, yma. Mae ôl llaw y Gair, a'r Salmau yn enwedig, yn yr emyn cyfoethog hwn. Ceir gorchmynion o'r Salmau, rhesymau dros foli Duw o'r Salmau, ac addewidion hefyd o'r Salmau. Mae'r emyn, yn wir, yn cynnwys llawer o'r hyn sydd yn gwneud Llyfr y Salmau mor arbennig inni fel credinwyr.

Rhoddodd Llyfr y Salmau gyfrwng i'r Israeliaid gael moliannu Duw, Sanct Israel. Yr enw Hebraeg ar Lyfr y Salmau yw *Tehillim*, sef, o'i gyfieithu'n llythrennol, Llyfr Mawl. Hwn oedd y llyfr emynau a ddefnyddid ar gyfer addoliad yn y deml. Gellir gweddïo'r Salmau, wrth gwrs, neu eu hadrodd, ond fe'u cyfansoddwyd nhw'n benodol er mwyn eu canu ac maen nhw'n gyfrwng mynegiant i galonnau parod gael datgan eu mawl i Sanct Israel.

Ceir digon o alwadau i ganu i'r Arglwydd yn Llyfr y Salmau,

sydd yn ein hatgoffa eto mai er mwyn eu canu y cyfansoddwyd nhw: 'Cenwch i'r Arglwydd ei saint ef', Salm 30:4 (BWM); ond nid unrhyw fath o ganu 'chwaith: 'Cenwch iddo ganiad newydd, cenwch yn gerddgar, yn soniarus', yw'r cymhelliad yn Salm 33:3 er enghraifft. Cawn wybod gan Gwili mai hwn yw ein haberth i fod i'r Arglwydd: 'aberth moliant iddo ef' (Salm 107:22).

Daw'r alwad wedyn 'Moeswch i'r Arglwydd', neu i roi gwrogaeth iddo, yn uniongyrchol o Salm 29 lle mae Gwili wedi mydryddu llawer o gynnwys yr adnodau cyntaf yn y Salm yn ei bennill yma. Cawn reswm arall yn y Salm hon dros addoli Duw a rhoi gogoniant iddo, sef oherwydd *ei enw*: 'Mawl i enw Preswylydd y berth', meddai Gwili wedyn. Mae Duw wedi mynnu ei ddatguddio'i hun inni. Nid cyfarch rhyw 'fod mawr', fel y dywed rhai, a wnawn wrth addoli ein Duw ni, gan y gwyddom ei enw, ac mae gwybod enw rhywun yn gallu trawsnewid ein perthynas ni â nhw. Gwnaed yr enw hwn yn hysbys i Moses ger y berth oedd yn llosgi pan gyhoeddodd Duw wrtho mai 'Ydwyf yr hyn ydwyf'. Cymerodd Iesu yr enw rhyfeddol hwn yr oedd Duw wedi ei alw ei hun ac fe'i cysylltodd â phethau pob dydd y gallwn eu deall pan ddywedodd 'Ydwyf' neu 'Myfi yw'r drws' (Ioan 10:9); 'Myfi yw goleuni'r byd (Ioan 8:12); 'Myfi yw'r ffordd, a'r gwirionedd a'r bywyd' (Ioan 14:6). Daeth enw Duw yn fwy personol fyth yn enw Iesu ei Fab a ddaeth yn un ohonom ac a'i rhoddodd ei hun drosom ar y groes.

Gweddïa'r emynydd am lwyddiant i'r rhai sydd yn moliannu'r Arglwydd erbyn ei bennill olaf – y bydd yn 'dychwel i'w Seion dyrfa aneirif ryw ddydd' a'r rheiny yn cael mynegi yng ngeiriau'r Salmydd eto, fel y 'llanwyd ein genau â chwerthin a'n tafod â chanu' (Salm 126:1–2).

GWEDDI

Diolch iti, Arglwydd, fod moliant y Beibl mor llawn o amrywiaeth, o ganu ac o lawenydd. Diolch iti hefyd am gael dy adnabod trwy gyfrwng dy enw sydd, nid yn unig yn mynegi inni dy ogoniant a'th nerth, ond hefyd dy ffyddlondeb a'th gariad a'th drugaredd. Clod a mawl a fo i'th enw hyd byth. Amen.

Sanctaidd, sanctaidd, sanctaidd, Dduw hollalluog

Caneuon Ffydd: Rhif 42

Sanctaidd, sanctaidd, sanctaidd, Dduw hollalluog,
 gyda gwawr y bore dyrchafwn fawl i ti;
sanctaidd, sanctaidd, sanctaidd, cadarn a thrugarog,
 Trindod fendigaid yw ein Harglwydd ni.

Sanctaidd, sanctaidd, sanctaidd; nef waredigion
 fwriant eu coronau yn wylaidd wrth dy droed;
plygu mae seraffiaid mewn addoliad ffyddlon
 o flaen eu Crëwr sydd yr un erioed.

Sanctaidd, sanctaidd, sanctaidd; cwmwl a'th gylchyna,
 gweled dy ogoniant ni all anianol un;
unig sanctaidd ydwyt, dwyfol bur Jehofa,
 perffaith mewn gallu, cariad wyt dy hun.

Sanctaidd, sanctaidd, sanctaidd, Dduw hollalluog,
 datgan nef a daear eu mawl i'th enw di;
sanctaidd, sanctaidd, sanctaidd, cadarn a thrugarog,
 Trindod fendigaid yw ein Harglwydd ni.

REGINALD HEBER, 1783–1826
cyf. DYFED, 1850–1923

MYFYRDOD

Fel y mae cariad a chyfiawnder yn rhan o natur Duw, felly hefyd
sancteiddrwydd. Y sancteiddrwydd hwn sydd yn rhan o gymeriad
pur a pherffaith Duw ei hun, ac mae'n hemynydd yn mynegi
hynny'n brydferth iawn yn ei drydydd pennill: 'unig sanctaidd
ydwyt, dwyfol bur Jehofa, perffaith mewn gallu, cariad wyt dy
hun.' Cyfansoddwyd yr emyn yn Saesneg gan Reginald Heber ac
fe'i cyfieithwyd i'r Gymraeg gan Dyfed. Mae'n debyg y
cyfansoddwyd yr emyn yn wreiddiol i'w ganu ar Sul y Drindod:
'Trindod fendigaid yw ein Harglwydd ni.' Ac mae'r Drindod
honno i'w moliannu gan holl lu'r nef a chennym ninnau ar y
ddaear.

Yn y pennill cyntaf y cawn y gosodiad sy'n gosod thema'r emyn, ac mae'n cael ei godi'n syth o eiriau Eseia: 'Sanct, Sanct, Sanct yw Arglwydd y Lluoedd' (Eseia 6:3). Mae gweld Duw yn ei sancteiddrwydd, a godre'i wisg yn llenwi'r deml, yn cael effaith fawr ar y proffwyd. '"Byddwch sanctaidd, oherwydd yr wyf fi yn sanctaidd"' (1 Pedr 1:16) yw'r gorchymyn y mae Pedr yn ein hatgoffa ohono yn ei lythyr, ac wrth i Eseia ei gael ei hun ym mhresenoldeb y sanctaidd Dduw, mae ef ei hun yn cael ei gyffwrdd ganddo ac yn gweld ei angen ei hun am gael ei sancteiddio. Ei ymateb yn adnod 5 yw: '"Gwae fi! Y mae wedi darfod amdanaf!"' Gwefusau aflan sydd ganddo ef, ac ymhlith pobl â gwefusau aflan y mae'n byw. Caiff ei buro a'i lanhau pan ddaw un o'r seraffiaid a chyffwrdd â'i enau gyda marworyn poeth mewn gefel. Wedi'r broses hon o gael ei sancteiddio ei hun, mae'n clywed Duw yn galw arno, ac mae yntau wedyn yn barod i ymateb i'r alwad honno, gan ei fod wedi ei baratoi, ei sancteiddio a'i gomisiynu i'r gwaith.

Mae sancteiddrwydd Duw yn ein cymell ninnau i sancteiddrwydd, felly. Efallai bod rhai ohonom yn meddwl mai peth henffasiwn ydy sôn am fod yn sanctaidd mewn oes fel hon sydd yn caniatáu popeth, ond ystyr y gair ydy rhywbeth sydd wedi ei osod ar wahân ar gyfer gwaith arbennig. Meddyliwn am y darlun hwnnw yn yr Hen Destament o'r llestri a fyddai'n cael eu sancteiddio ar gyfer eu defnyddio gan yr offeiriaid yn y deml, eu glanhau a'u gosod ar wahân ar gyfer defnydd sanctaidd Duw. Nid ein torri ein hunain i ffwrdd oddi wrth bopeth yr ydym yn ei fwynhau yw cael ein sancteiddio, ond yn hytrach ein torri a'n gollwng yn rhydd oddi wrth y pethau hynny sy'n niweidiol inni ac sy'n ein cyfyngu, gan ein galluogi i gyflawni ein potensial llawn yng Nghrist. Nid rhywbeth sy'n digwydd unwaith ac am byth ydy hyn chwaith, ond proses i'w dilyn wrth inni dorri'n rhydd oddi wrth hen batrymau a cheisio byw bywyd sanctaidd i'r Arglwydd.

GWEDDI

Dduw hollalluog, sancteiddier dy enw. Gad i mi gael fy nghymell gan dy sancteiddrwydd di dy hun, a helpa finnau i fod yn sanctaidd fel yr wyt ti'n sanctaidd. Dyro nerth dy Ysbryd Glân ar waith ynof er mwyn imi fod yn debycach i ti ac i dy Fab Iesu Grist, gan wybod bod gennyt ti waith i mi ei gyflawni hefyd fel Eseia, ac nad oes modd i mi ei gyflawni i'm llawn botensial heb i ti fy sancteiddio i er clod i'th enw. Amen.

Diolch i ti, yr hollalluog Dduw

Caneuon Ffydd: Rhif 49

Diolch i ti, yr hollalluog Dduw,
am yr Efengyl sanctaidd.
Halelwia! Amen.

Pan oeddem ni mewn carchar tywyll, du
rhoist in oleuni nefol.
Halelwia! Amen.

O aed, O aed yr hyfryd wawr ar led,
goleued ddaear lydan!
Halelwia! Amen.

Y SALMYDD CYMREIG, 1840
priodolir i DAVID CHARLES, 1762–1834

MYFYRDOD

Ar yr olwg gyntaf does dim yn arbennig yn yr emyn sydd o'n blaenau. Cyfieithiad yw o emyn Americanaidd gan David Charles, Caerfyrddin, mae'n debyg. Ond os nad oes llawer i'w weld iddo, yna mae ei gyfoeth i'w gael yn ei symlrwydd. Dywedodd rhywun wrth sôn am Efengyl Ioan, fod digon o ddyfnder ynddi i eliffant ymdrochi a hefyd i aderyn bach wlychu ei big. Am y Newyddion Da syml hynny y ceir diolch yma gan ein hemynydd. Yr Efengyl sanctaidd honno sydd o fewn cyrraedd a gallu pob un ohonom i'w deall a'i derbyn, ond sydd â digon o ddyfnder ynddi i beri y bydd canu am dragwyddoldeb amdani, ac y gallwn ymgolli mewn rhyfeddod fyth wrth gofio'r un a fu yn ein plith yn ei chyhoeddi, gan ddweud: "'y mae teyrnas Dduw wedi dod yn agos. Edifarhewch a chredwch yr Efengyl'" (Marc 1:15).

Ar ôl cynnig ei ddiolchgarwch am yr Efengyl, mae'r emynydd yn rhoi'r rheswm dros wneud hynny, oherwydd iddi gael effaith bersonol arno ef ei hun. Mae e'n diolch am gael goleuni'r

Efengyl yn pelydru ei fywyd ac am gael ei ollwng yn rhydd i addoli Duw (Ex. 9:1). Mae'r diolch i'r hwn a'n 'gwaredodd ni o afael y tywyllwch, a'n trosglwyddo i deyrnas ei annwyl Fab' (Col. 1:13); cawsom newid ein hochr a'n tîm yn llwyr wrth iddo ef ein symud ni.

Mae delweddau o oleuni yn britho'r Beibl, y goleuni hwnnw sydd yn fwy na'r tywyllwch bob tro ac sydd yn agor byd o ryddid a chyflawnder o'i flaen. Galwodd Iesu ei hun yn 'oleuni'r byd' yn Ioan, gan ddweud: ' "Ni bydd neb sy'n fy nghanlyn i byth yn rhodio yn y tywyllwch, ond bydd ganddo oleuni'r bywyd"' (Ioan 8:12). Yng nghwmni goleuni'r byd yr ydym yn dod yn oleuni ein hunain: 'tywyllwch oeddech chwi gynt, ond yn awr goleuni ydych yn yr Arglwydd. Byddwch fyw fel plant goleuni' (Eff. 5:8).

O fod wedi derbyn y 'goleuni nefol' hwn, ni allwn beidio â dymuno, gweddïo a gweithredu er mwyn i'r goleuni hwn ddod yn brofiad i eraill hefyd, ac iddynt weld y goleuni hwn ynom ni yn llewyrchu ger eu bron (Mth. 5:16), a dod i roi gogoniant i'n Tad oherwydd hynny.

Ni fu mwy o ganu ar yr emyn hwn yn unlle, mi gredaf, nag yn eglwysi maes cenhadol y Methodistiaid Calfinaidd, mewn cyfieithiad wrth gwrs, ac i gyfeiliant brodorol y drwm yn aml, yn enwedig ym Mizoram yng ngogledd-ddwyrain India lle mae'r Efengyl wedi cael tir da ac wedi ffrwytho ar ei chanfed yno. Cof hyfryd sydd gennyf fi o weld cynulleidfa o dros ddeng mil ar hugain o Gristnogion yn canu cyfieithiad y cenhadwr Edwin Rowlands ohono wrth ddathlu canmlwyddiant cyrraedd yr Efengyl yno ym 1994:

'Aw Pathian, Nangman Chancin Tha min pe,
Lâwm thu kan hrilh che-azârah.
Haleluia, Amen.

GWEDDI
O Dad, rhown ddiolch a chlod iti am yr Efengyl sydd yn abl i'n rhyddhau o afael pob tywyllwch, gan oleuo ein bywydau yn llwyr. Cynorthwya ni i fod yn oleuni er dy fwyn, gan weddïo a gweithredu er gweld daear lydan yn cael ei goleuo. Halelwia! Amen.

Abba, fe'th addolwn

Caneuon Ffydd: Rhif 53

Abba, fe'th addolwn,
ac o'th flaen ymgrymwn,
ti a garwn.

Iesu, fe'th addolwn,
ac o'th flaen ymgrymwn,
ti a garwn.

Ysbryd, fe'th addolwn,
ac o'th flaen ymgrymwn,
ti a garwn.

TERRYE COELHO
cyf. IDDO EF

MYFYRDOD

Er mai emyn byr iawn sydd gennym yma, dim ond deg gair yn wir, a'r cyntaf yn cael ei amrywio, yn y tri phennill, mae'r emyn yn mynd â ni at wraidd addoliad Cristnogol.

Wrth feddwl am yr hyn sy'n nodweddu addoliad Cristnogol ac yn ei wneud yn unigryw, fe gofiwn mai addoliad 'Trindodaidd' ydyw. Gwelwn y gwirionedd hwnnw'n gwawrio yn yr Eglwys Fore ac yn cael ei fynegi yn yr epistolau, neu'r llythyrau i'r eglwysi cynnar hynny. Sonnir ar ddiwedd ail lythyr Paul at y Corinthiaid (13:14), am ras ein Harglwydd Iesu Grist, cariad Duw, a chymdeithas yr Ysbryd Glân. Yn eu haddoliad, fe welwn eglwysi'r Testament Newydd yn mynegi eu cred bod Duw yn Drindod o gariad, yn gymdeithas ynddo'i hun rhwng y Tad, y Mab a'r Ysbryd Glân. Mae'r tri fel ei gilydd yn destun ein mawl a'n haddoliad.

Onid oedd Iesu ei hun wrth gomisiynu ei ddisgyblion i rannu'r Newyddion Da yn destun eu haddoliad (Mth. 28:17)? Roedd disgyblion i'w gwneud o blith pobl o bob cenedl ar y ddaear, ac i'w selio â dŵr er mwyn cydnabod eu hymlyniad wrth Iesu Grist yn agored mewn bedydd oedd i'w weinyddu gydag awdurdod y Drindod yn gyfan: 'Yn enw'r Tad a'r Mab a'r Ysbryd Glân' (Mth. 28:19).

Wrth ufuddhau i'r gorchymyn hwn i fynd allan at yr holl genhedloedd mae'r disgyblion yn dod i wybod am yr awdurdod Trindodaidd sydd ganddyn nhw. Gwelant, yn enwedig ar ôl dydd y Pentecost pan ddaeth yr Ysbryd Glân arnynt a'u gwisgo â nerth, yn ôl addewid Iesu (Actau 1:8), fod yr Ysbryd yn aelod cyfartal o'r hyn oedd bellach yn cael ei alw'n 'Drindod Fendigaid', ac yn meddu ar yr un cariad, grym ac awdurdod â'r Tad a'r Mab.

Mae hyn i gyd yn eithaf dirgelwch inni fel Cristnogion, ond yn ddirgelwch, serch hynny, sydd wrth wraidd ein ffydd. Nid dirgelwch ydyw er mwyn cymhlethu meddyliau pobl gyffredin, ond dirgelwch a gafodd ei amlygu ym mhrofiadau credinwyr yr Eglwys Fore wrth iddyn nhw ddod i wybod mwy am Dduw. Wrth iddyn nhw weld bod ganddo Fab a oedd yn gyfartal ag ef, a bod yr Ysbryd Glân wedyn, sydd yn aelod cyfartal eto, yn cymryd y pethau sydd yn perthyn i'r Mab ac yn eu datguddio iddyn nhw.

Na phetruswn gynnig ein haddoliad i'r tri hyn: y Tad, y Mab a'r Ysbryd Glân, bob yn un ac ar wahân, cyn belled â'n bod yn cofio eu bod yn gwbl gyfartal â'i gilydd oddi mewn i'r Drindod Sanctaidd. Mae'r tri yn cyflawni gwahanol swyddogaethau, ond nid oes un yn gweithredu heb gydsyniad a chymorth y ddau arall.

Cofiwn yn y gân syml hon hefyd fel y mae'r Ysbryd Glân yn ein hargyhoeddi ein bod yn blant i Dduw ac yn ein galluogi i alw Duw yn Dad neu 'Abba, Dad' (Rhuf. 8:15). Yn ein galw i addoli y Tad yn ei fawredd, y Mab yn ei ddioddefaint, yr Ysbryd yn ei nerth.

GWEDDI

Dad, Mab ac Ysbryd Glân, rwy'n ymgrymu i'th addoli. Er na fedraf blymio dyfnder y dirgelwch sydd ynot, mae fy nghalon yn eiddo i ti. Gorfoleddaf yn yr hyn ydwyt ti, Trindod Fendigaid. Amen.

Sanctaidd, sanctaidd, sanctaidd yw ein Duw

Caneuon Ffydd: Rhif 55

Sanctaidd, sanctaidd, sanctaidd yw ein Duw,
sanctaidd yw yr Arglwydd hollalluog;
sanctaidd, sanctaidd, sanctaidd yw ein Duw,
sanctaidd yw yr Arglwydd hollalluog,
'r hwn fu, ac sydd, ac eto i ddod,
sanctaidd, sanctaidd, sanctaidd yw ein Duw.

Teilwng, teilwng, teilwng yw ein Duw,
teilwng yw yr Arglwydd hollalluog; . . .

Cyfiawn, cyfiawn, cyfiawn yw ein Duw,
cyfiawn yw yr Arglwydd hollalluog; . . .

Cariad, cariad, cariad yw ein Duw,
cariad yw yr Arglwydd hollalluog; . . .

Iesu, Iesu, Iesu yw ein Duw,
Iesu yw yr Arglwydd hollalluog; . . .

ANAD. *cyf.* ARFON JONES

MYFYRDOD

Fel cân o fawl mae'r emyn modern hwn yn un rhagorol. Mae'n tynnu cymaint o gyfeiriadaeth Feiblaidd ynghyd, gan roi darlun cryno inni o briodoleddau Duw. Mae'r Ysgrythur yn gyforiog o gyfeiriadau at sancteiddrwydd, teilyngdod, cyfiawnder a chariad Duw, ac mae hi'n fendith inni gael ein hatgoffa'n hunain a'n gilydd ar gân o'r hyn mae'r Ysgrythur yn ei fynegi mor aml.

Ond, nid yw'r priodoleddau hyn yn cael eu mynegi gyda'i gilydd yn fwy amlwg nag yng ngwaith Ioan, yr hwn oedd yn ddisgybl annwyl i Iesu ac a ysgrifennodd y bedwaredd Efengyl, yn apostol a anogodd eglwysi'r Testament Newydd gyda'i lythyrau, dau ohonynt wedi eu cadw ar ein cyfer heddiw, ac a oedd, yn olaf, hefyd yn Ioan y Difinydd, yr hwn a osododd ei weledigaethau rhyfeddol o Grist a'r nefoedd ei hun yn ei lyfr Datguddiad i'r eglwysi.

Wrth ganu'r emyn hwn, cawn ymuno yn addoliad y nef. Yr

ydym yn adleisio mawl y pedwar creadur byw sydd o flaen gorsedd Duw ac yn ddiorffwys yn eu mawl. Cynrychiolant y greadigaeth yn gyfan a'u prif waith yw cynnig mawl i Dduw. Sanct, Sanct, Sanct yw'r Arglwydd Dduw hollalluog, yr hwn oedd a'r hwn sydd a'r hwn sydd i ddod! yw eu cân yn wastad.

Erbyn yr ail bennill yr ydym gyda'r pedwar henuriad ar hugain, yn llyfr y Datguddiad eto, sef cynrychiolwyr nefol yr holl rai sydd wedi eu prynu trwy waed yr Oen. Maent wedi eu gogoneddu a'u coroni, a'r rhain hefyd yn moli'n ddibaid, gan ddatgan mai: "'Teilwng wyt ti, ein Harglwydd a'n Duw, i dderbyn y gogoniant a'r anrhydedd a'r gallu'" (Dat. 4:11).

Beth sydd gan yr angylion i'w ddweud yng nghanol y mawl hwn i gyd? Cawn mai 'cyfiawn' yw cri 'angel y dyfroedd': "'Cyfiawn ydwyt, yr hwn sydd a'r hwn oedd, y sanctaidd Un'" (Dat. 16:5). Dyna hefyd gri y merthyron oddi ar allor yr Arglwydd (Dat. 16:7).

Cofiwn mai Ioan hefyd yn ei lythyr cyntaf a fynegodd inni'r adnod honno 'Cariad yw Duw' (1 Ioan 4:8). Mae cariad mor fawr â hwn yn ein gorfodi ninnau i garu ein gilydd. Dywedir mai un o hoff ddywediadau'r Ioan hwn oedd "Blant bychain, cerwch eich gilydd" a'r frawddeg honno'n bregeth ynddi ei hun wrth inni gydnabod ein bychander fel plant i Dduw, ac eto ei fod ef yn ein caru ninnau, a'r cariad hwnnw yn ein cymell ninnau i garu'n gilydd.

Sylweddolwn gyda'r disgyblion gynt mai 'Iesu yw ein Duw' erbyn diwedd yr emyn. Bu Ioan gyda Iesu, yn ddisgybl annwyl iddo, ac roedd ganddo ef, ynghyd â'r disgyblion eraill, bob rheswm i gredu ei fod yn fwy nag unrhyw berson arall yr oedden nhw wedi ei adnabod. Ufuddhâi y gwynt i'w orchymyn, iachawyd torfeydd o bobl ganddo, ac roedd yn gyrru cythreuliaid ar ffo gyda gair yn unig. Gallem fynd rhagom, ond fe welson nhw y cwbl. Thomas sy'n cyhoeddi'n sydyn wrth weld yr Iesu Atgyfodedig a sylweddoli pwy ydyw: "Fy Arglwydd a'm Duw!" (Ioan 20:28). Gwelodd ac fe gredodd. Erys y dystiolaeth i ninnau hefyd, y rhai na welodd. Ni wadodd Iesu osodiad Thomas, ac nis cywirodd ef, dim ond bendithio'r rhai a gredodd heb iddynt weld. Nid oes ond bendith yn ein haros ninnau wrth sylweddoli bod Iesu, 'yr Oen a laddwyd', yn deilwng o'n mawl.

GWEDDI

O Dad nefol, diolch iti am y fraint o gael ymuno yn addoliad y nef a gweld yno y mawl a roddir i ti ac i'r Oen. Cynorthwya ni trwy dy Ysbryd i ddod â'n mawl atat yn wastad oherwydd dy fod yn wastad i'th foliannu "'r hwn fu, ac sydd, ac eto i ddod'. Yn enw Iesu. Amen.

Tydi sy deilwng oll o'm cân

Caneuon Ffydd: Rhif 64

Tydi sy deilwng oll o'm cân,
  fy Nghrëwr mawr a'm Duw;
dy ddoniau di o'm hamgylch maent
  bob awr yr wyf yn byw.

Mi glywa'r haul a'r lloer a'r sêr
  yn datgan dwyfol glod;
tywynnu'n ddisglair yr wyt ti
  drwy bopeth sydd yn bod.

O na foed tafod dan y rhod
  yn ddistaw am dy waith;
minnau fynegaf hyd fy medd
  dy holl ddaioni maith.

Diolchaf am dy gariad cu
  yn estyn hyd fy oes;
diolchaf fwy am Un a fu
  yn gwaedu ar y groes.

Diolchaf am gysuron gwiw
  wyf heddiw'n eu mwynhau;
diolchaf fwy am ddoniau sy'n
  oes oesoedd i barhau.

DAVID CHARLES, 1803 – 80

MYFYRDOD

Fe boenodd athronwyr a diwinyddion dros y cwestiwn 'A oes yna Dduw?' ers canrifoedd maith. Dywed rhai y dylai fod prawf pendant i'w fodolaeth, rhywbeth cyffyrddadwy a gweladwy, fel y prawf pendant hwnnw a gafodd Thomas o atgyfodiad Iesu pan ymddangosodd eilwaith i'w ddisgyblion.

Rhai ynfyd neu ffyliaid yw'r rhai sy'n dweud '"Nid oes Duw"', yn ôl y Salmydd (53:1). Os nad oes yna Dduw, yna sut mae mynd ati i esbonio'n bodolaeth a'r byd o'n cwmpas? Beth am ryfeddod, manylder, harddwch a chymhlethdod y greadigaeth? Mae hi'n cymryd llawer mwy o ffydd yn y siawns sy'n troi dim yn rhywbeth ac yn greadigaeth gyfan nag yw hi mewn gwirionedd i resymol gredu bod creawdwr ar waith y tu cefn i'r cyfan.

Duw ar waith yn ei greadigaeth ac yn ei ddatguddio'i hun i ni sydd y tu cefn i'r ddau bennill cyntaf o emyn David Charles yr Ieuengaf.

Pan ddown ni wyneb yn wyneb â phrydferthwch o unrhyw

fath, ein hymateb yw un o edmygedd a rhyfeddod at allu'r un a roddodd fod iddo. Boed hynny yn waith dyn yn creu darlun, yn llunio darn persain o gerddoriaeth neu gampwaith pensaernïol, neu wrth edrych ar ryfeddod byd natur a'r greadigaeth o'n cwmpas. 'Y nefoedd sydd yn datgan gogoniant Duw; a'r ffurfafen sydd yn mynegi gwaith ei ddwylo ef' oedd ymateb Dafydd i harddwch y greadigaeth (Salm 19:1 BWM).

Dywed Paul fod y datguddiad hwn o briodoleddau Duw yn y greadigaeth, sef ei ddaioni a'i allu a'i dduwdod wrth gwrs mor boenus o eglur fel ein bod ni'n gwbl ddiesgus os na dderbyniwn ni nhw fel tystiolaeth i'w fodolaeth: 'Oherwydd y mae'r hyn y gellir ei wybod am Dduw yn amlwg iddynt, a Duw sydd wedi ei amlygu iddynt. Yn wir, er pan greodd Duw y byd, y mae ei briodoleddau anweledig ef, ei dragwyddol allu a'i dduwdod, i'w gweld yn eglur gan y deall yn y pethau a greodd. Am hynny, y maent yn ddiesgus' (Rhuf. 1:19–20).

Ond mae gan Dduw fwy eto i'w ddweud wrthym ni amdano'i hun, a dyna yw testun diolch pennaf David Charles amdano:

> Diolchaf fwy am Un a fu
> yn gwaedu ar y groes.

Dyma'r datguddiad sy'n fwy na'r datguddiad cyffredinol ym myd natur ac sy'n abl i roi inni wybodaeth o Dduw a'i ewyllys a all ein dwyn i berthynas iawn â'n Crëwr. Trwy ei Air, sef y Beibl, a'i Air a ddaeth yn gnawd, sef Iesu Grist, mae Duw wedi datguddio inni bopeth sydd ei angen arnom er ein hiachawdwriaeth ac i'n dwyn i berthynas ag ef ei hun, gan roi inni 'ddoniau sy'n oes oesoedd i barhau'.

GWEDDI

Diolchaf iti, Arglwydd, mai ti yw fy Nghrëwr mawr a'm Duw, ac iti wneud popeth sy'n bosibl er mwyn imi weld a deall hynny. Pâr fy mod innau hefyd, fel dy greadigaeth a'th Air, yn mynegi 'dy holl ddaioni maith'. Yn enw Iesu'r datguddiad pennaf ac olaf. Amen.

Wrth orsedd y Jehofa mawr

Caneuon Ffydd: Rhif 69

Wrth orsedd y Jehofa mawr
plyged trigolion byd i lawr;
gwybydded pawb mai ef sy Dduw,
yr hwn sy'n lladd a gwneud yn fyw.

A'i ddwyfol nerth, fe'n gwnaeth ei hun
o bridd y ddaear ar ei lun;
er in, fel defaid, grwydro'n ffôl,
i'w gorlan ef a'n dug yn ôl.

I'th byrth â diolch-gân ni awn,
cyfodi'n llef i'r nef a wnawn;
doed pobloedd o bob iaith sy'n bod
i lenwi'r pyrth â llafar glod.

D'arglwyddiaeth di sy dros y byd,
tragwyddol yw dy gariad drud;
saif dy wirionedd heb osgoi
pan beidio'r haul a'r lloer â throi.

ISAAC WATTS, 1674–1748
cyf. DAFYDD JONES, 1711–77

MYFYRDOD

Adleisio Salm 100 a wna'r emyn hwn, y Salm fer honno sy'n ein
cynghori i foliannu Duw yn llawen ar gân am ei fawredd a'i allu.
Bu llawer yn wir o adleisio ar y Salm yn ein hemynau, ac os trown
y tudalennau at rif 75 yn *Caneuon Ffydd*, fe'i gwelwn eto fel y
mydryddodd Edmwnd Prys hi ganrif a mwy ynghynt, ac yna at rif
58 i weld addasiad mwy diweddar fyth ohoni. Ond cyfieithu
efelychiad Isaac Watts a wnaeth Dafydd Jones yma eto (gweler rhif
18). Priodolwyd hyn yn wreiddiol i John Hughes, Aberhonddu, a
gyfieithodd lawer o emynau i'r Gymraeg (gweler rhif 10), ond ef,

mae'n bur debyg, wrth ddiwygio a pharatoi emyn Dafydd Jones ar gyfer ei gyhoeddi ym 1802, a roddodd y cwpled cyntaf i'r emyn wrth gyfieithu'r cwpled cyntaf a ychwanegwyd yn Saesneg gan John Wesley at emyn Isaac Watts, sef:

'Before Jehovah's awful throne,
Ye nations bow with sacred joy.'

Nid peth newydd o gwbl, felly, ydy cyfieithu emynau, ac mae amryw ohonyn nhw, fel yma, wedi goddef llawer o gyfnewidiadau cyn ein cyrraedd ni yn eu ffurfiau presennol.

Cofiaf dderbyn cyngor un tro: 'Os byth y byddi di heb wybod beth i'w ddarllen a beth i'w weddïo, yna darllena Salm 100 a gweddïa Weddi'r Arglwydd'. Bydd cofio cyngor felly yn ein hatgoffa nad ydym ni byth heb wybod i ble i droi yn y Beibl, a'r troi hwnnw i gychwyn yn siŵr o arwain at awydd i ddarllen ac i weddïo ymhellach. Pan fydd pympiau dŵr yn sychu, rhaid cael peth dŵr i gychwyn er mwyn mynd trwy'r peipiau ac i'r pwmp gael codi rhagor o ddŵr. Dyma Salm dda, felly, i gael y pympiau mawl i godi dŵr eto ar ôl cyfnod sych.

Mae'r em hon o Salm, sydd yn sylfaen i'n hemyn yma, yn rhoi'r allwedd inni i fywyd llawn yn yr Ysbryd: dod i bresenoldeb Duw gyda mawl grymus, sydd yn cynnwys canu, llawenydd, diolchgarwch ac addoliad: 'I'th byrth â diolch-gân ni awn'. Byddai agosáu at Dduw heb agwedd o'r fath fel torri i mewn yn rhyfygus i byrth Brenin yr holl fydysawd. Gafaela'r emynydd yn y gwirionedd hefyd bod Duw yn Dduw digyfnewid ym mhob oes: 'ei drugaredd sydd yn dragywydd; a'i wirionedd hyd genhedlaeth a chenhedlaeth' ebe'r Salmydd ar ddiwedd ei Salm (BWM), a chawn y profiad o gael ein codi uwchlaw hualau amser i foli'r Duw tragwyddol hwn pan ddown at glo'r emyn fel y gwelwyd e'n wreiddiol o law Dafydd Jones, a'i glywed yn datgan:

'Saif dy Wirionedd byth heb 'sgoi
Pan beidio'r Haul a'r lleuad droi.'

GWEDDI

Diolchwn iti, Arglwydd Dduw, am gyfryngau fel y Salmau a'n hemynau ninnau i gael dy foliannu di am dy ddaioni, dy drugaredd a'th wirionedd sydd i gyd yn para byth. Diolch am iti agor pyrth y mawl i'r byd yn gyfan yn Iesu Grist dy Fab. Amen.

Arglwydd mawr y cyfrinachau

Caneuon Ffydd: Rhif 101

Arglwydd mawr y cyfrinachau,
   ti yw saer terfynau'r rhod,
artist cain yr holl ddirgelion
   a chynlluniwr ein holl fod:
creaist fywyd o ronynnau
   a rhoi chwyldro yn yr had;
rhannu, Iôr, wnest ti o'th stordy
   amhrisiadwy olud rhad.

Maddau inni yr arbrofion
   sy'n ymyrryd â dy fyd;
mynnwn ddifa yr holl wyrthiau,
   ceisiwn chwalu pob rhyw hud:
er in dreiddio draw i'r gofod,
   er in dyllu yn y nen,
para 'rydym ni heb ddeall
   am y wyrth tu hwnt i'r llen.

Arglwydd, cyfarwydda'n hymchwil
   a goleua'r deall hwn,
gad in dreiddio i'r hanfodion
   ac amgyffred cread crwn:
boed i'n meddwl fedru canfod
   gallu mwy na gallu dyn,
a phob arbrawf yn datgelu
   gronyn bach yn fwy o'r llun.
                    DAFYDD WHITTALL

MYFYRDOD

Mewn dyddiau pan mae gwyddonwyr ar waith yn ceisio 'mapio'
dirgelion y corff dynol a rhoi trefn ar y genynnau sydd yn ein
gwneud ni yr hyn ydym ni, peth braf yw cael emyn fel hwn sy'n
clodfori 'Arglwydd mawr y cyfrinachau . . . artist cain yr holl
ddirgelion'.

Enillodd Dafydd Whittall gystadleuaeth Emyn 2000 gyda'r
emyn hwn. Mae'r emyn yn clodfori Duw fel creawdwr, ond hefyd
yn mynd i'r afael â llawer o bryderon ein cyfnod ni ynghylch llygru
daear Duw a'r goblygiadau inni fel stiwardiaid o'r adnoddau a
roddodd Duw yn ein gofal. Mae yna ganlyniadau i'n hymchwil
dibaid am wybodaeth ac i'n camddefnydd o'r wybodaeth honno ac
adnoddau'r ddaear.

Gofynna'r emyn am faddeuant i ddynoliaeth sydd yn
ymyrryd cymaint bellach â'r byd creëdig. Yr ydym yn ein

hymchwil, yn ceisio gosod ein hunain yn lle Duw, gan gredu'n aml mai ein hawl ni bellach yw llunio ac addasu bywyd newydd. Ond nid ydym ni ronyn yn nes at ddeall o ble y daeth bywyd. Ac er ein bod yn deall llawer am ddirgelion y corff, ni all yr ymchwil hwnnw ddweud dim wrthym ni am ddirgelion yr ysbryd a'r enaid: 'para 'rydym ni heb ddeall am y wyrth tu hwnt i'r llen'.

Ond nid yw pob ymchwil yn ddrwg. Gofynna Dafydd Whittall am arweiniad i'r ymchwil gwyddonol hwn o eiddo dyn. Duw ei hun sydd wedi rhoi deallusrwydd ac awydd am wybodaeth i ddynolryw, ac o gael goleuni Duw fe allwn ni roi y deall hwnnw ar waith er daioni yn ein byd. Trueni yn aml, onid pechod yn wir, yw gweld ymchwil gwyddonol a fwriadwyd er daioni, yn cael ei roi ar waith i ddifa ac achosi poen. Mae'r potensial hwnnw ym mhob darganfyddiad, er daioni, neu er drygioni, a'r her a'r cyfrifoldeb i ni yw gwneud iawn ddefnydd o'r hyn a ddatguddir gan ein gwyddonwyr.

Llawn fwriada Duw inni ryfeddu at ei ddirgelion. Nid gwneud i ni ein hunain deimlo'n uwch ein gallu na Duw oherwydd i ni ddatgloi rhai o ddrysau dirgelion y greadigaeth a ddylai ein hymchwil. Ond bwriada i'r dirgelion hynny ein tynnu ni yn nes ato ef ei hun mewn rhyfeddod at ei allu a'i fawredd a'r dirgelion lu sydd eto'n aros heb eu treiddio. Dyma ymateb y Salmydd i ddirgelion Duw: 'Clodforaf di; canys ofnadwy a rhyfedd y'm gwnaed; rhyfedd yw dy weithredoedd; a'm henaid a ŵyr hynny yn dda.' (Salm 139:14 BWM).

Mae Duw yn hollwybodus, yn gwybod y dirgelion i gyd. Ef yw'r 'gallu mwy na gallu dyn'. At y gallu mawr hwnnw y rhyfeddais innau fel rhiant ar ôl gweld llun 'scan' o un o'r plant yng nghroth ei fam, yn mesur dim mwy na hyd gewin bys bach, ond eto roedd ei wneuthuriad yn amlwg, ac er y gallem ni ei weld drwy gyfrwng y 'scan', fe wyddem fod Duw wedi bod ar waith yn llunio'r bywyd bach cyn i ni ei weld: 'Gwelodd dy lygaid fy nefnydd di-lun; y mae'r cyfan wedi ei ysgrifennu yn dy lyfr' (Salm 139:16).

GWEDDI

Clodforaf di, Arglwydd, am fy mod i'n gwybod mai dy eiddo di yw'r holl ddirgelion, ac mai ti sydd hefyd yn dewis datguddio rhai ohonyn nhw inni. Gad inni iawn ddefnyddio pob gwybodaeth a roddi inni er lleddfu angen ein byd. Gan wybod hefyd dy fod wedi datguddio popeth sydd angen inni ei wybod er mwyn inni brofi hedd a bywyd tragwyddol, yn Iesu Grist dy Fab. Amen.

Gogoniant tragwyddol i'th enw, fy Nuw

Caneuon Ffydd: Rhif 107

Gogoniant tragwyddol i'th enw, fy Nuw,
mae'r byd yn dy gysgod yn bod ac yn byw;
ni flinaist fynd heibio i feiau di-ri'
i gofio pechadur na chofia dydi.

Tydi sydd yn deilwng o'r bri a'r mawrhad,
tydi roddodd fywyd a chynnydd i'r had;
tydi yn dy nefoedd aeddfedodd y grawn,
tydi roddodd ddyddiau'r cynhaeaf yn llawn.

Er maint y daioni a roddi mor hael,
tu cefn i'th drugaredd mae digon i'w gael;
llawenydd yw cofio, er cymaint a roed,
fod golud y nefoedd mor fawr ag erioed.

DYFED, 1850–1923

MYFYRDOD

Dyma emyn a genir yn aml ar wyliau diolchgarwch, yn syml am ei fod yn cyfeirio at yr Un sydd yn rhoi dyddiau'r cynhaeaf inni. Ond a sylwoch chi yn eich ardaloedd eich hunain ar leihad y pwysigrwydd a roddir i Ŵyl y Diolchgarwch? Efallai ei fod a wnelo â'r ffaith mai ychydig ohonom bellach sydd ag unrhyw gyswllt â'r tir neu sy'n trefnu ein hamser o gwmpas y tymhorau. Onid yw hi'n gynhaeaf arnom bob dydd yn ein harchfarchnadoedd, a chynnyrch y byd yn gyfan ar ein silffoedd?

Nid yw hyn yn gwneud i ffwrdd â'n hangen ni i gydnabod ein dyled a'n diolch i'r Un sydd yn rhoi popeth inni, ac fel y dywed Dyfed yn ei bennill cyntaf, wrth synhwyro rywsut ein hanniolchgarwch ninnau:

ni flinaist fynd heibio i feiau di-ri'
i gofio pechadur na chofia dydi.

Mae storfeydd Duw yn parhau'n ddihysbydd, yn llawn daioni, trugaredd a maddeuant, a dim ond pan dderbyniwn bethau o'r storfa fawr hon y gwelwn ni nad ydy hi'n mynd ddim llai a bod 'golud y nefoedd mor fawr ag erioed'.

Fe ofynnodd pregethwr i'w gynulleidfa un tro, 'Faint mor fawr ydy eich Duw chi? Ydy o'n fwy na'ch holl anghenion wedi eu rhoi at ei gilydd?' Rhaid ateb ei fod yn wir yn fwy; dydy cypyrddau'r nef byth yn gwagio. Ef, 'sydd â'r gallu ganddo i wneud yn anhraethol well na dim y gallwn ni ei ddeisyfu na'i ddychmygu' (Eff. 3:20).

Abraham a alwodd y Duw a oedd wedi gwneud cyfamod ag ef, ac a oedd yn siarad ag ef fel cyfaill, yn '"Yr Arglwydd sy'n darparu"' (Gen. 22:14), wrth iddo orfod wynebu prawf mwyaf ei fywyd ar ben mynydd Moreia. Pan oedd ar fin aberthu ei fab Isaac fe gamodd Duw i mewn a darparu hwrdd, gan arbed bywyd Isaac ac arbed gofid a phoen mawr i Abraham.

Ar adegau fel y rhain mae ein ffydd yng ngallu Duw i ddarparu yn rhoi'r nerth i'n cynnal. Mae gwybod mai Duw yw ffynhonnell ein bywyd yn gyfan, o'r anadl sydd ynom i'n hanghenion dyddiol, yn ein sicrhau ei fod hefyd yn abl i'n cynnal ar awr ein hangen mwyaf. Cawsom weld, nid yn unig ddarpariaeth Duw i Abraham ar awr ei angen, yn hanes aberthu Isaac, ond fe roddwyd cysgod i ni hefyd o'r mwyaf o ddarpariaethau Duw i ni ym mherson ei Fab Iesu Grist. Ynddo ef cawn fynediad uniongyrchol i 'olud y nef'. 'A bydd fy Nuw i, yn cyflawni eich holl angen chwi yn ôl cyfoeth ei ogoniant yng Nghrist Iesu' (Phil. 4:19).

GWEDDI

O Dduw da, rho imi brofi o'th olud yng Nghrist bob dydd, fel y gallaf, pan fyddaf yn fy angen dyfnaf, wybod nad ydy dy ddarpariaeth di ar fy nghyfer yn mynd ronyn yn llai. Yn enw dy Fab Iesu. Amen.

Rhagluniaeth fawr y nef

Caneuon Ffydd: Rhif 114

Rhagluniaeth fawr y nef,
mor rhyfedd yw
esboniad helaeth hon
o arfaeth Duw:
mae'n gwylio llwch y llawr,
mae'n trefnu lluoedd nef,
cyflawna'r cwbwl oll
o'i gyngor ef.

Llywodraeth faith y byd
sydd yn ei llaw,
mae'n tynnu yma i lawr,
yn codi draw:
trwy bob helyntoedd blin,
terfysgoedd o bob rhyw,
dyrchafu'n gyson mae
deyrnas ein Duw.

Ei th'wyllwch dudew sydd
yn olau gwir,
ei dryswch mwyaf, mae
yn drefen glir;
hi ddaw â'i throeon maith
yn fuan oll i ben,
bydd synnu wrth gofio'r rhain
tu draw i'r llen.

DAVID CHARLES, 1762–1834

MYFYRDOD

Fel meddyliwr a diwinydd ac un oedd hefyd yn weinyddwr medrus y meddylir am David Charles, ond fel pob diwinydd praff y mae'n ddigon bodlon addef nad oes modd i ni ateb llawer o'r cwestiynau sydd gennym ynglŷn â phethau yn y byd hwn. Synnai llawer a'u cael eu hunain yn addoli Duw wrth wrando arno'n annerch yn gyfareddol ar bynciau o athrawiaeth neu'n rhannu ei brofiad ei hun o iachawdwriaeth yng Nghrist. Ond gwyddai mai 'llwch y llawr' ydoedd ac nad oes dichon ceisio esboniad yn aml ar ein hamgylchiadau, ac y mae, er ei allu, yn ei ymddiried ei hun i benarglwyddiaeth Duw ac i 'esboniad helaeth hon o arfaeth Duw', gan addef mai 'rhyfedd yw' 'rhagluniaeth fawr y nef'. Rhan yn unig o'r darlun a welwn ni yma ar y ddaear, neu fel y dywedodd Paul: 'Yn awr, gweld mewn drych yr ydym, a hynny'n aneglur; ond yna ... Yn awr, anghyflawn yw fy ngwybod; ond yna ...' (1 Cor.

13:12). Aneglur yw ein golwg ac amherffaith yw ein gwybodaeth yr ochr yma i'r llen ond, fel Paul wrth rybuddio'r bobl yn Effesus i wisgo holl arfogaeth Duw amdanyn nhw, oherwydd 'nid â meidrolion yr ydym yn yr afael, ond â thywysogaethau ac awdurdodau' (Eff. 6:12), felly hefyd mae David Charles yn ein hatgoffa bod Duw yn 'gwylio llwch y llawr', ac yn 'trefnu lluoedd nef'; hyd yn oed yr hyn na welwn ni, er mwyn cyflawni ei amcanion.

Roedd David Charles yn ddyn llwyddiannus ym mhethau'r byd hwn. Dywedwyd amdano ei fod yn un o 'aristocracy' Cyfundeb y Methodistiaid Calfinaidd. Ceir traddodiad mai ar ôl i'w ffatri gwneud rhaffau yng Nghaerfyrddin losgi i'r llawr ar ryw Sadwrn ym 1812, ac ar ôl treulio'r Sul canlynol yn pregethu ac yn ymddiddan drwy'r dydd yn Nhalyllychau fel pe na bai dim oll wedi digwydd i effeithio dim arno y diwrnod cynt, y cyfansoddodd yr emyn hwn. Byddai hynny'n rhoi golwg fyw inni ar y 'tynnu yma i lawr, yn codi draw'. Ond nid hyd 1817 yr ymddangosodd yr emyn mewn print, a hynny wrth i David Charles geisio crynhoi trafodaethau'r Methodistiaid yn eu Sasiwn yn y Bont-faen ynglŷn â'r sefyllfa wleidyddol a chymdeithasol fregus yr oedd y wlad ynddi ar y pryd yn dilyn rhyfeloedd Napoleon ar y Cyfandir. Gwelai'r Methodistiaid yr argyfwng yng ngoleuni rhagluniaeth Duw a gobeithient y deuai tro ar fyd, gan weithio a gweddïo er mwyn gweld hynny. Nid Duw pell yw Duw David Charles a'r Methodistiaid hyn, ond un sydd yn llywodraethu 'trwy bob helyntoedd blin' a 'therfysgoedd o bob rhyw', a 'daw ei throeon maith yn fuan oll i ben'.

Dywedodd rhywun fod bywyd yn debyg i wylio tapestri mawr yn cael ei bwytho, ond ein bod yn edrych arno o'r cefn, sef o'r ochr anghywir lle mae'r llinynnau blith draphlith ar draws ei gilydd, ond y cawn ei weld o'r ochr iawn ddydd a ddaw a synnu at ei grefftwaith: 'bydd synnu wrth gofio'r rhain tu draw i'r llen'.

GWEDDI
O Dad nerthol, diolchwn iti fod llywodraeth faith y byd yn llaw dy ragluniaeth ryfedd di dy hun, a bod holl lywodraethwyr y byd yn ddarostyngedig i ti wrth iti ddyrchafu a helaethu dy deyrnas. Edrychwn ymlaen, Arglwydd, at y dydd y cawn ni weld pethau'n eglur ac yn berffaith yng nghwmni dy Fab yn Nheyrnas Nefoedd. Er mwyn ei enw ef. Amen.

Pob peth, ymhell ac agos

Caneuon Ffydd: Rhif 130

Pob peth, ymhell ac agos,
　sy'n dangos Duw i'r byd,
ei enw sydd yn aros
　ar waith ei law i gyd;
efe a wnaeth y seren
　yn ddisglair yn y nen,
efe a wnaeth y ddeilen
　yn wyrddlas ar y pren.

Mae'r nefoedd a'i chymylau
　o dan ei gadarn law,
mae'n rhoddi'r heulwen olau,
　mae'n rhoddi gwlith a glaw;
mae gwyntoedd oer y gaeaf
　yn ufudd iddo ef,
ac ni ddaw un cynhaeaf
　ond drwy ragluniaeth nef.

Ar ei drugareddau
　yr ydym oll yn byw;
gan hynny dewch a llawenhewch,
cans da yw Duw.

Mae'n newid ei fendithion
　i gwrdd ag angen dyn;
mae'n ddoeth ymhob dibenion,
　erioed ni fethodd un;
ein bara sydd bob bore
　yn dod o'i ddwylo ef,
a chynnal ein heneidiau
　wna byth â bara'r nef.

ELFED, 1860 –1953

MYFYRDOD

Pe byddem â'r llygaid i weld, fe welem fod popeth o'n cwmpas, yn weledig ac yn anweledig, 'pob peth, ymhell ac agos', wedi eu gwneud gan Dduw, a hynny trwy Grist. Datgan mae Elfed yn ei emyn i Dduw y Creawdwr fod stamp Duw 'ar waith ei law i gyd'.

Pan fyddwn ni'n prynu rhywbeth, byddwn yn chwilio yn aml am stamp y gwneuthurwr ar y peth hwnnw, boed yn gar, neu'n deledu neu'n ddillad. Chwiliwn yn aml am wneuthurwr y gallwn ni ymddiried yn ei safon, ac, o ganlyniad, ddibynnu ar y nwyddau mae'n eu cynhyrchu.

Sonia Dafydd y Salmydd am ein gwneuthuriad ninnau, a'i fod yn un 'ofnadwy a rhyfedd' (Salm 139:14 BWM). Eto nid yw pobl yn fodlon cydnabod bod ganddyn nhw Greawdwr.

Sylweddolodd Dafydd ryfeddod y cread a dirgelwch y corff dynol dros dair mil o flynyddoedd yn ôl, gan foli gallu a chywreinrwydd y Creawdwr. Gwelodd ef yn eglur y stamp sydd ar bob dim yn y cread sy'n nodi: 'Gwnaed gan Dduw.'

Felly y sylwodd Ioan, y disgybl a dreuliodd gymaint o amser yng nghwmni Iesu, pan ysgrifennodd yn ei Efengyl: 'Daeth pob peth i fod trwyddo ef; hebddo ef ni ddaeth un dim sydd mewn bod' (Ioan 1:3). Dyma ddiben y cread.

Mae Duw yn ei ddatguddio'i hun inni yn ei waith ac yn ei fendithion, a dylem fod yn ddiolchgar iddo am ei ddarpariaeth inni. Ond a wyddom ni mewn gwirionedd sut un ydy Duw trwy'r hyn a welwn o'n cwmpas? Mae Martin Luther, y diwygiwr Protestannaidd mawr, yn sôn yn ei esboniad ar lythyr Paul at y Galatiaid, wrth sylwi ar Galatiaid 4:8, fod gan bob dyn yr wybodaeth gyffredinol hon am Dduw y Creawdwr, ond na wyddant sut mae'n teimlo tuag atyn nhw. Gallwn adnabod rhywun yn ôl ei olwg, meddai, ond heb ei adnabod yn llawn am na wyddom ni sut deimladau sydd gan y person hwnnw tuag atom. 'Crist yw yr unig ffordd . . . a'r drych yr ydym trwyddo yn gweld Duw, ac y gwyddom ei ewyllys' meddai wrth sylwi mai un peth yw adnabod Duw fel Creawdwr pob peth, ond mai peth arall yw gwybod sut y lluniodd bob dim ac i ba ddiben.

Erbyn diwedd ein hemyn, fe gawn weld gan Elfed hefyd nad Duw y Creawdwr yn unig yw ein Duw ni, ond ei fod yn fugail ein heneidiau yn ogystal, ac wedi dangos hynny inni yn aberth Crist drosom ar y groes. Os yw, yn ei ras, yn cynnal ein cyrff â'r 'bara sydd bob bore yn dod o'i ddwylo ef', diolchwn iddo fod ganddo fwriadau ar ein cyfer sydd y tu hwnt i'r byd hwn, a'i fod yn 'cynnal ein heneidiau . . . byth â bara'r nef'.

GWEDDI

Diolchwn iti, Dad nefol, am dy ddatguddio dy hun inni ym mhopeth a greaist o'n cwmpas. Ar dy drugaredd di yr ydym oll yn byw. Ond diolchwn iti dy fod yn cynnal mwy na'r corff yn unig ac wedi rhoi datguddiad cyflawn ohonot ti dy hun a'th fwriadau daionus tuag atom yn Iesu Grist dy Fab. Llawenhawn yn dy ddaioni, O Dduw. Yn enw Iesu. Amen.

Tydi, a roddaist liw i'r wawr

Caneuon Ffydd: Rhif 131

Tydi, a roddaist liw i'r wawr
 a hud i'r machlud mwyn,
tydi, a luniaist gerdd a sawr
 y gwanwyn yn y llwyn,
O cadw ni rhag colli'r hud
sydd heddiw'n crwydro drwy'r holl fyd.

Tydi, a luniaist gân i'r nant,
 a'i su i'r goedwig werdd,
tydi, a roist i'r awel dant
 ac i'r ehedydd gerdd,
O cadw ni rhag dyfod dydd
na yrr ein calon gân yn rhydd.

Tydi, a glywaist lithriad traed
 ar ffordd Calfaria gynt,
tydi, a welaist ddafnau gwaed
 y Gŵr ar ddieithr hynt,
O cadw ni rhag dyfod oes
heb goron ddrain na chur na chroes.

T. ROWLAND HUGHES, 1903–49

MYFYRDOD

Bellach fe aeth dros drigain mlynedd heibio ers cyfansoddi'r emyn hwn gan T. Rowland Hughes a'r dôn iddi hefyd gan Arwel Hughes. Blwyddyn dywyll iawn yn hanes personol Rowland Hughes oedd 1942, yn ôl Edward Rees yn ei gofiant iddo. Roedd ei afiechyd yn gwaethygu, ac yntau'n mynd o feddyg i feddyg heb ddim gwellhad i'w weld yn dod.

Meddyliwch amdano yng nghanol tywyllwch rhyfel byd yn sôn am 'hud sydd heddiw'n crwydro drwy'r holl fyd'. O sylwi ar fyd Duw, mae'n gweld prydferthwch a thestun cân i'r galon, ond mae'n ofni hefyd bod pwerau ar waith sydd yn bygwth mygu hynny. Fe wêl Rowland Hughes yn amlwg fod Duw ar waith o'i gwmpas. Sonia Paul hefyd fel y mae Duw i'w weld yn amlwg yn y pethau a greodd o'n cwmpas: 'er pan greodd Duw y byd, y mae ei briodoleddau anweledig ef, ei dragwyddol allu a'i dduwdod, i'w gweld yn eglur gan y deall yn y pethau a greodd' (Rhuf. 1:20). A'r rhai nad ydyn nhw'n gweld yn 'ddiesgus'.

Rhyfedda Rowland Hughes at allu a mawredd Duw ac ni allai beidio â chredu yn y cyfnod hwn fod gan Dduw bwrpas ar gyfer ei fywyd yntau hefyd er gwaethaf y boen. Ddychmygodd ef erioed fod blynyddoedd ei enwogrwydd mwyaf o'i flaen. Daeth yn ffigwr amlwg drwy gyfrwng y radio a'i nofelau a'i farddoniaeth.

Roedd Paul hefyd yn un a wyddai am boen ac am wendid; fe gofiwch am ei 'ddraenen yn ei gnawd', ac ef sy'n dweud bod Duw'n ein 'diddanu ym mhob gorthrymder, er mwyn i ninnau, trwy'r diddanwch a gawn ganddo ef, allu diddanu'r rhai sydd dan bob math o orthrymder' (2 Cor. 1:4).

Ni fynnai Rowland Hughes fod 'heb goron ddrain na chur na chroes'. Ac ni chawn ni addewid o gwbl pan ddown yn ddisgyblion i Grist fod hawddfyd o'n blaenau, ond fe gawn addewid o 'nerth ei ogoniant ef, i ddyfalbarhau a hirymaros yn llawen ym mhob dim' (Col. 1:11). Ond sut y gallwn ni fod 'yn llawen ym mhob dim'? Am fod Iesu wedi dod i'n plith, wedi mesur ein gwendid ni, yn abl i lwyr gydymdeimlo â ni, ac wedi ennill y fuddugoliaeth dros angau a'r bedd drosom ac yn sefyll gyda ni yn nerth ei Ysbryd Glân bob amser.

Er gwaethaf cur a chroes, beiddiwn gredu 'fod Duw, ym mhob peth, yn gweithio er daioni gyda'r rhai sy'n ei garu' (Rhuf. 8:28).

GWEDDI

Fy Arglwydd, yr hwn a fuost ar ffordd Calfaria gynt, yr un a gollaist ddafnau gwaed yn lli, helpa fi i weld dy fwriadau di dy hun ar gyfer fy mywyd i. Ac er gwaethaf y tywyllwch all fod o'm cwmpas, dy fod wrthi'n dwyn daioni allan o'm hamgylchiadau i ac yn sefyll gyda mi ym mhob dim. Yn enw'r Oen fu farw. Amen.

Fy Arglwydd Dduw, daw im barchedig ofon

Caneuon Ffydd: Rhif 140

Fy Arglwydd Dduw, daw im barchedig ofon
wrth feddwl am holl waith dy ddwylo di,
yng nghân y sêr a rhu y daran ddofon,
drwy'r cread oll, dy rym a welaf i:

Cân f'enaid, cân, fy Arglwydd Dduw, i ti,
mor fawr wyt ti, mor fawr wyt ti;
cân f'enaid, cân, fy Arglwydd Dduw, i ti,
mor fawr wyt ti, mor fawr wyt ti.

Wrth fynd am dro drwy'r glennydd teg a'r dolydd,
a gwrando cân yr adar yn y gwŷdd,
a bwrw trem o gopa uchel fynydd
yn sŵn y nant neu falm yr awel rydd:

Pan ddaw i'm cof i Dduw roi'i Fab heb arbed,
a'i roi yn Iawn, tu hwnt i ddeall dyn,
ar groes o'i fodd yn dwyn fy maich i'm gwared,
i faddau 'mai rhoes ef ei waed ei hun:

Pan ddêl y Crist â bloedd y fuddugoliaeth
a'm dwyn i dref, mor llawen fyddaf fi;
ymgrymu yno wnaf mewn parchedigaeth,
gan ddatgan byth, fy Nuw, mor fawr wyt ti:

CARL GUSTAF BOBERG, 1859–1940
cyf. STUART W. K. HINE, 1899–1989 ac E. H. GRIFFITHS

MYFYRDOD

Dwn i ddim a fuoch chi erioed yn 'Techniquest' yng Nghaerdydd
neu yn Wrecsam? Os buoch chi yno, yna fe gawsoch eich
cyfareddu a'ch synnu, rwy'n siŵr, heb sôn am eich cadw chi a'ch
plant yn ddiddig am oriau. Dangos dirgelion natur a'r
darganfyddiadau gwyddonol sy'n ein helpu ni i esbonio rhai o'r
dirgelion hynny ydy diben y lle.

Bues i, fel plentyn mawr, yn edrych yn hir ar y teclyn oedd
yn edrych, i gychwyn, ar gefn llaw person, ac yna'n chwyddo'r

darlun yn ôl rhyw ganran bob tro, nes gweld llun o Gaerdydd o'r awyr, a llun o Gymru, a llun o Ewrop. Wrth barhau i chwyddo'r darlun, fe aed â mi, yn y diwedd, heibio i'r llwybr llaethog ac y tu allan i'n bydysawd ni, heibio i fydysawdau eraill nes darfod yn yr anwybod mawr! Aeth y teclyn â mi yn ôl hefyd at gefn y llaw, ond nid arhosodd yn y fan honno! Fe aeth i mewn o dan y croen, gan leihau bob tro nes cyrraedd at bethau fel moleciwlau ac atomau a niwtronau, a darfod yn yr anwybod bychan hwnnw hefyd.

Wrth fyfyrio ar fawredd Duw ei hun, sydd yn fwy hyd yn oed na'r anwybod mawr hwnnw sydd y tu hwnt i'n bydysawd, mae ein hemynydd yma yn sefyll mewn 'parchedig ofon'. Ni all wneud dim ond moli Duw am ei fawredd: 'mor fawr wyt ti'. Mor fawr yw Duw, mor fychan ydym ni. Ond, er mai megis llychyn bychan ydy pob un ohonom, o'n cymharu â Duw, fe wyddom fod ganddo ofal amdanom ni a'i fod yn ein caru. Fe gofia'r emynydd hynny: 'Pan ddaw i'm cof i Dduw roi'i Fab heb arbed.'

Pan sonia Iesu am ofal Duw dros aderyn y to ym Mathew 10:26–31, cawn weld, er ein bychaned ni, fod gofal Duw hefyd yn ymestyn dros rai llai na ni'n hunain hyd yn oed. 'Peidiwch ag ofni, yr ydych chi'n werth mwy na llawer o adar y to' (Mth. 10:31) ydy cyngor Iesu i'r rhai sy'n gwrando; 'y mae hyd yn oed pob blewyn o wallt eich pen wedi ei rifo' (adn. 30). Anoga Iesu ei ddilynwyr yma hefyd i beidio ag ofni dynion, a'r hyn y gallan nhw ei wneud inni. Mae ofn felly yn ein dinistrio. Ond dylem fod â pharchedig ofn tuag at Dduw, yr hwn sydd â'r gallu i gadw ein heneidiau rhag dinistr. Peth da ac adeiladol, felly, yw bod â pharchedig ofn. Fel hyn y mae Diarhebion 29:25 yn ymdrin â'r cyflwr o ofn: 'Magl yw ofni pobl, ond diogel yw'r un sy'n ymddiried yn yr Arglwydd.'

Daeth yr emyn hwn atom trwy aml gyfnewidiad a chyfieithiad; o'r Swedeg i'r Saesneg, ac yna trwy law E. H. Griffiths i'r Gymraeg. Tybed nad ydy hyn hefyd yn ein cyfeirio at fawredd Duw a'i ofal dros bob un ohonom er cymaint, ac oherwydd, y mawredd hwnnw.

GWEDDI

Fy Arglwydd Dduw, yr hwn wyt yn fwy na dim y gallaf i ei ddychmygu, dysg i mi fod â pharchedig ofn ohonot ti yn unig. Diolchaf iti yma dy fod yn ymwneud â rhai mor fychan a di-nod â mi, a gofal gennyt am bethau fel adar y to, sydd yn llai na mi hyd yn oed. Mae'r byd mawr cyfan yn dy law. Er clod i'th enw mawr. Amen.

Diolch am Weddi'r Arglwydd

Caneuon Ffydd: Rhif 156

Diolch am Weddi'r Arglwydd,
diolch i'r hwn a'i rhoes
yn llwybyr i ni ddyfod
at Dduw, ym more oes;
diolch am gael ei dysgu
a'i hadrodd yn ein hiaith,
diolch am ei goleuni
i'n tywys ar ein taith.

Diolch am fodd i wybod
na phalla gofal Duw,
mae gair yr Iesu'n ddigon,
gwrandäwr gweddi yw;
diolch fo gair ein calon
a diolch fyth fo'n llef
wrth ufuddhau i'r Iesu
a dweud ei weddi ef.

T. ELFYN JONES

MYFYRDOD

Faint ohonom, mewn gwirionedd, all ddweud ein bod wedi deall Gweddi'r Arglwydd pan ddysgwyd hi inni fel plant? Mae gan lawer ohonom atgofion o adrodd pethau digon rhyfedd, rwy'n siŵr, wrth gydadrodd Gweddi'r Arglwydd!

Diolch am gael ei dysgu ym more oes a wna Elfyn Jones. O gofio mai patrwm o weddi ar gyfer ei ddisgyblion y bwriadodd Iesu iddi hi fod, mae hi'n arweiniad inni ar gyfer ein gweddïo i gyd. Does dim yn well na meithrin arferion da yn ifanc, a pha arfer gwell y gallwn feddwl amdano na'r arfer o weddïo yn gyson gyda Gweddi'r Arglwydd yn batrwm ar ein cyfer? Yn y 69 o eiriau a gynhwysir ynddi yn yr Hen Gyfieithiad mae hi'n cyflwyno patrwm inni sy'n cyffwrdd â phob agwedd ar weddi. Mae hi'n cynnwys pob dim y mae angen inni ei wybod am weddi am mai Iesu a ddewisodd y geiriau – 'diolch i'r hwn a'i rhoes'.

Ond nid gweddi i'w hailadrodd yn ddifeddwl yw hi; oni fu i Iesu rybuddio'i ddisgyblion rhag 'pentyrru geiriau fel y mae'r Cenhedloedd yn gwneud'? (Mth. 6:7). Ystyriwn Weddi'r Arglwydd fel man cychwyn y daith yn hytrach na'i phen draw, oherwydd un peth ydy gwybod Gweddi'r Arglwydd a gallu ei hadrodd ar ein cof, peth arall ydy gwybod sut i weddïo. Mae hi'n ein cyfeirio i lwybrau gweddi, ac mae ein diolch am bopeth sydd yn ein cyfeirio at y llwybrau hynny am ei fod yn 'oleuni i'n tywys ar ein taith'.

Gallem ysgrifennu'n helaeth ar y weddi hon, ond beth am edrych ar yr hyn y dylem ei gofio 'wrth ufuddhau i'r Iesu a dweud ei weddi ef '. Fel y dywedodd rhywun:

'Ni allaf ddweud "Ein" os wyf yn byw er fy mwyn fy hun;

ni allaf ddweud "Tad" os nad wyf yn ceisio byw fel ei blentyn;

ni allaf ddweud "yr hwn wyt yn y nefoedd" os nad wyf yn ceisio trysorau yno;

ni allaf ddweud "sancteiddier dy enw" os nad wyf yn ceisio sancteiddrwydd;

ni allaf ddweud "deled dy deyrnas" os nad wyf yn gwneud popeth a allaf i'w hyrwyddo;

ni allaf ddweud "dyro inni heddiw ein bara beunyddiol" os wyf yn anonest neu'n hunanol;

ni allaf ddweud "maddau i ni ein dyledion" os wyf yn dal dig yn erbyn rhywun;

ni allaf ddweud "nac arwain ni i brofedigaeth" os wyf yn mynnu fy rhoi fy hun ar lwybr temtasiwn;

ni allaf ddweud "gwared ni rhag drwg" os nad wyf yn gwisgo arfogaeth Duw;

ni allaf ddweud "eiddot ti yw y deyrnas a'r nerth a'r gogoniant" os nad wyf yn rhoi i'r Brenin y ffyddlondeb sy'n iawn iddo ei gael;

ac ni allaf ddweud "yn oes oesoedd" os yw fy holl agwedd at fywyd wedi ei gyfyngu i bethau tymhorol.'

GWEDDI

Ein Tad, diolchwn am Weddi'r Arglwydd, ond po fwyaf y sylwn arni, mwyaf ein hangen am dy gymorth i ddweud y patrwm hwn o weddi a roddodd Iesu i'w ddisgyblion. Dysg i ni dy lwybrau. Er mwyn Iesu. Amen.

Un fendith dyro im

Caneuon Ffydd: Rhif 164

Un fendith dyro im,
ni cheisiaf ddim ond hynny:
cael gras i'th garu di tra bwy',
cael mwy o ras i'th garu.

Ond im dy garu'n iawn
caf waith a dawn sancteiddiach,
a'th ganlyn wnaf bob dydd yn well
ac nid o hirbell mwyach.

A phan ddêl dyddiau dwys
caf orffwys ar dy ddwyfron,
ac yno brofi gwin dy hedd
a gwledd dy addewidion.

Dy garu, digon yw
wrth fyw i'th wasanaethu,
ac yn oes oesoedd ger dy fron
fy nigon fydd dy garu.

EIFION WYN, 1867–1926

MYFYRDOD

Gallwn fod yn rhai sydd yn gofyn yn aml ar i Dduw ein bendithio, heb feddwl efallai am ddim yn benodol yr hoffem ei gael. Mae Eifion Wyn yn yr emyn syml a thlws hwn yn ceisio un fendith benodol gan Dduw, sef 'cael gras i'th garu di tra bwy'. O ganolbwyntio yn ein deisyfiadau, y mae'n gweddïau yn dod yn fwy pwrpasol ac uniongyrchol. O gael y fendith benodol honno, mae Eifion Wyn yn gweld y bydd yn effeithio ar bob rhan o'i fywyd. Bydd ei ddoniau a'i waith yn cael eu sancteiddio er clod i Dduw, a bydd agosrwydd y berthynas fywiol gariadus y mae'n gofyn amdani gyda Duw yn golygu y gall bwyso ar Dduw 'pan ddêl dyddiau dwys' a phwyso ar ei Air hefyd, sef 'gwledd dy addewidion'.

Does dim yn gymhleth yng ngwaith Eifion Wyn fel bardd ac

emynydd ac mae hynny'n sicr yn gryfder ganddo yn yr emyn hwn, oherwydd, er ei symlrwydd, y mae yna ddyfnder o ymddiriedaeth. Ynddo'i hun nid yw ffydd yn fater cymhleth; mater o ymddiriedaeth syml ydyw bod Duw yn llywodraethu, yn ddigon abl i'n cynnal, a gofal ganddo amdanom. Fe geryddodd Iesu ei ddisgyblion pan oedden nhw'n rhwystro'r plant rhag dod ato a'u rhybuddio: 'pwy bynnag nad yw'n derbyn teyrnas Dduw yn null plentyn, nid â byth i mewn iddi' (Mc. 10:15). Rhodd Duw yw ffydd, a hynny trwy ei ras, sef ei ffafr hael i ni. Nid oes yn rhaid inni gyflawni unrhyw amodau cyn ei dderbyn na chyrraedd unrhyw safon arbennig. Mae Duw yn ei roi yn rhad, dyna yw natur 'gras', ac yma mae'n hemynydd yn gwybod mai gofyn sydd raid, nid gweithio er mwyn ei gael, gan ymddiried y bydd Duw yn rhoi o'i ras iddo.

Nid eiriol ar ran neb arall na gofyn ar i'r eglwys gael dangos mwy o gariad mae Eifion Wyn, ond gofyn trosto'i hun ar i Dduw roi ei ras ef ei hun iddo i'w gynorthwyo i'w garu. Mae hi'n bwysig wrth i ni weddïo, wrth gwrs, ein bod yn cofio am anghenion eraill, ond yr un mor bwysig inni gofio am ein hanghenion a'n gwendidau ni ein hunain. Yr ydym yn synnu bod Iesu mewn cymaint o'i weddïau a gofnodir yn y Testament Newydd yn gweddïo trosto'i hun. Mae'r rhan fwyaf ohonyn nhw'n ymwneud â'r gwaith mawr o farw dros bechodau'r byd. Ceir disgrifiad byw iawn o'r ymryson hwn mewn gweddi drosto'i hun yn Hebreaid 5:7: 'Yn nyddiau ei gnawd, fe offrymodd Iesu weddïau ac erfyniadau, gyda llef uchel a dagrau, i'r Un oedd yn abl i'w achub rhag marwolaeth, ac fe gafodd ei wrando o achos ei barchedig ofn.' Mae'n debyg mai osgoi marwolaeth ar y groes oedd y demtasiwn fwyaf a ddaeth i Iesu, ac am hyn y gweddïodd fwyaf pan weddïai drosto'i hun. Cawn ninnau ein galw i weddïo drosom ni'n hunain hefyd, yn enwedig yn y mannau hynny lle rydym ni'n wan ac yn agored i demtasiynau – mannau lle cawn ein temtio i wneud pethau nad ydyn nhw'n unol ag ewyllys Duw. 'Digon i ti fy ngras i' meddai'r Arglwydd wrth Paul (2 Cor. 12:9); yn sicr, mae'n ddigon i ninnau hefyd, o'i geisio a'i dderbyn.

GWEDDI

O Arglwydd, dyro dy ras i mi a fydd yn fy ngalluogi i'th garu a'th wasanaethu mewn ufudd-dod. Helpa fi i gofio am fy ngwendidau i fy hun a chofio hefyd bod dy ras di yn ddigon i mi. Yn enw Iesu. Amen.

Os gofyn rhywun beth yw Duw

Caneuon Ffydd: Rhif 171

Os gofyn rhywun beth yw Duw,
atebwn ni mai cariad yw:
fe fflamiodd cariad Tri yn Un
yn rhyfedd at annheilwng ddyn.

Nid dim rhinweddau ynom ni
na dim a wnaed ar Galfarî
fu'n achos iddo garu dyn,
fe'i carodd er ei fwyn ei hun.

Fe'n carodd, ac fe'n câr o hyd,
ymhob rhyw drallod yn y byd;
a'r rhai a garodd ef un waith,
fe'u câr i dragwyddoldeb maith.

AZARIAH SHADRACH, 1774–1844

MYFYRDOD

Gallwch dynnu llawer iawn o bethau allan ohonom ni fel bodau
dynol ac eto byddwn yn rhyfeddol o gyfan, ond pe aem ati i feddwl
am Dduw heb gariad, yna fyddai gennym ni ddim ar ôl o gwbl,
'oherwydd cariad yw Duw' (1 Ioan 4:8). A'r adnodau hynny yn
llythyr cyntaf Ioan sydd yn sail i'r emyn hwn o foliant i Dduw am ei
gariad rhyfedd a thragwyddol tuag at ddynol-ryw.

Ond nid yw Duw'n cadw'r cariad hwnnw iddo'i hun, ond
yn hytrach yn ei dywallt i mewn i'n calonnau ni: 'mae cariad Duw
wedi ei dywallt yn ein calonnau trwy'r Ysbryd Glân y mae ef wedi
ei roi i ni' (Rhuf. 5:5). Dyma un o weithredoedd prydferth yr
Ysbryd Glân, sef rhoi i ni o'r un cariad ag a olygodd fod Duw yn
fodlon rhoi ei Fab i'r byd. Pe byddem ni heb y cariad hwnnw ni
fyddem yn gallu adnabod Duw: 'oherwydd cariad yw Duw'. Mae

angen cariad, felly, i adnabod cariad Duw.

Yn anffodus, mae nifer o bobl yn ei chael hi'n anodd credu bod rhywun yn eu caru nhw. Mae yna lawer o bobl sy'n honni na chawsant erioed y cariad roedden nhw'n dyheu amdano gan eu rhieni, ffrindiau na theulu. Y gwir amdani ydy nad oes yna neb erioed wedi ein caru ni yn y ffordd mae'n calonnau yn dyheu amdano. Nid yw cariad mam a thad, ffrindiau, na hyd yn oed gŵr neu wraig yn ddigon. Mae yna rywbeth yn ddwfn ym mhob un ohonom ni sy'n dyheu am gariad mwy nag y gall unrhyw berson arall ei roi. Dim ond yr Ysbryd Glân hwn all ein hargyhoeddi ein bod yn cael ein caru i'r eithaf ac nad oes ots pwy sydd heb fod yn ein caru ni, oherwydd fe gawn ni ein caru gan yr Un sydd â'i gariad yn fwy ac yn helaethach na chariad dynol. Llwydda'r Ysbryd i'n hargyhoeddi o hyn trwy dywallt cariad Duw i mewn i'n calonnau. Does dim diwedd iddo chwaith: 'Fe'n carodd, ac fe'n câr o hyd . . . fe'u câr i dragwyddoldeb maith'; mae'n ymestyn o'r cychwyn cyntaf, cyn ein bod, i mewn i'n presennol ac ymlaen hyd eithaf ein dyfodol. Ni all cariad arall gystadlu yn wir â chariad fel hyn.

Mae cariad mor bwysig ac yn gwneud cymaint o wahaniaeth i'n bywydau fel bodau dynol: yn ein cynorthwyo i wynebu anawsterau, diystyru ymosodiadau, a chanolbwyntio ar y gwaith sydd gennym o'n blaenau. Oni bai bod yr Ysbryd yn tywallt cariad i mewn i'n calonnau, yna, er ein bod yn byw ein bywydau, dydym ni ddim yn byw bywyd yn ei holl gyflawnder.

GWEDDI

O Dduw Dad, ti a'n lluniodd yn nyfnder ein bod er mwyn derbyn a dangos cariad. Diolch iti dy fod yn fy mendithio cymaint trwy gynnig dy gariad di dy hun imi i'm llenwi. Llanw fi i'r ymylon a throsodd â'r cariad hwnnw heddiw – dy gariad a'th fodolaeth di dy hun, 'oherwydd cariad yw Duw'. Clod i enw Iesu. Amen.

O'th flaen, O Dduw, rwy'n dyfod

Caneuon Ffydd: Rhif 175

O'th flaen, O Dduw, rwy'n dyfod
  gan sefyll o hir-bell;
pechadur yw fy enw,
  ni feddaf enw gwell;
trugaredd 'rwy'n ei cheisio,
  a'i cheisio eto wnaf,
trugaredd imi dyro,
  'rwy'n marw onis caf.

Pechadur wyf, mi welaf,
  O Dduw, na allaf ddim;
'rwy'n dlawd, 'rwy'n frwnt, 'rwy'n euog,
  O bydd drugarog im;
'rwy'n addef nad oes gennyf,
  drwy 'mywyd hyd fy medd,
o hyd ond gweiddi, "Pechais!"
  Nid wyf yn haeddu hedd.

Mi glywais gynt fod Iesu,
  a'i fod ef felly nawr,
yn derbyn publicanod
  a phechaduriaid mawr;
O derbyn, Arglwydd, derbyn
  fi hefyd gyda hwy,
a maddau'r holl anwiredd
  heb gofio'r camwedd mwy.

THOMAS WILLIAM, 1761–1844

MYFYRDOD

Sylfaenodd Thomas William, Bethesda'r Fro, ei emynau i gyd o'r bron ar gymalau o adnodau, ac nid yw hwn yn eithriad. Fe adleisia hanes yr Israeliaid a phrofiad Paul hefyd pan ddywed hwnnw: 'Daeth Crist Iesu i'r byd i achub pechaduriaid. A minnau yw'r blaenaf ohonynt. Ond cefais drugaredd . . . (1Tim. 1:13).' Er ei fod yn ei weld fel crefftwr mwy ymwybodol na Phantycelyn ac unrhyw un o'r emynwyr cynnar, fe dalodd Syr Thomas Parry yn ei gyfrol

Hanes Llenyddiaeth Gymraeg Hyd 1900 deyrnged uchel i Thomas William ac i'r emyn hwn yn arbennig am ei natur delynegol a'i gywirdeb mynegiant: 'Yr oedd Thomas William yn fardd rhagorol iawn, a phrin fod yr un emyn Cymraeg mwy diffuant ei deimlad na mwy dillyn ei fynegiant na "O'th flaen, O Dduw, 'rwy'n dyfod". Y mae i'r emyn hwn holl deimladrwydd a rhesymeg farddonol telyneg.'

Ceir ymateb dyn a Duw i ofn yn yr emyn hwn. Ofn yn aml sy'n peri ein bod yn gosod pellter rhyngom a phobl neu bethau eraill. Roedd gan yr Israeliaid ofn am eu bywydau wrth droed mynydd Sinai yn yr anialwch, pan welsant hwnnw'n mygu i gyd: 'Pan welodd yr holl bobl y taranau a'r mellt, yr utgorn yn seinio a'r mynydd yn mygu, safasant o hirbell' (Ex. 20:18). 'Peidiwch ag ofni' yw ymateb Moses i ddychryn y bobl wrth iddo gamu'n eofn i mewn i'r tywyllwch: 'Safodd y bobl o bell, ond nesaodd Moses at y tywyllwch lle'r oedd Duw' (Ex. 20:21). Mae'r Beibl yn dweud wrthym ni mor aml am beidio ag ofni, yn wir fe gyfrifir ei fod yn dweud hynny wrthym 365 o weithiau – un ar gyfer pob dydd o'r flwyddyn.

Ofn ymateb Duw iddo mae Thomas William. Ond yn fwy na hynny, ymateb Duw i'w bechod. Mae'r Beibl yn nodi'n glir beth yw ymateb Duw i ddrygioni: 'Oherwydd nid wyt Dduw sy'n hoffi drygioni, ni chaiff y drwg aros gyda thi' (Salm 5:4); 'Ti sydd â'th lygaid yn rhy bur i edrych ar ddrwg, ac na elli oddef camwri' a ddywed Habacuc wrth Dduw pan mae'n ei atgoffa y dylai wneud rhywbeth ynglŷn â'r rhai drygionus sydd o'i gwmpas! (Hab.1:13) Mae'r ofn yma o ymateb Duw i bechod yn peri mai 'o hir-bell' mae'r emynydd yn sefyll, gan apelio yn unig at drugaredd Duw a chofio, yn wyneb ei bryder a'i ofn, fod Iesu 'yn derbyn publicanod a phechaduriaid mawr'. Mae'n galw'r rhai isaf eu stad i droi oddi wrth eu drygioni, i ddod ato ac i ddibynnu arno. Ni fydd y rhain yn sefyll o hir-bell mwyach, ond mwynhau cymdeithas felys ac agos at Dduw yng Nghrist. 'Ond yn awr, yng Nghrist Iesu, yr ydych chwi a fu unwaith ymhell, wedi eich dwyn yn agos trwy waed Crist' (Eff. 2:13).

GWEDDI

O Dad nefol, diolchaf i ti fod cariad yn bwrw allan bob ofn, ac nad oes raid imi 'sefyll o hir-bell' mwyach. Daeth Iesu â ni yn agos atat. Diolch iti am un sy'n maddau pob pechod a bai. Yn ei haeddiant ef yn unig y mae imi dderbyniad atat. Amen.

Y nefoedd uwch fy mhen

Caneuon Ffydd: Rhif 183

Y nefoedd uwch fy mhen
a dduodd fel y nos,
heb haul na lleuad wen
nac unrhyw seren dlos,
a llym gyfiawnder oddi fry
yn saethu mellt o'r cwmwl du.

Er nad yw 'nghnawd ond gwellt
a'm hesgyrn ddim ond clai,
mi ganaf yn y mellt,
maddeuodd Duw fy mai:
mae craig yr oesoedd dan fy nhraed,
a'r mellt yn diffodd yn y gwaed.

EHEDYDD IÂL, 1815–99

MYFYRDOD

Un o ddibenion mwyaf ein hemynau yw dwyn cysur, calondid a gobaith i'r crediniwr. Dyna'n sicr a wnaeth yr emyn hwn ar hyd y blynyddoedd, a dyna oedd diben ei gyfansoddi i ddechrau.

Ond er mwyn rhannu gobaith ag eraill, y mae'n rhaid i'r gobaith hwnnw fod yn eiddo i ni ein hunain, a dyna ddigwyddodd i William Jones, neu Ehedydd Iâl, ym 1839 pan ddaeth gobaith yr Efengyl yn fyw iddo ac yntau'n cael ei aileni. Penderfynodd trwy ras Duw fyw bywyd teilwng o Grist, gan ymuno â phobl yr Arglwydd. Yn un peth yn unig yr oedd ei obaith wedyn, y peth mwyaf gwerthfawr a feddwn ni fel dynoliaeth, sef gwaed Iesu Grist drosom.

Tra oedd yn gweini ar fferm ym mhlwyf Llanelidan 'gyda gwraig weddw, ac yr oedd iddi ddwy o ferched', meddai wrth adrodd hanes cyfansoddi'r emyn wrth W. A. Griffiths ym 1891: 'Mi glafychodd un ohonynt, a bu'n dihoeni'n hir o'r ddarfodedigaeth. Ebe fy meistres wrthyf, "Dos i fyny'r grisiau, a dywed rywbeth i godi calon fy merch annwyl; y mae'n waeth heddiw, ac yn fwy ofnus ac isel-feddwl. Soniai gynnau fod mellt gorchmynion Sinai yn peri dychryn arni.'

Dyna blannu'r syniad am y mellt yn ei feddwl, a'r pedair llinell gyfarwydd hyn yn cael eu cyfansoddi i'w rhannu gyda'r ferch ac yn sail i weddill yr emyn:

> Er nad yw 'nghnawd ond gwellt
> a'm hesgyrn ddim ond clai,
> mi ganaf yn y mellt,
> maddeuodd Duw fy mai.

Chawn ni ddim mwy o hanes y ferch oedd yn glaf, ond gallwn fod yn sicr i'r llinellau hynny ddod â chysur iddi.

Gorffennwyd y pennill gyda dwy linell arall yn y man:

> Mae craig yr oesoedd dan fy nhraed,
> A'r mellt yn diffodd yn y gwaed.

A chafwyd amryw benillion eraill hefyd yn canolbwyntio ar y gwahaniaeth a wna maddeuant Duw yng Nghrist i ni. Fel yr esbonia Paul wrth y Rhufeiniaid: 'Nid oes neb cyfiawn, nac oes un,' (Rhuf. 3:10). 'Yr hyn a geir trwy'r Gyfraith yw ymwybyddiaeth o bechod,' meddai wedyn (Rhuf. 3:20); dyma'r 'llym gyfiawnder oddi fry yn saethu mellt o'r cwmwl du'. Ond deuir â ni gan Paul wedyn at egwyddor fawr a sail yr Efengyl, sef cyfiawnder Crist drosom, a'i 'fod ef ei hun yn gyfiawn a hefyd yn cyfiawnhau'r sawl sy'n meddu ar ffydd yn Iesu' (Rhuf. 3:26).

GWEDDI

Diolchwn yma, o Dad, er ein gwendid a'n bai, er mai gwellt a chlai ydym, dy fod ti wedi dangos trugaredd tuag atom yn dy Fab, ac er nad oes un yn gyfiawn ohonom, diolchwn am gael gras, a bod mellt y ddeddf sydd yn ein herbyn yn 'diffodd yn y gwaed'. Yn enw Iesu. Amen.

Dyro inni weld o'r newydd

Caneuon Ffydd: Rhif 184

Dyro inni weld o'r newydd
    mai ti, Arglwydd, yw ein rhan;
aed dy bresenoldeb hyfryd
    gyda'th weision i bob man:
tyrd i lawr, Arglwydd mawr,
rho dy fendith yma nawr.

Ymddisgleiria yn y canol,
    gwêl dy bobol yma 'nghyd
yn hiraethu, addfwyn Iesu,
    am gael gweld dy ŵyneb-pryd;
golau cry' oddi fry
chwalo bob rhyw gwmwl du.

Deued yr awelon hyfryd,
    effaith Ysbryd gras, i lawr;
llifed atom afon bywyd
    dardd o dan yr orsedd fawr:
Arglwydd da, trugarha,
y sychedig rai dyfrha.

JOHN THOMAS, 1730–1804?

MYFYRDOD

Emyn i'w ganu o flaen pregeth yw hwn gan John Thomas. Daeth John Thomas o dan ddylanwad pregethu Howel Harris a Griffith Jones, Llanddowror, pan oedd yn ifanc iawn, ac ar ôl gwrando ar Griffith Jones pan oedd yn bymtheg oed fe erfyniodd arno i'w gymryd yn was ato i weithio, er mwyn iddo gael bod o dan ei weinidogaeth. Cymhellodd Harris ef i ddod i Drefeca i'r ysgol a gadwai yno, a bu yno am flwyddyn. Teithiai cyn amled ag y medrai i Langeitho tra oedd yng Ngholeg yr Annibynwyr yn y Fenni, er mwyn cael cludo tân yr Efengyl yn ôl oddi yno gan Daniel Rowland.

Gwyddai, felly, sut beth oedd pregethu grymus yn anterth y Diwygiad Methodistaidd, ac fe wyddai ym mha nerth yr oedd yr Efengyl yn cael ei phregethu gan y diwygwyr: nerth yr Ysbryd Glân. Mae ei erfyniad ar i bresenoldeb hyfryd Duw fynd 'gyda'th weision i bob man' yn ein hatgoffa o'r darlun hwnnw o'r apostolion yn Llyfr yr Actau, darlun a phatrwm a welwyd yn cael eu hailadrodd yn ei gyfnod ef wrth i'r Diwygiad Methodistaidd dreiddio drwy Gymru a'r 'credinwyr yn cael eu chwanegu fwyfwy at yr Arglwydd, luoedd o wŷr a gwragedd' (Actau 5:14). Fe sonnir am yr apostolion yn gwneud 'arwyddion a rhyfeddodau lawer ymhlith y bobl' (Actau 5:12), arwyddion a rhyfeddodau a oedd yn dangos yn amlwg bod presenoldeb Duw gyda nhw. Fe fyddai rhai yn cael eu hiacháu dim ond wrth i gysgod Pedr ddisgyn arnyn nhw, oherwydd bod gogoniant Duw yn cael ei ddangos ym mywydau y dynion hyn. Roedd presenoldeb Duw yn beth i'w deimlo a'i weld gan bobl yn y cyfnodau hyn o ddiwygiad fel yn hanes sefydlu'r Eglwys Fore, a'i bresenoldeb yn canlyn ei weision, fel yr âi cysgod Pedr gydag ef i bob man a dod i arwyddo presenoldeb Duw i'r cleifion a gâi eu cyffwrdd a'u hiacháu ganddo. Dynion cyffredin ddigon oedd yr apostolion cynnar, ond fe'u gwnaed yn rhai anghyffredin trwy i Dduw fendithio eu hufudd-dod a'u ffyddlondeb nhw iddo ef ei hun.

Am yr awelon hynny sy'n dwyn bendith y gofynna John Thomas amdanynt wedyn, gan mai'r un Ysbryd Glân ag sy'n eneinio'r gweision i rannu'r Efengyl sy'n gallu dwyn y rhai sy'n gwrando ar Air Duw i argyhoeddiad o'i wirionedd a chaniatáu iddyn nhw weld 'ŵyneb-pryd' Iesu Grist. Ond fe newidiwyd 'Awel grû oddi frû Chwytho bant y Cwmmwl du' yn ail bennill y gwreiddiol yn 'golau cry' oddi fry chwalo bob rhyw gwmwl du'. Trwy'r emyn, felly, fe geir erfyn am olau, awel a dŵr, y cyfan yn arwyddo gwaith yr Ysbryd Glân yn bendithio ac yn trugarhau wrth y rhai sy'n disgwyl wrtho.

GWEDDI

O Arglwydd, fe hiraethwn eto am gael gweld dy wynepryd. Am gael gweld dy bresenoldeb yn mynd gyda'th weision i bob man, yn gwneud pobl gyffredin eto, trwy eu hufudd-dod i ti, yn rhai anghyffredin. Tyrd i lawr, Arglwydd mawr, rho dy fendith yma'n awr. Er mwyn Iesu. Amen.

O am gael ffydd i edrych

Caneuon Ffydd: Rhif 189

O am gael ffydd i edrych
gyda'r angylion fry
i drefn yr iachawdwriaeth,
dirgelwch ynddi sy:
dwy natur mewn un person
yn anwahanol mwy,
mewn purdeb heb gymysgu
yn eu perffeithrwydd hwy.

O f'enaid, gwêl addasrwydd
y person dwyfol hwn,
dy fywyd mentra arno
a bwrw arno'th bwn;
mae'n ddyn i gydymdeimlo
â'th holl wendidau i gyd,
mae'n Dduw i gario'r orsedd
ar ddiafol, cnawd a byd.

ANN GRIFFITHS, 1776–1805

MYFYRDOD

Gofynnodd darlithydd athroniaeth yn Rhydychen ryw dro wrth dderbyn gwaith yn cynnwys dyfyniad o'r emyn hwn: 'dwy natur mewn un person . . .' wedi ei drosi i'r Saesneg, pa feddwl athronyddol mawr oedd wedi llunio gosodiad mor aruchel a syml? Atebodd y myfyriwr mai Ann Griffiths o Ddolwar Fach oedd piau ef. Ac onid yw hi'n un o emynwyr mawr y byd?

Cawn eto ei hawydd cyfriniol i ymgolli yn Nuw ar ddechrau ei phennill cyntaf. 'Yn ôl eich ffydd boed i chwi' meddai Iesu wrth y ddau ddyn dall ym Mathew 9:29, a chawsant weld. Os oedd angen ffydd i gael agor eu llygaid naturiol, yna gymaint mwy o ffydd sydd ei angen arnom ni i 'edrych … i drefn yr iachawdwriaeth'; mae hi'n rhan o ddirgelwch Duw y mae'r

angylion yn rhyfeddu wrth syllu arni. Dirgelwch hefyd ydy person
Iesu Grist – y ddwy natur mewn un person sydd yn sail i drefn yr
iachawdwriaeth.

Perthyn i'r Eglwys Wladol oedd Ann cyn ei thröedigaeth, a
byddent ar y gwyliau pwysig yn adrodd yno Gredo Athanasius
sydd â rhannau ohono'n debyg i ail hanner y pennill cyntaf ganddi
yma. Gall yr Arglwydd ddwyn pethau y credem ein bod wedi eu
hanghofio yn ôl i'n cof os bydd hynny'n ein helpu ni i gredu
ynddo. 'Cofiodd ei ddisgyblion iddo ddweud hyn, a chredasant yr
Ysgrythur, a'r gair yr oedd Iesu wedi ei lefaru' a ddysgwn ni yn
Ioan 2:22. Ond mae'r geiriau hyn am y 'ddwy natur' yn debyg i
eiriau Dewrgalon wrth Cristiana a'i chwmni yn *Taith y Pererin* ac
yn adleisio Diffiniad Chalcedon ym 451 o Berson Crist hefyd. Beth
bynnag fu'n ddylanwad ar Ann i lunio'r emyn hwn yn ei
gyfanrwydd, mae'n amlwg bod ganddi ddirnadaeth eglur iawn o
Athrawiaethau Gras ac nid yw'n cael dim anhawster, yn wir mae'n
bencampwraig ar eu hegluro yn ei meddwl ei hun a rhoi mynegiant
croyw iawn iddynt mewn barddoniaeth.

O ddeall pwy yw Iesu a rhoi mynegiant i hynny, fe
sylweddolodd nad oedd un mwy addas nag ef ar gyfer ei henaid
mewn bod: 'O f'enaid gwêl addasrwydd y person dwyfol hwn.'
Sonnir mai dyma'r pennill cyntaf o'r fath iddi'i lunio a hynny ar y
ffordd adref o'r seiat fach ym Mhontrobert. Mae lle gennym oll yn
ein heneidiau i Grist, lle neilltuol, nad oes neb a all ei lenwi'n iawn
ond ef ei hun; o'i gael i lenwi'n gwbl addas y lle hwnnw ar ei gyfer
a mentro'n bywyd arno, fe all wedyn, yn ei ddwy natur,
gydymdeimlo â'n gwendid a chario'r orsedd ar ein holl elynion.
Oedwn ennyd uwch yr emyn hwn i ddotio ar gyfuniad y dweud
cwbl groyw a'r profiad byw a roddodd fod iddo.

GWEDDI
Ni allaf ond adleisio geiriau'r emyn, fy Nhad, a sylwi 'ar
addasrwydd y person dwyfol hwn', yn 'ddyn i gydymdeimlo' ac yn
'Dduw i gario'r orsedd'. 'O am gael ffydd i edrych' a gweld y
dirgelwch yma'n eglur yn Iesu Grist. Pob clod a gogoniant fyddo
i'th enw di. Amen.

Pa le mae dy hen drugareddau

Caneuon Ffydd: Rhif 202

Pa le mae dy hen drugareddau,
hyfrydwch dy gariad erioed?
Pa le mae yr hen ymweliadau
fu'n tynnu y byd at dy droed?
Na thro dy gynteddau'n waradwydd,
ond maddau galedwch mor fawr;
o breswyl dy ddwyfol sancteiddrwydd
tywynned dy ŵyneb i lawr.

O cofia dy hen addewidion
sy'n ras a gwirionedd i gyd;
mae manna'r addewid yn ddigon
i dorri anghenion y byd.
I Seion rho newydd destunau
i ganu dy fawl yn gytûn,
a dychwel â'th hen drugareddau
er mwyn dy ogoniant dy hun.

DYFED, 1850–1923

MYFYRDOD

Roedd Dyfed y pregethwr, bardd ac emynydd yn llygad-dyst i ryfeddodau blynyddoedd 1904–5 yng Nghymru, ac mewn darlith ar y Diwygiad rhyfeddol hwnnw fe ddechreua trwy gymharu Cymru â gwlad Israel. 'Am Gymru gallwn ei galw yn wlad Canaan Ewrop, yn debyg o ran maint ac o ran ffurf, ac yn arbennig mewn dwyfol ymweliadau. Debyced yw hanes ein cenedl i hanes cenedl Israel. Yr ydym wedi cael ein herlid fel petris y mynyddoedd ac wedi galaru llawer dan orthrwm y gelyn.'

Mae pob ymgais wedi ei wneud i'n diddymu, ond trwy'r cwbl gwêl Dyfed ryw amddiffyn dwyfol drosom sy'n ein cadw yn fyw yng nghanol y cwbl. Cred fod rhagluniaeth ddwyfol yn gofalu amdanom ac iddi ei amlygu ei hun mewn ffordd arbennig yn

Niwygiad 1904. Mae cenedl sydd wedi dal cymaint o anfanteision heb lesgáu, cenedl sydd wedi gwrthod marw ar bob ystanc, ac wedi cadw ei hiaith yn fyw, yn ymddangos fel gwyrth. Y mae'n haeddu byw!

Ni all Dyfed beidio â chymharu'r Diwygiad yma â'r Pente-cost, ac un o amodau y 'gymanfa ryfedd' honno, fel y'i galwa, ar ddydd y Pentecost oedd bod pawb yn gytûn yn yr un lle yn gofyn ac yn disgwyl ar i Dduw gyflawni ei addewid a rhoi iddynt yr Ysbryd Glân – 'I Seion rho newydd destunau i ganu dy fawl yn gytûn'.

Gwelodd gynhaeaf mawr o eneidiau yn ystod y Diwygiad hwnnw a gwahaniaeth aruthrol yn cael ei wneud i holl fywyd cymdeithasol y genedl: 'Y mae'r diwygiad hwn wedi rhoi achos crefydd ar ei draed yng Nghymru am oes arall', meddai, ac fe'i cawn yn yr emyn hwn yn edrych yn ôl ac yn hiraethu am ymweliad buan eto o eiddo'r Ysbryd Glân. Yn netholiad ei nai Ap Nathan o'i waith, *Emynau Dyfed* (1924), fe geir pennill arall o flaen y ddau bennill a gynhwysir yn *Caneuon Ffydd* (a'r *Caniedydd* cyn hynny) sy'n gofyn yr un cwestiynau: 'Pa le mae y grasol gawodau a welwyd ar fynydd Dy dŷ?' Ond ceir gwir reswm y gofyn hwn am ymweliad hefyd yn y pennill hwnnw: 'Mae'r ddaear yn llawn o anghenion a'r egin yn marw'n y tir.' Consýrn am eneidiau'r rhai a ddaeth i'r bywyd ac a gyffyrddwyd gan y Diwygiad sydd ganddo wrth iddo sylwi bod y rhai a eginodd yn y cyfnod hwnnw yn disgyn yn ôl mewn cyfnod diweddarach. Gwyddai fod yn rhaid i waith yr Ysbryd barhau yn y tir: 'Ni allwn fyw mewn tân o hyd. Y mae yn ddwyfol gynnes ac yr ydym yn llawenhau yn ei oleuni, ond bydd yn rhaid inni gael gwlith ac awelon ar ôl hyn i fagu egin', meddai eto ar ddiwedd ei ddarlith. Bu Cymru dan law y nef am genedlaethau – 'Pa le mae yr hen ymweliadau?'

GWEDDI

O Dad, fe aeth dy Eglwys yn ein plith mor ffurfiol, difywyd a gwan. Gofynnwn am dy faddeuant fel cenedl am bellhau cymaint oddi wrthyt; mae cynhaeaf o eneidiau eto yn disgwyl amdanat. Dyro inni 'dy hen drugareddau', dy 'hen ymweliadau' er mwyn inni gael eto 'newydd destunau i ganu dy fawl yn gytûn'. Er mwyn dy Fab, ac er mwyn dy ogoniant di dy hun. Amen.

Felly carodd Duw wrthrychau

Caneuon Ffydd: Rhif 204

Felly carodd Duw wrthrychau
    anhawddgara' erioed a fu,
felly carodd, fel y rhoddodd
    annwyl Fab ei fynwes gu;
nid arbedodd, ond traddododd
    ef dros ein pechodau i gyd:
taro'r cyfaill, arbed gelyn,
    "Felly carodd Duw y byd."

Felly carodd, ond ni ddichon
    holl angylion nef y nef
draethu, i oesoedd tragwyddoldeb,
    led a hyd ei gariad ef;
dyfnach yw na dyfnder daear,
    uwch na'r nefoedd fawr i gyd;
rhaid yw tewi gyda dwedyd,
    "Felly carodd Duw y byd."

Felly carodd: hyfryd newydd
    aed ar adain awel gref
nes i'w atsain gyrraedd clustiau
    pob pechadur dan y nef;
felly carodd, felly carodd
    seinied pob creadur byw,
fel bo i'r dylanwad nerthol
    danio'r byd â chariad Duw.

GWILYM HIRAETHOG, 1802 – 83

MYFYRDOD

Pe byddem yn gofyn ymhle mae canol a chalon yr Efengyl i'w chael, ac ym mha adnod y mae hi'n cael ei chrynhoi orau ar ein cyfer, yna byddai'n rhaid troi at Ioan 3:16 a darllen yno am gariad Duw: 'Do, carodd Duw y byd gymaint nes iddo roi ei unig Fab, er mwyn i bob un sy'n credu ynddo ef beidio â mynd i ddistryw ond cael bywyd tragwyddol.' Cariad yw thema'r crynodeb hwn o'r Efengyl, cariad wedi ei amlygu mewn modd gogoneddus ac na fydd diwedd ar ei effaith na'i werth.

'Felly carodd . . . fel y rhoddodd . . . fel na choller', yw rhediad yr adnod yn ein Hen Gyfieithiad. Rhyfeddod a mawl sydd gan Gwilym Hiraethog yma at y cariad hwnnw sydd wedi peri bod

Duw wedi rhoi ei Fab inni. Wrth aralleirio'r adnod adnabyddus hon, mae Gwilym Hiraethog wedi llunio emyn i gariad ac wedi ei drwytho â sôn am y cariad hwnnw. Ceir y geiriau 'cariad' a 'carodd' ddeg o weithiau trwy'r tri phennill. Cofiwn am rai o emynau eraill Gwilym Hiraethog sy'n mynegi'r un rhyfeddod at gariad Duw: 'Dyma gariad fel y moroedd' yn un ohonynt, lle sonia am 'gariad nad â'n angof tra fo nefoedd wen yn bod', ac am 'ras a chariad megis dilyw', yn cydweithio â 'chyfiawnder pur a heddwch' er mwyn 'cusanu euog fyd' (Salm 85:10 yw sail y ddelwedd honno).

Mae'r ferf Roeg a ddefnyddir gan Ioan i ddisgrifio cariad Duw yma yn unigryw ynddi ei hun. Mae'n arwyddo cariad diamod Duw nad oes modd byth ei drechu ac sydd yn ceisio'r gorau posibl i ddynoliaeth. Mae'n air sydd yn unigryw i'r gymuned Gristnogol ac nad oes sôn amdano o'r bron gan ysgrifenwyr heblaw rhai y Testament Newydd.

Fe fynegir peth o fawredd ystyr y cariad hwn gan Gwilym Hiraethog yn ei ail bennill yma: 'ni ddichon holl angylion nef y nef draethu . . . led a hyd ei gariad ef'. Mae'n gariad dyfnach ac uwch na dim arall. Atgoffir ni wrth feddwl am ddyfnder daear ac uchder nefoedd nad oedd Paul chwaith yn gwybod am gariad tebyg iddo, a'i fod 'yn gwbl sicr na all . . . uchelderau na dyfnderau, na dim arall a grwyd, ein gwahanu ni oddi wrth gariad Duw yng Nghrist Iesu ein Harglwydd' (Rhuf. 8:38–39). Fe berswadiwyd Gwilym Hiraethog yntau o'r ffaith yma na all dim byd ein gwahanu oddi wrth y cariad hwn, ac na fedr dim oll a wnawn ni beri bod Duw yn troi ei gefn arnom ni, na dim oll a ddaw ar ein traws ni ein torri ni oddi wrth ei gariad ef. Erbyn ei drydydd pennill mae'n hemynydd ni am i bawb gael clywed am y cariad anghymharol hwn 'nes i'w atsain gyrraedd clustiau pob pechadur dan y nef'. Mae'n gariad nerthol, llawn grym, ac o'i dderbyn a'i fwynhau yn Iesu Grist, yn abl i 'danio'r byd â chariad Duw'.

GWEDDI

O Dduw, gwn mai Duw cariad wyt ti; helpa fi i brofi'r cariad hwnnw yn rym yn fy mywyd i fy hun, dy gariad di tuag ataf fi yn Iesu Grist, a gwybod wedyn nad oes dim a all fy ngwahanu i byth oddi wrth dy gariad di. Yn enw Iesu. Amen.

Cyfamod hedd, cyfamod cadarn Duw

Caneuon Ffydd: Rhif 207

Cyfamod hedd, cyfamod cadarn Duw,
ni syfl o'i le, nid ie a nage yw;
cyfamod gwir, ni chyfnewidir chwaith;
er maint eu pla, daw tyrfa i ben eu taith.

Cyfamod rhad, o drefniad Un yn Dri,
hen air y llw a droes yn elw i ni;
mae'n ddigon cry' i'n codi i fyny'n fyw,
ei rym o hyd yw holl gadernid Duw.

Cyfamod cry', pwy ato ddyry ddim?
Nid byd na bedd all dorri'i ryfedd rym;
diysgog yw hen arfaeth Duw o hyd,
nid siglo mae fel gweinion bethau'r byd.

Er llithro i'r llaid a llygru defaid Duw
cyfamod sy i'w codi i fyny'n fyw,
a golchi i gyd eu holl aflendid hwy,
a'u dwyn o'r bedd heb ddim amhuredd mwy.

EDWARD JONES, 1761–1836

MYFYRDOD

Datguddia Duw ei hun inni fel Duw sydd yn gwneud cyfamod â'i
bobl. Gras Duw sydd wrth wraidd ei holl gyfamodau â dyn drwy'r
Beibl a thros amser. O'r ardd yn Eden hyd yr ardd honno ym
Mharadwys, mae yna waed wedi ei dywallt yn dystiolaeth gyson o
ras Duw nes i'r drefn gael ei digoni yn aberth Crist: 'Oherwydd y
mae Crist, ein Pasg ni, wedi ei aberthu' (1 Cor. 5:7). Dyma gyfamod
terfynol, cadarn ac unplyg – 'nid oedd ef yn "Ie" ac yn "Nage".
"Ie" yw'r gair a geir ynddo ef' (2 Cor. 1:19). Nid oes gan Edward
Jones, Maes y Plwm, ddim prinder deunyddiau i sôn amdanynt,
felly yn yr emyn hwn y mae ef ei hun yn ei alw'n 'Cyfamod Gras',
gyda holl rychwant y Beibl o'i flaen. Yn wir, mae ganddo naw
pennill yn y testun gwreiddiol o'r emyn hwn. Fe ddetholwyd

pedwar yma, sef y ddau gyntaf a'r ddau olaf. Mae'n rhaid dethol yn
aml er mwyn cael emyn i'w ganu, a dethol dro arall er mwyn cael
gwared â phenillion eilradd. Ond mae'r naw yma yn rhai arbennig i
gyd. Sylwch ar grefft arbennig ac odlau cyrch y pennill hwn a
adawyd allan:

> Does bwlch yn hwn, fel modrwy'n grwn y mae;
> A'i glwm mor glos, heb os ac oni bai:
> Nid all y plant ddim gwerthu eu meddiant mwy;
> Mae gan Dduw gylch, a'u deil, o'u hamgylch hwy.

Hwn fu'r emyn cyntaf yng nghasgliad y Methodistiaid Calfinaidd o
1869 ymlaen, ac nid heb gwyno y bu'n rhaid iddo ildio ei le! Fel
hyn y sonia O. M. Edwards amdano yn ei gylchgrawn *Cymru*, 21:
'Yr oedd emyn cyntaf hen lyfr hymnau'r Methodistiaid yn agoriad
ardderchog: y mae emyn Edward Jones, Maes y Plwm, mor
nodweddiadol o gynulleidfa o Galfiniaid, ac efe yw'r mwyaf
mawreddog o holl emynau Cymru.'

Roedd Edward Jones yn 26 mlwydd oed erbyn iddo ef gael
profiad o dröedigaeth gan dderbyn amodau'r Cyfamod â Duw, sef
dod i berthynas â'i Fab, Iesu Grist. Ond pymtheg oed oedd Daniel
Jones ei fab yn ysgrifennu llw ac yn cyfamodi â Duw yng nghapel
bach Llyn y Pandy ger yr Wyddgrug lle'r oedd ei dad yn cynnal
ysgol. Braf fuasai dyfynnu'r cyfan ohono, ond gwnawn y tro ar
ychydig fel hyn er mwyn dangos arwyddocâd gwneud 'cyfamod'
yng ngeirfa a phrofiad Calfiniaid y dydd: 'Yr wyf fi Daniel Jones,
fab Edward Jones . . . ar ôl i blant yr ysgol hon, a'm tad innau,
fyned adref o'r capel . . . yng ngŵydd y Duw mawr hollbresennol
. . . yn cymryd fy llw . . . fy mod o hyn allan . . . yn ymroddi i fyw i
Dduw mewn gwirionedd, a bod yn llestr cysegredig iddo . . . a hyn
a wnaf trwy gymorth Duw . . . A'm holl ffaeleddau, yr wyf yn erfyn
ar Dduw eu maddeu. – Amen.' Yr oedd yn genhadwr ar Fryniau
Casia ymhen pymtheng mlynedd arall ac yn marw yno o'r dwymyn
ymhen llai na blwyddyn wedyn.

GWEDDI

O Dad, gwyddom nad oes dim yn sicr yn y byd hwn, ac er bod
gwedd wael ar Eglwys Iesu Grist yn ein gwlad, diolchwn fod dy
Gyfamod Gras yn dal i sefyll:

> 'mae'n ddigon cry' i'n codi i fyny'n fyw,
> ei rym o hyd yw holl gadernid Duw.' Amen.

Mae'n llond y nefoedd, llond y byd

Caneuon Ffydd: Rhif 215

Mae'n llond y nefoedd, llond y byd,
  llond uffern hefyd yw;
llond tragwyddoldeb maith ei hun,
  diderfyn ydyw Duw;
mae'n llond y gwagle yn ddi-goll,
mae oll yn oll, a'i allu'n un,
anfeidrol, annherfynol Fod
  a'i hanfod ynddo'i hun.

Clyw, f'enaid tlawd, mae gennyt Dad
  sy'n gweld dy fwriad gwan,
a Brawd yn eiriol yn y nef
  cyn codi o'th lef i'r lan:
cred nad diystyr gan dy Dad
yw gwrando gwaedd dymuniad gwiw,
pe byddai d'enau yn rhy fud
  i'w dwedyd gerbron Duw.

EDWARD JONES, 1761–1836

MYFYRDOD

Gosod allan rai o rinweddau a phriodoleddau Duw a wneir yn aml gan lawer o'n hemynwyr. Y gwaith mae Edward Jones wedi ei osod iddo'i hun yma yw sôn am hollbresenoldeb Duw, y ffaith ei fod yn bresennol ym mhob man ar yr un pryd. Pa mor ddefnyddiol bynnag fyddai nodwedd felly i ni blant y llawr, y gwir amdani yw mai Duw ydy'r unig un sydd berchen y priodoledd hwn.

Yn wahanol i rai o'n hemynwyr eraill, mae'n siŵr o fod yn wir dweud mai emynau 'athrawiaethol' sydd gennym yng ngwaith Edward Jones. Sylwodd rhai mor debyg yw ei ganu i waith yr hen garolwyr a oedd yn gosod tasg iddynt eu hunain o gynnwys cymaint o athrawiaeth iachus yn eu carolau ag yr oedd bosibl, gan mai felly y byddai'r bobl yn ei chlywed ac yn ei dysgu. Rhaid yw addef mai cwbl Gymreig ydy canu Edward Jones ac, yn wahanol i

Williams Pantycelyn, nid yw hi fel pe bai'r emyn Saesneg, mwy teimladwy, wedi cyffwrdd ag ef. Ymddiddorai Edward Jones yn fwy na Phantycelyn yng nghrefft barddoniaeth, ac er nad oedd yn feistr ar y gynghanedd, fe hoffai ei defnyddio, yn enwedig y sain, ynghyd â'r odlau mewnol:
anfeidr*ol*, annherfyn*ol* F*od*
a'i hanf*od* ynddo'i hun.

Fe gychwynna yn y nefoedd, gan weld mai oddi yno y mae hollbresenoldeb Duw yn tarddu: 'Y nefoedd yw fy ngorsedd, a'r ddaear yw troedfainc fy nhraed' (Act. 7:49). Oddi yno fe deimlir ei ddylanwad ym mhob man. Mae hyn yn golygu nad oes un dim na'r un person yn cael ei guddio oddi wrth Dduw, oherwydd 'Y mae llygaid yr Arglwydd ym mhob man, yn gwylio'r drwg a'r da' (Diar. 15:3). Teimlodd y Salmydd hyn yn fyw iawn pan ysgrifennodd 'I ble yr af oddi wrth dy ysbryd? I ble y ffoaf o'th bresenoldeb? Os dringaf i'r nefoedd, yr wyt yno; os cyweiriaf wely yn Sheol, yr wyt yno hefyd' (Salm 139:7–8). Nid oes unman y gellir dianc rhagddo – 'llond uffern hefyd yw' ydy sylw Edward Jones wrth iddo adleisio'r Salm.

Ond os yw yno ym mhob man, y mae yno bob amser hefyd – 'llond tragwyddoldeb maith ei hun'. Mae'n gwybod y cyfan am ein sefyllfa a'n hanghenion, y mae'n 'gymorth parod mewn cyfyngder' (Salm 46:1), a dyna lle mae goblygiadau'r athrawiaeth yn ein cyffwrdd; er cymaint ei fawredd, ei hollbresenoldeb ac o'i herwydd, mae'n 'gweld dy fwriad gwan', a Iesu'n eiriol drosom yn y nef oherwydd ei fod yn agos atom i gyd. 'Y nesaf yw efe . . . at enaid gwan', meddai David Jones (rhif 76) wrth sylweddoli yntau hefyd beth oedd goblygiadau bod 'Duw yn llond pob lle, presennol ymhob man'. 'Y mae'r Arglwydd yno' (Jehovah Shammah) oedd anogaeth Duw i Eseciel pan gredai'r genedl fod Duw wedi eu gadael (Esec. 48:35). Dyna'i anogaeth i ninnau hefyd, ei fod yno ar ein cyfer ni, yn bresennol bob amser ym mhob man.

GWEDDI
O, Dad, boed i'r ffaith dy fod ti ym mhob man bob amser fod yn gysur imi ac nid yn ofid byth. Yr wyt ti'n mynd o 'mlaen i, gyda mi ym mhob rhyw amgylchiad, ac yn clywed fy llef bob amser. Helpa i eraill weld hefyd fy mod i'n byw yng nghysgod dy bresenoldeb di ac i minnau allu dangos dy fod ti yno ar eu cyfer hwythau hefyd. Yn enw'r un sydd gyda ni bob amser hyd ddiwedd y byd. Amen.

Duw mawr y rhyfeddodau maith

Caneuon Ffydd: Rhif 216

Duw mawr y rhyfeddodau maith,
rhyfeddol yw pob rhan o'th waith,
ond dwyfol ras, mwy rhyfedd yw
na'th holl weithredoedd o bob rhyw:
pa dduw sy'n maddau fel tydi
yn rhad ein holl bechodau ni?

O maddau'r holl gamweddau mawr
ac arbed euog lwch y llawr;
tydi yn unig fedd yr hawl
ac ni chaiff arall ran o'r mawl:
pa dduw sy'n maddau fel tydi
yn rhad ein holl bechodau ni?

O boed i'th ras anfeidrol, gwiw
a gwyrth dy gariad mawr, O Dduw,
orlenwi'r ddaear faith â'th glod
hyd nefoedd, tra bo'r byd yn bod:
pa dduw sy'n maddau fel tydi
yn rhad ein holl bechodau ni?

SAMUEL DAVIES, 1723–61
cyf. J. R. JONES, 1765–1822

MYFYRDOD

Cyflwynir ein Duw trwy'r Ysgrythurau fel un sy'n gwneud rhyfeddodau: 'Ti yw y Duw sydd yn gwneuthur rhyfeddodau', meddai'r Salmydd amdano'n aml (Salm 77:14 yn ein Hen Gyfieithiad). Mae'r emynydd J. R. Jones yn ei gyfieithiad yma o emyn Saesneg Dr Samuel Davies yn dweud bod pob rhan o waith Duw yn rhyfeddol, ond eto bod angen inni osod gras Duw tuag atom 'pryfed llwch y llawr' (fel sydd ganddo yn ail bennill y gwreiddiol) ar lwyfan uwch na holl ryfeddodau eraill Duw. Mae gras Duw yn estyn maddeuant rhad i bechaduriaid yn destun i orfoleddu ynddo a synnu ato. Mynega'r syndod hwn wrth ofyn yr un cwestiwn rhethregol ar ddiwedd pob pennill, un y gŵyr nad oes ateb iddo, ac felly y gall ofyn gyda hyder: 'pa dduw sy'n maddau fel tydi yn rhad ein holl bechodau ni?'

Mewn cynhadledd ryw dro a oedd yn edrych ar wahanol

nodweddion a rhinweddau gwahanol grefyddau, fe fynegodd C. S. Lewis, yr awdur Cristnogol toreithiog, mai 'gras' oedd y nodwedd unigryw mewn Cristnogaeth nad oedd i'w chael yn unman arall. Gallai yntau fod wedi dyfynnu cwestiwn ein hemynydd a chael nad oes neb yn gallu cynnig i ni dduw tebyg i'n Duw ninnau, sydd wedi cynnig y fath faddeuant inni trwy ei Fab ei hun ar y groes; maddeuant nad yw'n dibynnu ar weithredoedd pobl nac ar eu gallu, ond maddeuant sydd o ras yn unig: 'Trwy ras yr ydych wedi eich achub, trwy ffydd. Nid eich gwaith chwi yw hyn; rhodd Duw ydyw' (Eff. 2:8).

Ceir anogaeth yn yr emyn i fynd ati hefyd i gymharu ein Duw ni â duwiau eraill er mwyn cael datgan gyda'r Salmydd eto ei fod 'goruwch yr holl dduwiau' (Salm 96:4, BWM). Felly y gwnaeth William Williams Pantycelyn, gan fynd ati yn ei lyfr *Pantheologia* i gasglu gwybodaeth am holl grefyddau'r byd, gan ei addysgu ei hun ac eraill amdanynt. Mae gwybodaeth yn dileu rhagfarn ac yn esgor ar oddefgarwch hefyd. Ond diben ei ymchwil oedd argyhoeddi ei enaid ei hun o gariad tuag at ei Waredwr er mwyn cael ei ddyrchafu yn ei galon ei hun yn gyntaf 'goruwch yr holl dduwiau'.

Ni allwn ein hargyhoeddi ein hunain o werth maddeuant graslon a rhyfeddol Duw inni yn Iesu Grist, heblaw ein bod wedi ei brofi. Oni bai ein bod wedi hawlio maddeuant llawn a rhad, allwn ni ddim cerdded ymlaen gyda Duw, gan adael pechodau'r gorffennol o'n holau. Dyma sail hefyd ein maddeuant i eraill: 'maddau i ni ein dyledion fel y maddeuwn ninnau i'n dyledwyr', meddem yng Ngweddi'r Arglwydd, ac os oes rhyw gyndynrwydd i faddau i eraill ynom ni, yna mentrwn ddweud nad ydym wedi sylweddoli maint, pris na gwerth maddeuant rhad Duw i ni yng Nghrist.

GWEDDI

O, Arglwydd mawr 'goruwch yr holl dduwiau', argyhoedda fy enaid i fy hun nad oes duw tebyg i ti i'w gael sydd yn cynnig maddeuant mor raslon a rhad i mi. 'Ni chaiff arall ran o'r mawl' gennyf Arglwydd, a rho dy gymorth imi hefyd i estyn fy maddeuant innau yr un mor rhad a graslon i'r rhai sydd yn troseddu yn fy erbyn innau. Oherwydd ac er mwyn Iesu Grist. Amen.

Fel yr hydd a fref am ddyfroedd

Caneuon Ffydd: Rhif 224

Fel yr hydd a fref am ddyfroedd,
  felly mae fy enaid i
yn dyheu am fod yn agos
  er mwyn profi o'th gwmni di.

    Ti dy hun yw fy nerth a'm tŵr,
      a chyda thi, 'rwyf finnau'n siŵr
    mai tydi yw serch fy nghalon,
      ac O Dduw, addolaf di.

Gwell wyt ti nag aur ac arian,
  dim ond ti all lenwi 'mryd:
ti dy hun rydd im wir lawenydd,
  'rwyt ti'n werth y byd i gyd.

Ti yw 'Mrawd a thi yw 'Nghyfaill,
  er mai'r Brenin ydwyt ti:
caraf di ganmil gwell na'r cwbl,
  mwy na phawb a phopeth sy.

      MARTIN NYSTROM
      cyf. PETER M. THOMAS a CASI JONES

MYFYRDOD

Braf yw gweld ambell gorawd mwy diweddar wedi llwyddo i gael mynediad i *Caneuon Ffydd*, ac mae'r emyn hwn yn sicr wedi ennill ei le ymhlith y gwaddol cyfoethog o emynau sydd gennym fel cenedl. Cyfieithiad ydyw gan ddau o weinidogion ein hoes ni sydd hefyd yn feirdd, sef Peter Thomas a Casi Jones. Un o nodweddion amlycaf emyn yw'r ffordd y mynega wirioneddau Beiblaidd, ac y defnyddia ddelweddau Beiblaidd er mwyn mynegi ein profiad ninnau o Dduw. Dyna gryfder yr emyn sydd o'n blaenau hefyd.

    Awn yn syth at y Salmau yn y llinell gyntaf un ac at yr hydd

hwnnw sydd yn brefu 'am ddyfroedd rhedegog' (Salm 42:1), ac
sy'n ddarlun o'r enaid sy'n 'sychedu am Dduw, am y Duw byw'
(adn. 2). Dydy pyllau o ferddwr ddim yn gwneud y tro i'r hydd, ac
mae'n rhaid iddo gael dŵr glân rhedegog. Felly hefyd y cymhara
Iesu ei hun â'r ffynnon o ddŵr bywiol (Ioan 4) o'i chymharu â'r
pwll o ferddwr yr oedd y wraig wedi arfer codi ei dŵr ohono. Mae
yma syched a hiraeth yn yr emyn am y Duw byw, yr unig un sy'n
abl i 'lenwi 'mryd'. Yr ydym i feithrin ein syched a'n newyn
amdano oherwydd mai ef yn unig sy'n abl i'n disychedu a'n digoni.
'Gwyn eu byd y rhai sy'n newynu a sychedu am gyfiawnder,
oherwydd cânt hwy eu digon', meddai Iesu yn y Gwynfydau (Mth.
5:6).

Byddwn yn bodloni'n aml ar y 'pydewau toredig, na allant
ddal dŵr' (Jer. 2:13) a gloddiwn i ni ein hunain, a gadael 'ffynnon y
dyfroedd byw', ond mae Duw yn ein galw'n ôl ato ac yn rhoi
syched ynom ni amdano ef ei hun, Ef hefyd sydd yn cyflenwi'r
syched hwnnw. Ond wrth inni fod eisiau treulio mwy o amser yn ei
gwmni, y mae'r dyhead a'r syched amdano yn cryfhau nes na allwn
ni ond ein rhoi ein hunain yn llwyr iddo mewn addoliad a mawl: 'O
Dduw, addolaf di'. Nid yw Duw yn fodlon gadael i'n heneidiau ni
newynu (Diar. 10:3); yr ydym yn rhy werthfawr ganddo i hynny
ddigwydd, gan mai ef ei hun sydd wedi gosod eneidiau ynom ni, ac
ef ei hun sydd wedi gosod bwlch neu wacter yn ein calonnau na all
neb arall ei lenwi'n llawn. O'i gael i lenwi'r gwacter hwnnw, fe
gawn ei garu fel Brawd a Chyfaill a Brenin 'gwell na'r cwbl, mwy
na phawb a phopeth sy'.

GWEDDI

O Dad, dim ond diolch sydd gennyf dy fod wedi gosod enaid a
bery yn dragywydd ynof fi, enaid sydd yn dod i'w lawn dwf yn
unig ynot ti wrth imi ymateb i'r syched sydd ynddo am dy ddŵr
bywiol di dy hun, dy iachawdwriaeth lawn yn Iesu Grist. Er ei fwyn
ef. Amen.

Dad, dy gariad yn glir ddisgleiria

Caneuon Ffydd: Rhif 228

Dad, dy gariad yn glir ddisgleiria,
trech na'r t'wyllwch, yn glir ddisgleiria;
Iesu, goleuni'r byd, cofia ninnau,
ti yw'r gwir a'n rhyddha o'n cadwynau:
Grist, clyw ein cri, goleua ni.

Air disglair Duw,
dyro d'olau i Gymru heddiw,
tyrd, Ysbryd Glân,
rho dy dân i ni:
rhed, afon gras,
taena gariad ar draws y gwledydd,
dyro dy air
a goleuni a fydd.

Dof o'th flaen di, O Arglwydd sanctaidd,
o'r cysgodion i'th olau euraidd;
gwaed y groes ddaw â mi i'r goleuni,
chwilia fi a glanha fi o'm bryntni:
Grist, clyw fy nghri, goleua fi.

Er mor danbaid yw dy ddisgleirdeb,
ni fydd raid i mi guddio f'ŵyneb;
a phob dydd wrth im syllu a syllu
daw fy mywyd yn ddrych i'th oleuni,
gwir olau gwiw, gair disglair Duw.

GRAHAM KENDRICK
cyf. CASI JONES

MYFYRDOD

Bu tipyn o 'fynd' ar yr emyn hwn yn ystod y degawd diwethaf, a hynny yn bennaf oherwydd y dôn fywiog sydd gan y cyfansoddwr Cristnogol cynhyrchiol Graham Kendrick, a champwaith Casi Jones yn ei chyfieithiad o'i eiriau. Bellach, ar ben y thema gref o oleuni a thywyllwch a geir trwy'r emyn, fe geir hefyd erfyniad dros Gymru yn y cytgan. Does dim amheuaeth gennyf i nad ydy emyn fel hwn yn gymorth nerthol iawn inni weddïo ac erfyn dros ein gwlad. Mae'n codi dyhead ynom ni yn wir am weld Cymru'n cael ei goleuo gan Iesu Goleuni'r Byd, ac am i'r Ysbryd Glân roi ei dân i ni.

Pan ysgydwyd Cymru ddiwethaf gan ddiwygiad nerthol ym 1904–5, fe fu'r hyn a ddigwyddodd yma yn foddion i danio gwledydd eraill yn eu cariad at Grist hefyd. Nid yw'r cytgan yma yn gwneud dim llai na gofyn i hyn ddigwydd eto: 'rhed, afon gras, taena gariad ar draws y gwledydd'. Dyma'r afon sydd i lifo oddi wrth Dduw ei hun yn ôl gweledigaeth Eseciel (pennod 47), a 'bydd popeth yn byw lle llifa'r afon' (adn. 9). Efallai'n wir fod Cymru wedi syrthio'n bell iawn oddi wrth y sefyllfa arbennig yr oedd hi ynddi'n ysbrydol gan mlynedd yn ôl, ac nad oes ganddi fawr i'w gynnig i'r byd yn ehangach, ond, o dan law Duw a dylanwad ei Ysbryd Glân, fe ellir trawsnewid cenedl, a gall y genedl honno fod yn fendith i genhedloedd eraill.

Mae thema'r goleuni i'w gael yn gyson trwy'r Beibl, a Casi Jones yma yn ein hatgoffa bod y Gair hwnnw ei hun yn un llawn goleuni ac yn 'Air disglair Duw': 'Y mae dy air yn llusern i'm troed, ac yn oleuni i'm llwybr', meddai'r Salmydd (Salm 119:105). Ond er mwyn gweld a chydnabod Duw fel goleuni, mae'n rhaid inni hefyd gydnabod bodolaeth y tywyllwch, neu fel arall does dim i'w oleuo: 'goleuni yw Duw, ac nid oes ynddo ef ddim tywyllwch' (1 Ioan 1:5).

Gorfoleddwn yn yr emyn fod y 'goleuni yn llewyrchu yn y tywyllwch, ac nid yw'r tywyllwch wedi ei drechu ef' (Ioan 1:5). Y mae'r diafol a holl bwerau'r tywyllwch wedi eu trechu gan Iesu ar y groes, a 'gwaed y groes ddaw â mi i'r goleuni'. Nid oes gan y tywyllwch ddim gafael bellach ar 'bobl y goleuni' (1 Thes. 5:5). Ond cawsom ein cipio 'o afael y tywyllwch a'n trosglwyddo i deyrnas ei annwyl Fab' (Col. 1:13). Cawn hanes pêl-droedwyr heddiw yn cael eu trosglwyddo am brisiau aruthrol i chwarae i dîm arall; yn yr un modd y cawsom ni ein symud a'n trosglwyddo o dîm y tywyllwch i dîm y goleuni, a hynny am y pris aruthrol a dalwyd amdanom yn aberth Crist drosom ar y groes.

GWEDDI
Boed i'th oleuni di dreiddio trwy fy mywyd yn llwyr, Arglwydd, a helpa fi i weld bod y goleuni hwnnw yn drech na'r tywyllwch. Gad i mi garu a cheisio dy oleuni yn fwy na dim arall. O am gael bod yn ddrych gloyw i ogoniant dy oleuni di, Arglwydd Iesu. Maddau i mi bob bai, a gwna fi yn wir yn debyg i ti dy hun. Amen.

Bywha dy waith, O Arglwydd mawr

Caneuon Ffydd: Rhif 243

Bywha dy waith, O Arglwydd mawr,
dros holl derfynau'r ddaear lawr
drwy roi tywalltiad nerthol iawn
o'r Ysbryd Glân a'i ddwyfol ddawn.

Bywha dy waith o fewn ein tir,
arddeliad mawr fo ar y gwir;
mewn nerth y bo'r Efengyl lawn,
er iachawdwriaeth llawer iawn.

Bywha dy waith o fewn dy dŷ
a gwna dy weision oll yn hy:
gwisg hwynt â nerth yr Ysbryd Glân,
a'th air o'u mewn fo megis tân.

Bywha dy waith, O Arglwydd mawr,
yn ein calonnau ninnau nawr,
er marwhau pob pechod cas,
a chynnydd i bob nefol ras.

MINIMUS, 1808–80

MYFYRDOD

Mae angen tipyn o ddewrder heddiw i ddweud fel y Salmydd yn Salm 96: 'Y mae'r Arglwydd yn frenin' (adn. 10), a gwneud hynny, fel mae'n ein hannog ni, 'ymhlith y cenhedloedd'. Sôn am y bobl oedd yn byw o'u cwmpas oedd y Salmydd, y rhai nad oedden nhw'n adnabod Duw nac yn gwybod nemor ddim amdano. Eto y rheiny oedd angen clywed ei fod yn frenin a bod y byd yn sicr yn ei law.

Gwaith anodd ydy hyn i ni heddiw, fel i bobl Dduw ym mhob oes, gyda chymaint o bethau'n milwrio yn ein herbyn ac yn cyhoeddi fel arall.

Hanes o ddewrder ac o aberth ac o gyffro ydy un John Roberts, a gwnaeth ef gymaint â neb i gyhoeddi Duw yn frenin ac i hyrwyddo'i deyrnas, gan noddi a threfnu a hwyluso'r gwaith o sefydlu Cenhadaeth Dramor y Methodistiaid Calfinaidd yng ngogledd-ddwyrain India ar y pryd, gwaith a gafodd ei fendithio'n helaeth ac sydd wedi rhoi bod i eglwys rymus a byw mewn llawer gwlad, ac yn enwedig y rhan honno o India lle canolbwyntiwyd y rhan helaethaf o'r ymdrechion. Bu'n ysgrifennydd y Genhadaeth hon am chwe blynedd ar hugain, ac yn fuan wedi achlysur anfon y cenhadwr cyntaf i Fryniau Casia, sef Thomas Jones, Aberriw, ym 1840, yr ymddangosodd yr emyn gorfoleddus, cenhadol hwn o'i eiddo yn *Y Drysorfa.*

Fe ddatgan yn blaen mai Duw sydd ben, yn frenin ar y byd yn gyfan. Ef piau'r ddaear a'i waith ef sydd i'w gyflawni ynddi: 'Bywha dy waith, O Arglwydd mawr, dros holl derfynau'r ddaear lawr.' Fe ofynna am ddewrder i gael cydweithio â Duw yn nyfodiad ei deyrnas yn y trydydd pennill: 'gwna dy weision oll yn hy'. Er mai bychan ydy'n cyfraniad ni yn nhrefn pethau, ac fe'i galwai John Roberts ei hun yn 'Minimus' – yr un lleiaf, mae Duw yn ein defnyddio ni yn ei waith ac yn barod i gydweithio â ni, gan roi ei ddewrder a'i hyfdra ef ei hun i'w weision – eu gwisgo 'â nerth yr Ysbryd Glân', a rhoi ei Air i losgi y tu mewn iddyn nhw 'megis tân'.

Pobl gyda thân yn eu boliau go iawn mae Duw eu hangen! Ac yn yr emyn crefftus hwn mae Minimus yn dod â ni i lawr at y galon unigol. Ar ôl gofyn i Dduw fywhau ei waith drwy'r byd i gyd, fe leiha'r cylch wrth iddo erfyn dros ein gwlad ein hunain a'n heglwys. Ond mae'n rhaid i'r gwaith ddechrau yn ein calonnau ni ein hunain yn gyntaf: 'Teyrnas Dduw o'ch mewn chwi y mae' (Luc 17:21, BWM), meddai Iesu wrth y Phariseaid diddeall. Mae'r gwirionedd hwn yn un sylfaenol yn y Testament Newydd ac mae derbyn Iesu – Brenin y brenhinoedd – yn golygu derbyn ei deyrnasiad brenhinol drosom ni, nid yn unig yn ein bywydau a thros ein gwaith, ond drwy ein bywyd a thrwy ein gwasanaeth a'n cariad. Dim ond wrth ddechrau gyda ni ein hunain y gallwn gyhoeddi bod Duw yn Frenin wrth y byd yn gyfan.

GWEDDI

Arglwydd Iesu, fy Mrenin i, rwy'n gofyn am gymorth dy Ysbryd Glân yn fy mywyd i, er mwyn rhoi imi'r dewrder hwnnw sydd ei angen arnaf i dy gyhoeddi di yn Frenin 'dros holl derfynau'r ddaear lawr', ac yma yn y lle yr wyt ti wedi fy ngosod i dystio iti. Er mwyn y Brenin Iesu. Amen.

'Rwy'n gweld o bell y dydd yn dod

Caneuon Ffydd: Rhif 257

'Rwy'n gweld o bell y dydd yn dod
bydd pob cyfandir is y rhod
    yn eiddo Iesu mawr;
a holl ynysoedd maith y môr
yn cyd-ddyrchafu mawl yr Iôr
    dros ŵyneb daear lawr.

Mae teg oleuni blaen y wawr
o wlad i wlad yn dweud yn awr
    fod bore ddydd gerllaw;
mae pen y bryniau'n llawenhau
wrth weld yr haul yn agosáu
    a'r nos yn cilio draw.

WATCYN WYN, 1844–1905

MYFYRDOD

Mewn cyfnod pan mae trai yn eglwysi a chapeli'n gwlad, mae hi'n cymryd ffydd i fynegi gyda Watcyn Wyn:

'Rwy'n gweld o bell y dydd yn dod
bydd pob cyfandir is y rhod
    yn eiddo Iesu mawr.

Yn wir, bûm mewn rhai eglwysi lle mae aelodau o'r gynulleidfa yn gwrthod canu'r emyn am nad ydyn nhw'n credu y gall y fath beth fod yn bosibl! Yn sicr, o edrych yn rhesymegol ar amgylchiadau'n gwlad a'r rhwygiadau sydd yn ein byd, mae gobaith yr emynydd yn edrych yn debycach i freuddwyd ffŵl. Dywedir i'r emyn hwn ddechrau 'canu' ym mhen Watcyn Wyn tra oedd ar ei wyliau yng Ngheinewydd yng Ngheredigion wrth iddo weld yr haul yn codi dros y bryniau a chofio am y cenhadon oedd wedi mynd o'r ardaloedd hynny i Fadagasgar. Cafodd Watcyn Wyn weld trwy lygaid ffydd y bore hwnnw, a thrwy'r llygaid hynny rydym yn dal gafael yn addewid Iesu ar ddiwedd Efengyl Mathew, y bydd gyda ni bob amser wrth inni fynd a gwneud 'disgyblion o'r holl genhedloedd' (Mth. 28:19), gan wybod hefyd fod pob awdurdod yn y nefoedd ac ar y ddaear wedi ei roi iddo ef.

Nid i'r Testament Newydd yn unig y perthyn y gobaith a'r addewid hwn 'y cyffesai pob tafod fod Iesu Grist yn Arglwydd', fel y mynega Paul (Phil. 2:11). Fe welwn trwy'r Beibl fod calon Duw yn curo tuag at y colledig ym mhob gwlad. Fe gofiwn fod gan Jona broblem fawr efo'r ffaith bod Duw yn beiddio estyn ei drugaredd a'i ras tuag at bobl Ninefe, gelynion yr Israeliaid, ond fe fu'n rhaid iddo ddysgu yn y pen draw nad oes gwahaniaeth gan Dduw i ba genedl y perthynwn – ef sydd wedi creu y cyfan ac am i ni gydweithio ag ef er gweld achub y byd yn ei gyfanrwydd. Gwelwn ddyhead a phroffwydo yn Salm 72, er enghraifft, y bydd y Meseia yn 'llywodraethu o fôr i fôr ac o'r Ewffrates hyd derfynau'r ddaear . . . Bydded i frenhinoedd Tarsis a'r ynysoedd ddod ag anrhegion iddo' (Salm 72:8–10).

Nid Duw sydd yn perthyn i rai pobl mewn rhai gwledydd yw ein Duw ni, felly, ond Duw sydd wedi caru'r 'byd gymaint nes iddo roi ei unig Fab, er mwyn i bob un sy'n credu ynddo ef beidio â mynd i ddistryw ond cael bywyd tragwyddol' (Ioan 3:16). Am hyn mae 'pen y bryniau'n llawenhau' a neges Duw yn llwyddo wrth iddi gael ei chyhoeddi: 'felly y mae fy ngair sy'n dod o'm genau; ni ddychwel ataf yn ofer' (Eseia 55:11).

Mae'r her yn parhau inni gyhoeddi neges yr Efengyl yma yng Nghymru ac i Dduw arddel ei Air wrth iddo gael ei gyhoeddi yn ffyddlon. Daliwn ein gafael yn yr addewidion hyn i gyd. Cymerwn ein calonogi hefyd yn llwyddiant yr Efengyl ar draws y byd, ac mewn llefydd digon annisgwyl – gwledydd fel China heddiw lle mae 10,000 o bobl yn dod at Grist bob dydd a'r Eglwys yn cynyddu yno er gwaethaf anawsterau ac erledigaeth:

> Mae teg oleuni blaen y wawr
> o wlad i wlad yn dweud yn awr
> fod bore ddydd gerllaw.

GWEDDI

Dyro imi weld 'teg oleuni blaen y wawr' yma yng Nghymru, Arglwydd, a chynnal fi mewn gobaith a gweddi bod 'bore ddydd gerllaw' pan fyddi di'n teyrnasu mewn gwirionedd yn ein plith. Tyrd, Arglwydd Iesu, tyrd. Amen.

Helaetha derfynau dy deyrnas

Caneuon Ffydd: Rhif 264

Helaetha derfynau dy deyrnas
a galw dy bobol ynghyd,
datguddia dy haeddiant anfeidrol
i'r eiddot, Iachawdwr y byd;
cwymp anghrist, a rhwyga ei deyrnas,
O brysied a deued yr awr,
disgynned Jerwsalem newydd
i lonni trigolion y llawr.

Eheda, Efengyl, dros ŵyneb
y ddaear a'r moroedd i gyd,
a galw dy etholedigion
o gyrrau eithafoedd y byd;
O brysia'r cyfarfod heb lygredd
na rhyfel na chystudd na phoen,
dydd Jwbil yr etholedigion
a chydetifeddion â'r Oen.

MORGAN RHYS, 1716 – 79

MYFYRDOD

Dyhead sydd gan Morgan Rhys am weld Duw yn cyflawni ei
genhadaeth yn ei fyd, yn helaethu terfynau ei deyrnas, ac mae'n
cydnabod mai gwaith Duw ydyw hynny. Duw sy'n galw ei 'bobl
ynghyd' ac yn datguddio Iesu Grist iddyn nhw. Ond pe byddem
ni'n ei gadael hi'n y fan yna, yna byddai hi'n braf iawn arnom, ac
ni fyddai gennym unrhyw gyfrifoldeb i wneud dim ein hunain
oherwydd gwaith Duw yw'r cyfan!

Ond mae Duw'n dewis ein defnyddio ni yn ei waith. Fe
ddaeth i'n plith ym mherson ei Fab Iesu Grist ac fe ddatguddiodd ei
hun inni trwyddo ef. Yr ydym ni bellach, o fod wedi derbyn y
datguddiad hwnnw o'r Newyddion Da yn Iesu Grist, i'w rannu
gydag eraill. Mae Duw yn arddel y gwaith hwnnw pan fydd ei Fab
yn cael ei ogoneddu. Daeth Teyrnas Nef yn agos atom yn Iesu Grist

ac mae Duw am inni ddyheu a gweithio er mwyn gweld sefydlu'r deyrnas honno yn ein plith: 'Deled dy deyrnas; gwneler dy ewyllys, ar y ddaear fel yn y nef ', yw ein cri yng Ngweddi'r Arglwydd (Mth. 6:10), ac fe welwn ni hi'n cael ei sefydlu a'i helaethu yn ein plith wrth i ni wneud ewyllys Duw a dod yn rhan ohoni.

Ni wn a oedd gweddi dyn o'r enw Jabes (1 Cron. 4:10) ym meddwl Morgan Rhys wrth iddo gyfansoddi'r emyn hwn, ond fe ddaeth y weddi fechan honno yn un boblogaidd yn ddiweddar gyda nifer o lyfrau'n cael eu hysgrifennu amdani. Gofyn mae Jabes: 'O na fyddit yn fy mendithio ac yn ehangu fy nherfynau!' sydd ar yr olwg gyntaf i'w weld yn ddyhead hunanol. Ond gofyn oedd Jabes ar i'w ddylanwad gael ei ymestyn a'i gynyddu er lles ac er clod i'r Arglwydd. Cafodd ei ddymuniad ac fe fendithiodd Duw ef. Gallwn ni i gyd ddilyn esiampl fel un Jabes a gofyn i'r hyn a wnawn yn ein gwaith bob dydd, ein cysylltiadau ag eraill ac ati, gael eu bendithio a'u defnyddio gan Dduw er mwyn helaethu ei deyrnas.

Ceir gorchymyn ac addewid hefyd yn Eseia 54 i'r wraig amhlantadwy: 'Helaetha faint dy babell, estyn allan lenni dy drigfannau; gollwng y rhaffau allan i'r pen, a sicrha'r hoelion' (adn. 2). Mae hi i wneud paratoadau ar gyfer y cyfnod pan fydd hi'n cael plant ac i ymestyn y babell cyn belled ag yr aiff hi. Credwn fod hwn yn addewid i ninnau hefyd – y rhai sydd yn ein heglwysi yn dal i ddyheu ar i Dduw roi plant i ni, ar i'r Efengyl wneud ei gwaith yn ein plith, ac i bobl ddod o'r newydd i berthynas â Duw trwy ei Fab a chael eu gwneud yn blant iddo trwy waith yr Ysbryd Glân yn eu calonnau.

Yn sicr, mae Duw am weld lledu terfynau ei deyrnas i'r byd yn gyfan, ond am i ni ein rhoi ein hunain i'r gwaith hwnnw; ymestyn ein cyrhaeddiadau a helaethu ein pebyll ein hunain a pharatoi ar gyfer y plant y bydd ef yn eu rhoi inni.

GWEDDI

Arglwydd Dduw Dad, rwy'n diolch iti am dy addewid y byddi'n helaethu dy deyrnas ac rwy'n dyheu am ei gweld hi'n dod yn ei grym. Bendithia fi wrth imi ymestyn allan er lledaenu neges y deyrnas honno: cariad, gras, maddeuant a chymod yn Iesu Grist. Amen.

O'r nef y daeth, Fab di-nam

Caneuon Ffydd: Rhif 276

O'r nef y daeth, Fab di-nam,
i'r byd yn dlawd heb feddu dim,
i weini'n fwyn ar y gwan,
ei fywyd roes i ni gael byw.

Hwn yw ein Duw, y Brenin tlawd,
fe'n geilw oll i'w ddilyn ef,
i fyw bob dydd fel pe'n anrheg wiw o'i law:
fe roddwn fawl i'r Brenin tlawd.

Ei ddagrau'n lli yn yr ardd,
fy meichiau trwm gymerodd ef:
ei galon fawr oedd yn drist,
"D'ewyllys di fo'n ben," medd ef.

Gwêl ddwylo briw, gwêl ei draed,
ei greithiau'n brawf o'i aberth drud;
y dyner law leddfai boen,
a rwygwyd gan yr hoelion llym.

Yn isel fryd gweini wnawn
a'i ddewis ef yn Arglwydd pawb:
wrth estyn llaw at fy mrawd
cydnabod wnawn ein Brenin tlawd.

GRAHAM KENDRICK *cyf.* SIÔN ALED

MYFYRDOD
Rheoli mewn rhwysg a chyfoeth gan fynnu ufudd-dod iddo'i hun
oherwydd ei safle y mae brenin daearol. Er bod Iesu drwy'r Testa-
ment Newydd yn cael ei alw'n Frenin, yn 'frenin tangnefedd' (Heb.
7:2); yn 'frenin y cenhedloedd' (Dat. 15:3), ac yn 'frenin y
brenhinoedd' (Dat. 17:14) i enwi ond ychydig, ni allwn beidio â
sylwi bod natur ei lywodraeth yn wahanol i frenhinoedd daearol.
Nid yw ei deyrnasiad yn dibynnu ar rym, er y gallai'n hawdd ei
ddefnyddio. Fe gofiwn ei gerydd i Pedr yng ngardd Gethsemane
pan ddefnyddiodd hwnnw ei gleddyf i geisio achub cam ei feistr: 'A

wyt yn tybio na allwn ddeisyf ar fy Nhad, ac na roddai i mi yn awr fwy na deuddeg lleng o angylion?' (Mth. 26:53). Y mae ei deyrnas a'i deyrnasiad yn gyfan gwbl wahanol i ddim a welwn ni yma ar y ddaear, fel y dywedodd wrth Pilat: 'Nid yw fy nheyrnas i o'r byd hwn' (Ioan 18:36). Ei watwar fel Brenin yr Iddewon a wnaethpwyd adeg ei groeshoelio, ac yn wir dyna oedd y cyhuddiad yn ei erbyn a roddwyd mewn tair iaith ar y groes: 'Iesu o Nasareth, Brenin yr Iddewon' (Ioan 19:19).

Hanes y 'Brenin tlawd' hwn a gawn yn yr emyn diweddar hwn. Mae Siôn Aled wedi gwneud cymwynas werthfawr â ni wrth gyfieithu 'The Servant King' Graham Kendrick i'r Gymraeg. Ceir hanes Iesu yn ei ddarostwng ei hun gan ddod 'i'r byd yn dlawd, heb feddu dim' a nodi diben hynny 'i weini'n fwyn ar y gwan' ac i roi ei fywyd er mwyn i ni gael byw: 'fe'i darostyngodd ei hun, gan fod yn ufudd hyd angau, ie, angau ar groes'. Dyna eithaf ei ddarostyngiad yn ôl Paul sy'n olrhain darostyngiad Iesu a'i ddyrchafiad wedyn yn sgil ei fuddugoliaeth ar angau yn Philipiaid 2:6–11.

Sylwn arno yng ngardd Gethsemane yn yr ail bennill, yn gwybod mai ewyllys ei Dad oedd i'w gwneuthur. Mae'n ufudd wedyn hyd angau yn y pennill nesaf a chawn ein cymell i sylwi ar ei draed a'i ddwylo – traed yr hwn oedd 'mor weddaidd ar y mynyddoedd' am ei fod yn 'cyhoeddi iachawdwriaeth' (Eseia 52:7), a'r dwylo oedd wedi eu hestyn mewn tosturi i gyffwrdd â chymaint o rai mewn angen (Marc 1:41), yn cael eu rhwygo 'gan yr hoelion llym'. Mae'r darlun yn un byw ac yn abl i'n cyffwrdd ninnau wrth inni fyfyrio ar ei 'aberth drud'.

Down yn ein holau yn y pennill olaf at anogaeth Paul inni yn ei lythyr at y Philipiaid: 'Amlygwch yn eich plith eich hunain yr agwedd meddwl honno sydd, yn wir, yn eiddo i chwi yng Nghrist Iesu' (Phil. 2:5). Agwedd y gwas oedd honno. Dyma'r gwas perffaith na fu mo'i berffeithiach, y cawn ni sôn amdano ym mhroffwydoliaeth Eseia (42:1 ymlaen, ac yn enwedig pennod 53). Yr un nas gorfodwyd i fod yn was, ond a ddewisodd o'i wirfodd ei hun ei wneud ei hun yn was. Ein braint yw cael gweini i eraill yn ei enw Ef a chael 'cydnabod . . . ein Brenin tlawd' wrth wneud hynny.

GWEDDI
Fy Arglwydd a'm Brenin, boed yr un agwedd meddwl ynof fi ag a gafwyd ynot ti wrth iti ddod atom yn null gwas, gan fod yn ufudd hyd angau. Rho gymorth, rho nerth, a rho dy ras imi fod yn debyg i ti. Amen.

Tydi yw'r wir Winwydden, Iôr

Caneuon Ffydd: Rhif 285

Tydi yw'r wir Winwydden, Iôr,
sy'n fythol ir a byw,
a ninnau yw'r canghennau sydd
dan bla ein dydd yn wyw.

O bydd dosturiol wrthym, Iôr,
nyni y diffrwyth rai;
na fwrier un ohonom byth
fel cangen grin i'r clai.

O deued llaw drugarog, Iôr,
i'n trin a'n llwyr lanhau,
a doed y nodd sydd ynot ti
i'n treiddio a'n bywhau.

O cadwer ni yn iach, ein Iôr,
heb arnom bla na haint,
nes ffrwythwn oll yn helaeth iawn
fel grawnwin llawn eu maint.

Ni allwn wneuthur dim, ein Iôr,
os ceisiwn hebot ti;
ein grym fydd aros ynot mwy,
a thithau ynom ni.

ARTHUR WILLIAMS, 1910–83

MYFYRDOD

Myfyrio ar ymadroddion Iesu yn Ioan 15 mae Arthur Williams yn ei emyn. 'Myfi yw'r wir winwydden, a'm Tad yw'r gwinllannwr', meddai Iesu yno, yr olaf o'i ddywediadau 'Myfi yw'. Fe gofiwch fod saith ohonynt gan Iesu yn Efengyl Ioan: 'Myfi yw bara'r bywyd' (Ioan 6); 'Myfi yw goleuni'r byd' (Ioan 8); 'Myfi yw drws y defaid'; 'Myfi yw'r bugail da' (Ioan 10); 'Myfi yw'r atgyfodiad a'r bywyd' (Ioan 11); 'Myfi yw'r ffordd a'r gwirionedd a'r bywyd' (Ioan 14), ac yma yn Ioan 15 – 'Myfi yw'r wir winwydden'.

Gofyn am gael aros yn y winwydden mae Arthur Williams, ac ar i Dduw fod yn drugarog wrth ein diffrwythdra. Ond mae Duw yn glanhau y canghennau diffrwyth sydd ynom ni er mwyn ein cymell i ffrwytho ac i fod yn gryfach. Soniodd gwinllannwr unwaith mai'r canghennau roedd Iesu yn dweud y byddai'r Tad yn eu torri i ffwrdd oedd y gwylltimpiau, neu'r 'sucker shoots' o roi'r enw Saesneg mwy cyfarwydd. Mae'r canghennau bychain hyn yn sugno nodd y winwydden gan ei gwneud yn anabl i gynhyrchu dim ond dail – dim ffrwyth.

Er mwyn cadw'r winwydden yn iach, felly, mae'n rhaid cael gwared â'r myrdd ganghennau bach yma sy'n sugno'r nodd. Beth yw'r gwylltimpiau sy'n sugno'r nodd yn ein bywydau ni? Gofynnwn i'n hunain hefyd beth sy'n ein rhwystro ni rhag bod yn ffrwythlon. Dydy'r canghennau bychain hyn ddim yn tyfu dros nos, ond yn cynyddu'n araf deg ac yn ein rhwystro rhag rhoi y cyfan yn ein gwasanaeth i Grist. Mae Duw yn glanhau popeth ynom ni nad yw'n ddefnyddiol ac yn ein helpu i aros yn y winwydden, yn ein 'trin a'n llwyr lanhau' er mwyn i'r nodd o'r winwydden gael mynd i'r lle iawn a thuag at yr hyn fydd yn ffrwytho 'i'n treiddio a'n bywhau'. Oes ynom ni hunanoldeb?

Ydym ni'n ansensitif i anghenion eraill? Ydym ni'n rhoi ein hegni i gyd yn ein hawydd i lwyddo ar draul ein teuluoedd a'n lles ysbrydol? Oes angen tocio dipyn ar ein diogi a diffyg disgyblaeth? Mae Duw yn benderfynol o'n glanhau, gan docio'r pethau sy'n ein gwneud yn analluog i roi ein gwasanaeth iddo. 'Yr ydym ni i gyd … yn cael ein trawsffurfio o ogoniant i ogoniant, yn wir lun ohono ef. A gwaith yr Arglwydd, yr Ysbryd, yw hyn,' meddai Paul (2 Cor. 3:18). Ni ddylem ofni'r trawsffurfio hwn na thocio caled y gwinllannwr chwaith, oherwydd dwyn ffrwyth yw ei nod – 'fel grawnwin llawn eu maint'.

GWEDDI

O Dad, y gwinllannwr sy'n dymuno gweld y gorau o'i lafur, cynorthwya fi i aros yn Iesu'r Wir Winwydden, gan fodloni iti docio popeth yn fy mywyd i nad yw'n dwyn ffrwyth i'th ogoniant di. Amen.

O am dafodau fil mewn hwyl

Caneuon Ffydd: Rhif 288

O am dafodau fil mewn hwyl
i seinio gyda blas
ogoniant pur fy Mhrynwr gwiw
a rhyfeddodau'i ras.

Fy ngrasol Arglwydd i a'm Duw,
rho gymorth er dy glod
i ddatgan mawl i'th enw gwiw
drwy bobman is y rhod.

Dy enw di, O Iesu mawr,
a lawenycha'n gwedd;
pêr sain i glust pechadur yw,
mae'n fywyd ac yn hedd.

Genhedloedd byd, trowch ato'n glau,
addefwch ef yn Dduw;
cewch oll yn rhad eich cyfiawnhau
drwy ffydd yn Iesu gwiw.

Fyddariaid, clywch! chwi fudion rai,
clodforwch Frenin hedd;
y dall a'r cloff fo'n llawenhau
mewn golwg ar ei wedd.

O rhoddwn fawl i Frenin nef,
moliannwn ef ynghyd;
fy enaid, mola dithau ef,
rho arno'n llwyr dy fryd.

CHARLES WESLEY 1707–88
cyf. ROBERT WILLIAMS, 1804–55

MYFYRDOD

Trosiad sydd yma gan Robert Williams, a fu'n weinidog gyda'r Wesleaid ym Miwmares, o un o 6,500 o emynau yr emynydd cynhyrchiol hwnnw – Charles Wesley. 'O for a thousand tongues to sing', meddai yn y gwreiddiol. Cyfansoddodd fynydd o emynau ac fe'i hystyrir yn un o brif emynwyr y byd.

Cafodd Charles Wesley dröedigaeth ar Sul, 21 Mai 1738, gan roi ei egnïon i gyd at waith yr Arglwydd yn sgil hynny. Dywedir iddo gyfansoddi'r emyn hwn er mwyn dathlu pen-blwydd cyntaf y dröedigaeth honno. Daeth yr awgrym iddo ei ganu yn sgil sylw a wnaeth Peter Bohler, un o'r Morafiaid yn Llundain y bu ei ddylanwad yn fawr iawn ar Charles a'i frawd John. Dyma oedd ei sylw: 'Had I a thousand tongues I would praise Him with them all.' Awydd angerddol sydd yma i foli Duw, gan wybod am y cyfyngiadau mae iaith yn eu gosod arnom ni, a chan wybod bod Duw yn fwy ac yn well nag unrhyw beth y gallwn ni ei ddweud mewn disgrifiad a mawl amdano.

Mae'n debyg mai'r un oedd profiad y Salmydd wrth iddo yntau gael ei lenwi ag Ysbryd Duw: 'Yr oedd ein genau yn llawn chwerthin a'n tafodau yn bloeddio canu. Yn wir, gwnaeth yr Arglwydd bethau mawr i ni, a bu i ninnau lawenhau' (Salm 126:2–3).

Dyhea'r emynydd am fwy o ryddid i foli Duw; am gael datod y llyffetheiriau a'r cyfyngiadau sydd arnom fel pobl, i gael mynegi mawredd Duw, ei ras, ei gariad, ei ddoethineb, ei ogoniant a'i nerth yn fwy cyflawn. Amcangyfrifir bod tua 6,000 o ieithoedd gwahanol yn ein byd, er bod y niferoedd yn disgyn bob wythnos wrth i ieithoedd gael eu difodi a marw gyda'u siaradwyr olaf. Ond nid oes sôn bod yr un person byw wedi llwyddo i feistroli mwy na thua 100 ohonynt. Ydy gofyn am gael mil ohonyn nhw gyda'u gwahanol droeon ymadrodd i gyd yn ormod i ofyn amdano felly? Fe gofiwn ar ddydd y Pentecost, ac yn yr hanes fel y'i ceir yn Actau 2 fod sôn am hyd at ugain o wahanol ardaloedd daearyddol oedd ag ieithoedd gwahanol ynddyn nhw i gyd. Sonnir yn Actau 1:15 fod yna 120 yn bresennol pan ddaeth yr Ysbryd Glân i'w plith ym mhennod 2. Ni allai neb oedd yno fod yn deall yr holl ieithoedd hyn a gâi eu siarad a'u hadnabod gan y dorf fel eu hieithoedd nhw eu hunain. Mae Duw trwy ei Ysbryd Glân yn gallu chwalu ffiniau ieithoedd, yn gallu rhoi ieithoedd newydd inni, rhai na fu inni eu dysgu erioed, er mwyn 'llefaru . . . am fawrion weithredoedd Duw' (Actau 2:11). Ef sydd, fel y mynega Robert Williams yn ei gyfieithiad, yn rhoi 'cymorth er dy glod i ddatgan mawl i'th enw gwiw drwy bobman is y rhod'.

Sonia Paul yn ei gerdd i gariad (1 Cor. 13), am 'dafodau dynion ac angylion', sydd yn dweud wrthym nad yr un fydd yr ieithoedd yma ar y ddaear ag sydd yn cael eu llefaru yn y nefoedd, ac na fydd cyfyngiadau ieithyddol na chwilio am eiriau yno er mwyn rhoi 'mawl i Frenin nef'. Yno y gwelwn ni gyflawniad deisyfiad Charles Wesley a rhoi iddo'r 'tafodau fil mewn hwyl'.

GWEDDI

O Dad nefol, yr wyt ti'n haeddu fy nghlod yn gyfan; cynorthwya fi i 'ddatgan mawl i'th enw gwiw' ym mha bynnag iaith yr wyt ti wedi ei rhoi neu am ei rhoi imi, Arglwydd mawr. Yn enw Iesu mawr. Amen.

O nefol addfwyn Oen

Caneuon Ffydd: Rhif 312

O nefol addfwyn Oen,
    sy'n llawer gwell na'r byd,
a lluoedd maith y nef
    yn rhedeg arno'u bryd,
dy ddawn a'th ras a'th gariad drud
sy'n llanw'r nef, yn llanw'r byd.

Noddfa pechadur trist
    dan bob drylliedig friw
a phwys euogrwydd llym
    yn unig yw fy Nuw;
'does enw i'w gael o dan y nef
yn unig ond ei enw ef.

Ymgrymed pawb i lawr
    i enw'r addfwyn Oen,
yr enw mwyaf mawr
    erioed a glywyd sôn:
y clod, y mawl, y parch a'r bri
fo byth i enw'n Harglwydd ni.

WILLIAM WILLIAMS, 1717–91

MYFYRDOD

Dyma emyn sydd o dan drefniant newydd gan Sioned Williams (a'i cyfansoddodd pan oedd yn dair ar ddeg oed) yn parhau mor ganadwy ag y bu erioed. Sôn am y mawl diddiwedd sydd i'r Oen yn y nef mae Pantycelyn, ac yn hynny o beth mae'n adleisio llawer o gynnwys llyfr y Datguddiad. Mae Duw yn ei ddatguddiad i Ioan yn dangos iddo, ac yntau wedyn i ninnau, fod y nefoedd yn fan lle ceir mawl parhaus, gyda phob llygad sydd yno wedi ei gyfeirio at yr orsedd. Un o'r pethau cyntaf sy'n taro Ioan am y weledigaeth a gaiff o'r nefoedd ydy'r ffordd mae'r Duwdod yn cael ei ganmol.

Ym mhennod 4 y Datguddiad – Duw y Creawdwr sy'n cael ei ganmol, ac yna ym mhennod 5 mae'r Oen yn dod yn wrthrych yr addoliad. Mae pob creadur yno yn addoli Duw y Creawdwr a'r Oen. Mae'r 'lluoedd maith' sydd yno 'yn rhedeg arno'u bryd' a'i rinweddau yn 'llanw'r nef', ond hefyd yn 'llanw'r byd'. Un o'r pleserau pennaf ar y ddaear gan yr un sy'n credu yn Iesu Grist yw cael ymgolli mewn mawl i Dduw, ond gellir disgrifio ein mawl ni yma ar y ddaear ond fel rihyrsal cyn mynd i Gymanfa y cyntafanedig.

Yn ogystal â bod yn destun mawl y nefoedd a'r ddaear, mae'r Oen hefyd yn ein gwasanaethu ninnau, ac yn 'Noddfa pechadur trist', yn dwyn ein beichiau ni. Cofiwn i Eseia gyhoeddi: 'Ni fydd yn dryllio corsen ysig, nac yn diffodd llin yn mygu' (Eseia 42:3). Mae digon o feichiau a digon o drallodion gan blant dynion yn barod; ni fydd yr Arglwydd yn ychwanegu atyn nhw. Y diafol sy'n ein hatgoffa o'n methiannau a'n ffaeleddau; eu maddau a'u hanghofio mae Duw pan ddown â nhw ato ef: 'cyn belled ag y mae'r dwyrain o'r gorllewin y pellhaodd ein pechodau oddi wrthym' (Salm 103:12).

Cyhoedda Pantycelyn wedyn, fel y cyhoeddodd sawl tro yn ei waith, nad oes enw arall yn dod yn agos at un Iesu Grist, yr addfwyn Oen; ef yn unig all gymryd ein heuogrwydd a'n bai, gan roi inni heddwch a'u cyfnewid am ei gyfiawnder a'i obaith ef ei hun. Gan hynny, gallwn ninnau ddatgan â llef uchel gyda'r 'myrdd myrddiynau' a'r 'miloedd ar filoedd' yn y nef: '"Teilwng yw'r Oen a laddwyd i dderbyn gallu, cyfoeth, doethineb a nerth, anrhydedd, gogoniant a mawl."' (Dat. 5:11–12). Nid gwneud y tro yn niffyg neb gwell mae Iesu Grist, ond mae'r Tad yn gwbl fodlon ynddo ac mae'n gwbl deilwng o bob clod, mawl, parch a bri, a'i eiddo ef ei hun yw'r 'enw mwyaf mawr erioed a glywyd sôn'.

GWEDDI

Dad nefol, rwy'n gweld yr addoliad sydd ar lafar ohonot ti a dy Fab, yr addfwyn Oen, ac yn diolch bod gen i ran yn barod yn y mawl yma ar y ddaear ac y caf barhau i roi clod a mawl a pharch a bri i ti byth bythoedd am fod lle wedi ei gadw i mi yn y nefoedd trwy waed yr Oen. Amen.

'Rwy'n dy garu, ti a'i gwyddost

Caneuon Ffydd: Rhif 315

'Rwy'n dy garu, ti a'i gwyddost,
  'rwy'n dy garu, f'Arglwydd mawr;
'rwy'n dy garu yn anwylach
  na'r gwrthrychau ar y llawr:
    darllen yma
  ar fy ysbryd waith dy law.

Fflam o dân o ganol nefoedd
  yw, ddisgynnodd yma i'r byd,
tân a lysg fy natur gyndyn,
  tân a leinw f'eang fryd:
    hwn ni ddiffydd
  tra parhao Duw mewn bod.

Ble'r enynnodd fy nymuniad?
  Ble cadd fy serchiadau dân?
Ble daeth hiraeth im am bethau
  fûm yn eu casáu o'r blaen?
    Iesu, Iesu,
  cwbwl ydyw gwaith dy law.

Dymuniadau pell eu hamcan
  'rwy'n eu teimlo yno'i 'nglŷn;
dacw'r ffynnon bur tarddasant -
  anfeidroldeb mawr ei hun:
    dyma 'ngobaith
  bellach byth y cânt barhau.

WILLIAM WILLIAMS, 1717–91

MYFYRDOD

Wrth fynegi ei deimladau a'i brofiadau ef ei hun yn ei emynau, y mae William Williams yn rhoi mynegiant i deimladau cymaint o'i gyd-Gymry a'i gyd-Fethodistiaid a oedd wedi profi gwres Diwygiad Mawr y ddeunawfed ganrif yng Nghymru.

Yn yr emyn hwn mae Pantycelyn yn ei gynnig ei hun yn agored i'w Arglwydd i 'ddarllen yma ar fy ysbryd waith dy law'. Nid cariad wedi ei goleddu a'i ymborthi ynddo'i hun sydd ganddo tuag at ei 'Arglwydd mawr', ond cariad sydd â'i darddiad yng Nghrist ei hun.

Cafodd yr emynydd ei fagu ar aelwyd Gristnogol a'i rieni yn gefn i achos Annibynnol Cefnarthen hyd nes i athrawiaeth Arminaidd gael ei dwyn i mewn i'r eglwys, a hwythau ac eraill yn gadael i sefydlu eu hachos eu hunain. Codwyd capel i'r achos hwnnw ar ran o dir Pantycelyn a roddwyd gan Dorothy, mam William Williams. Cafodd fanteision addysg hefyd yn academi Llwynllwyd a oedd yn enwog am ei haddysg yn y dyddiau hynny, ond nid hyn i gyd a'i cymhwysodd ar gyfer gwaith mawr ei fywyd: y pregethu, y cynghori, y llenydda a'r barddoni. Rhoddwyd ei ddoniau oll ar waith i'r un pwrpas o glodfori Iesu mawr wrth i'r 'fflam o dân' honno 'o ganol nefoedd' losgi ei 'natur gyndyn' a llenwi ei 'eang fryd'.

Dyma brofiad oedd yn gyffredin i gynifer o ddychweledigion y cyfnod hwn fel mai yn hawdd y gallent unieithu â phrofiad Williams ei hun, ac fe rydd fynegiant i syndod y profiad hwnnw yn y cwestiynau: 'Ble'r enynnodd fy nymuniad? Ble cadd fy serchiadau dân?' Daeth tröedigaeth Williams ar ryw fore Sul, mae'n debyg, yn ystod 1738 pan drechwyd ef gan ei chwilfrydedd ei hun a mynd i wrando ar Howel Harris, lleygwr cyffredin, yn pregethu ym mynwent Talgarth. Dyma beth na welwyd mo'i debyg cyn hyn, a heblaw hynny yr oedd yna sôn am effeithiau mawr a dieithr yn dilyn ei bregethu. Tua dwy flynedd oedd ers i Harris ddechrau pregethu'n agored fel hyn, ond mae'r bore arbennig hwnnw y bu wrthi ym mynwent Talgarth ger ei gartref yn Nhrefeca yn sicr yn un a gofnodwyd yn nyddlyfr y nef, gan mai dyna pryd y gwnaeth yr Ysbryd Glân ei waith mawr o aileni William Williams Pantycelyn. Mae Williams yn canu i'r bore hwnnw yn Nhalgarth yn ei farwnad i Harris: Dyma'r boreu, fyth mi gofia',

Clywais innau lais y nef;
Daliwyd fi wrth wŷs oddi uchod
Gan ei sŵn dychrynllyd ef ...

Cydnabod gwaith yr Ysbryd arno y diwrnod hwnnw ym 1738 ac oddi ar hynny y mae Williams drwy'r emyn hwn, felly, yr Ysbryd hwnnw sydd yn ein cymell yn reddfol i alw Duw yn Dad inni ac yn ein gwneud yn blant iddo ... trwy fabwysiad, ac yn yr Ysbryd yr ydym yn llefain, '"Abba! Dad"' (Rhuf. 8:15).

GWEDDI
Abba! Dad! Ti sy'n tanio fy serchiadau ac yn peri fy mod yn cael dy adnabod di fel Tad yn y sicrwydd hyfryd hwnnw iti fy mabwysiadu'n blentyn i ti dy hun trwy waith dy Ysbryd Glân. Er mwyn dy Fab. Amen.

Wele wrth y drws yn curo

Caneuon Ffydd: Rhif 317

Wele wrth y drws yn curo,
  Iesu, tegwch nef a llawr;
clyw ei lais ac agor iddo,
    paid ag oedi funud awr;
      agor iddo,
      mae ei ruddiau fel y wawr.

Parod yw i wneud ei gartref
  yn y galon euog, ddu
a'i phrydferthu â grasusau,
    gwerthfawr ddoniau'r nefoedd fry;
      agor iddo,
      anghymharol Iesu cu.

O mor felys fydd cael gwledda
  ar yr iachawdwriaeth rad,
wedi gadael byd o drallod,
    draw yn nhawel dŷ ein Tad;
      agor iddo,
      cynnig mae y nef yn rhad.

IEUAN O LEYN, 1814–93

MYFYRDOD

Ein cymell ni a wna Ieuan o Leyn yn ei emyn i agor y drws i'r un sy'n curo wrtho. Ceir y ddelwedd hon yn llyfr Datguddiad 3:20 lle mae Iesu'n ei gynnig ei hun i'r eglwys yn Laodicea ac yn cynnig dod i mewn atyn nhw i swpera ac i fwynhau'r gymdeithas agos honno sydd i'w chael pan fyddwn yn rhannu pryd wrth fwrdd bwyd. Mae'r darlun yn un cyfarwydd iawn inni ac yn un a gafodd ei boblogeiddio i raddau helaeth iawn hefyd gan yr arlunydd Holman Hunt a ddarluniodd yr adnod hon ar ganfas, darlun a gludwyd i bedwar ban byd i'w arddangos pan gafodd ei baentio

gyntaf ac mae'r darlun cyntaf hwnnw i'w weld heddiw yn eglwys
Sant Paul yn Llundain. Darluniodd Iesu fel goleuni'r byd yn curo ar
y drws gyda'i law dde a llusern yn ei law chwith yn goleuo'i wyneb
a'i wisg a'i goron frenhinol – nid coron o ddrain bellach, ond ei
goron euraid fel brenin nef. Gofynnodd cyfaill i'r artist iddo pam
nad oedd wedi gosod clicied neu fwlyn ar y drws yn y darlun, ac
atebodd yr artist mai bwriadol oedd hynny gan mai o'r tu fewn yn
unig oedd datgloi y drws; drws y galon ydoedd.

Efallai'n wir hefyd y clywn ni yn yr emyn hwn gan Ieuan o
Leyn, neu John Hughes, Wrecsam, o roi ei enw cyffredin iddo,
adlais o dipyn o'r 'hwyl' Gymreig yr eid iddi gan bregethwyr yn ein
gwlad slawer dydd, sef creu darlun manwl ar gyfer y gwrandawr ac
yna apelio ato a'i gymell yn daer. Mae sôn o hyd am Jiwbili Young,
pan oedd ar ymweliad â chapel y Bedyddwyr yn Licswm yn Sir y
Fflint, yn defnyddio'r darlun hwn o Iesu'n sefyll wrth y drws ac yn
curo, gan erfyn am dawelwch wedyn droeon i'w glywed yn curo.
Wedi iddo gymell y rhai oedd yno i godi ac i agor y drws fwy nag
unwaith, fe gododd un gŵr o'i sedd a mynd at ddrws y capel a'i
agor, gan lwyr gredu bod Iesu yno'n sefyll yn y cnawd megis, gan
mor fyw roedd Jiwbili Young wedi eu cymell nhw trwy ei ddarlun.

Mae'r cymhelliad yn un taer ac Iesu ei hun sy'n cynnig, yn
gyntaf i'w Eglwys, ond hefyd i bob un ohonom, ar inni godi ac
agor drws 'y galon euog, ddu' iddo a gadael iddo ef ei goleuo hi
'a'i phrydferthu â grasusau' y nefoedd ei hun.

GWEDDI

O Dad graslon, yr wyt yn cynnig popeth i mi, dim ond imi agor
drws fy nghalon i dy Fab Iesu, goleuni'r byd, sydd yn abl hefyd i
oleuo fy mywyd i'n gyfan. Diolch iti am dy amynedd gyda mi,
Iesu, nad wyt ti wedi fy rhoi heibio, ond yn parhau i sefyll wrth y
drws a churo. Helpa fi i ymateb i dy gynnig hael ac i fwynhau'r
wledd fawr sydd gennyt ti ar fy nghyfer wrth ddod i berthynas
fywiol â thi dy hun. Amen.

Wele'n sefyll rhwng y myrtwydd

Caneuon Ffydd: Rhif 319

Wele'n sefyll rhwng y myrtwydd
wrthrych teilwng o'm holl fryd,
er mai o ran yr wy'n adnabod
ei fod uwchlaw gwrthrychau'r byd:
henffych fore
y caf ei weled fel y mae.

Rhosyn Saron yw ei enw,
gwyn a gwridog, teg o bryd;
ar ddeng mil y mae'n rhagori
o wrthrychau penna'r byd:
ffrind pechadur,
dyma ei beilot ar y môr.

Beth sydd imi mwy a wnelwyf
ag eilunod gwael y llawr?
Tystio 'rwyf nad yw eu cwmni
i'w gystadlu â'm Iesu mawr:
O am aros
yn ei gariad ddyddiau f'oes.

ANN GRIFFITHS, 1776–1805

MYFYRDOD

Dwn i ddim beth yw eich darlun chi o berson duwiol? Ydych chi'n cysylltu y gair 'duwiol' â'r gair 'sych'? Efallai eich bod wedi meithrin y syniad mai person sydd yn peidio â gwneud llawer o bethau yw person duwiol: peidio priodi, peidio gwisgo dillad crand, peidio yfed, peidio rhegi, peidio smocio! Ond pethau allanol yw'r rheiny, pethau y gallwch chi eu mesur a rhoi eich hyd a'ch lled arnyn nhw.

Agwedd yw duwioldeb, ac fe welwn yr agwedd hon yn glir iawn yng ngwaith pobl fel Ann Griffiths, agwedd tuag at Dduw ei hunan. Nid yw a wnelo dim ag ymddangosiad allanol, oherwydd, fel y cofiwn yn hanes Dafydd, y bugail o fachgen a ddaeth yn frenin: 'Yr hyn sydd yn y golwg a wêl meidrolyn, ond y mae'r

Arglwydd yn gweld beth sydd yn y galon' (1 Sam. 16:7).

Mae person duwiol yn cymryd Duw o ddifrif, yn hoelio'i sylw arno ef ac ar neb arall, yn ymwybodol o bresenoldeb Duw yn ei fywyd ac yn dilyn ei arweiniad ym mhob peth gan fod yn gwbl ufudd iddo. Gall fod yn hen neu'n ifanc, yn gyfoethog neu'n dlawd, yn perthyn i ba bynnag hil neu liw neu ddiwylliant. Merch ifanc o Gymraes oedd Ann ac yn chwech ar hugain oed pan luniodd yr emyn hwn ym 1802, ond roedd ganddi eisoes 'wrthrych teilwng o'm *holl* fryd' yn Iesu Grist ei Harglwydd.

Cân i'r 'gwrthrych' teilwng hwn sydd yma. Sylweddola fel Paul yntau (1 Cor. 13:12, BWM) mai 'o ran' yn unig yr oedd hi'n ei adnabod, ond nid yw hynny'n ei rhwystro rhag rhoi ei holl fryd arno, gan ddisgwyl am y bore hyfryd hwnnw y caiff ei weld 'wyneb yn wyneb', neu fel yn ei geiriau ei hun:

henffych fore
y caf ei weled fel y mae.

Mae'r delweddau a geir o'i Harglwydd yn rhai cyfoethog ac ysgrythurol, wrth gwrs: y gŵr sy'n 'sefyll rhwng y myrtwydd' (Sech. 1:8); 'Rhosyn Saron' (Caniad Solomon 2:1); 'gwyn a gwridog' (Caniad Solomon 5:10). Rhyfedd yw gweld merch ifanc o berfedd Sir Drefaldwyn na welodd hi erioed fôr yn ei bywyd, mae'n debyg, yn sôn am 'beilot ar y môr', ond sôn y mae hi am y môr yn nhermau'r peilot neu'r capten, ac fe gofiwn, ymysg hanesion eraill, am Iesu yn dod at ei ddisgyblion gan 'gerdded ar y môr' (Mc. 6:48). Fe sylla'n ddyfal ac yn ddiflino ar yr Arglwydd yn ei wahanol ddelweddau ac mae Cristion sydd yn gwneud hynny, gan ymlonyddu o'i flaen, yn dod yn ddrych y gwelir tebygrwydd Iesu ynddo. Caiff delw'r gwrthrych ei argraffu ar y syllwr, ac wrth 'edrych, fel mewn drych, ar ogoniant yr Arglwydd [cawn] ein trawsffurfio o ogoniant i ogoniant, yn wir lun ohono ef' (2 Cor. 3:18).

Treuliodd Ann ei hamser yn helaeth yng nghwmni ei 'gwrthrych teilwng' mewn gweddi, a pho fwyaf y gwnawn ni hynny, tebyca'n y byd y down ni iddo. Nid ceisio duwioldeb a wnaeth, ond ceisio Duw, ei wasanaethu, rhyfeddu ato ac ymgolli ynddo wrth roi ei holl fryd arno.

GWEDDI

O Dad, maddau i mi fod cymaint o'm hamser yn cael ei dreulio yn ymgolli mewn pethau sydd yn cyfeirio fy sylw oddi wrthyt ti. Nid oes dim i 'gystadlu â'm Iesu mawr'. Helpa fi i 'aros yn ei gariad ddyddiau f'oes', syllu arno, a chael fy nhrawsffurfio wrth i ddelw Iesu ddisgyn arnaf. Yn ei enw ef. Amen.

Iesu, nid oes terfyn arnat

Caneuon Ffydd: Rhif 321

Iesu, nid oes terfyn arnat,
　　mae cyflawnder maith dy ras
yn fwy helaeth, yn fwy dwfwn
　　ganwaith nag yw 'mhechod cas:
　　　　fyth yn annwyl
　　meibion dynion mwy a'th gâr.

Mae angylion yn cael bywyd
　　yn dy ddwyfol nefol hedd,
ac yn sugno'u holl bleserau
　　oddi wrth olwg ar dy wedd;
　　　　byd o heddwch
　　yw cael aros yn dy ŵydd.

Ti faddeuaist fil o feiau
　　i'r pechadur gwaetha'i ryw;
Arglwydd, maddau eto i minnau –
　　ar faddeuant 'rwyf yn byw:
　　　　d'unig haeddiant
　　yw 'ngorfoledd i a'm grym.

WILLIAM WILLIAMS, 1717–91

MYFYRDOD

Oes yna fawr ryfedd bod William Williams wedi ei alw 'Y Pêr Ganiedydd', a bod cymaint o fri wedi bod ar ei emynau ers dros ddau gant a hanner o flynyddoedd bellach? Fe gafodd y fraint o fod yn ganiedydd i'w bobl ac fe gyfansoddodd filoedd o emynau, pob un ohonyn nhw'n canolbwyntio ar Iesu Grist. O ble cafodd y fath awen? Y fath storfa o drysor i'w rhannu â ni? Allwn ni ddim peidio â gweld ôl yr Ysbryd Glân ar waith yn ei emynau, yn codi Iesu Grist i fyny yn ei olwg ef ac yng ngolwg y rhai fu'n defnyddio'r emynau. Dyna waith yr Ysbryd Glân, nid dwyn sylw ato ef ei hun, nac at un dyn byw, ond at Iesu Grist ei hun: 'Iesu, nid oes terfyn arnat', meddai, nid oes neb all beri iddo dewi â sôn amdano. Gallai ef ddweud gyda'r apostol Paul: 'Oherwydd, i mi, Crist yw byw, ac elw yw marw' (Phil. 1:21).

Wedi rhoi mawl i'r un sydd â'i ras ganwaith yn fwy helaeth a dwfn 'nag yw 'mhechod cas' fe sonnir yn y pennill olaf amdano'n maddau mil o feiau 'i'r pechadur gwaetha'i ryw'. Nid oes fawr o ots am y cyfrif ble mae gras ein Harglwydd Iesu Grist o dan sylw. Gofynnodd Pedr unwaith i Iesu: '"Arglwydd, pa sawl gwaith y mae fy nghyfaill i bechu yn fy erbyn a minnau i faddau iddo? Ai hyd seithwaith?"' (Mth. 18:21) Byddai ffigwr felly yn profi gras unrhyw berson. Ond dydy Iesu ddim am inni roi terfynau ar ein maddeuant, ac fe grafwn ein pennau i geisio cofio ein tabl saith a swm saith gwaith saith deg, sef 490! Tipyn mwy na chynnig cyntaf Pedr! Cawn ddameg gan Iesu wedyn i egluro'r pwynt – dameg y gwas anfaddeugar, sy'n ehangu'n dealltwriaeth ni o faddeuant Duw yn fawr iawn. Dylai'r rhai sydd wedi derbyn maddeuant mor helaeth fod yn barod i estyn y maddeuant hwnnw i eraill hefyd. Mae bod yn anfaddeugar yn ein cau allan o freintiau Teyrnas Dduw. Cawn ein hannog yng Ngweddi'r Arglwydd (Mathew 6) i fod 'wedi maddau i'r rhai a droseddodd yn ein herbyn' cyn y gallwn ni ofyn i Dduw faddau i ni. Mae maddeuant i fod yn rhan hanfodol o'n bywyd, 'ar faddeuant 'rwyf yn byw', meddai Williams, ac mae'r maddeuant hwnnw yr un mor hanfodol â'n bara beunyddiol i ni. Efallai fod gennym bob hawl i ddal dig yn erbyn rhywun ac i'w gasáu, ond os ydym am fod yn ddinasyddion Teyrnas Nef ac am weld Duw ar waith yn ein bywydau ni, a'i rym yn llifo trwom, yna mae hi'n gwbl hanfodol ein bod yn maddau am mai 'ar faddeuant 'rwyf yn byw'.

GWEDDI

O Dad graslon a maddeugar, diolch iti am faddau 'mhechodau. Diolch iti am Iesu sy'n cynnig dy faddeuant inni oherwydd ei aberth dros bechod ar y groes. Helpa fi i sylweddoli'r pris a delaist ti am y maddeuant hwn i mi a helpa fi i beidio â dal fy maddeuant i yn ôl rhag unrhyw un sydd wedi troseddu i'm herbyn, ond i'w gynnig yn hael a derbyn wedyn o'th faddeuant di dy hun. Yn enw Iesu Grist. Amen.

Y Gŵr wrth Ffynnon Jacob

Caneuon Ffydd: Rhif 328

Y Gŵr wrth Ffynnon Jacob
eisteddodd gynt i lawr,
tramwyodd drwy Samaria,
tramwyed yma nawr;
'roedd syched arno yno
am gael eu hachub hwy,
mae syched arno eto
am achub llawer mwy.

Mwy, mwy,
am achub llawer mwy,
mae syched arno eto
am achub llawer mwy.

THOMAS WILLIAM, 1761–1844

MYFYRDOD

Daeth yr emyn hwn o eiddo Thomas William, Bethesda'r Fro, i fri ymhen blynyddoedd lawer ar ôl ei gyfansoddi, sef yn ystod Diwygiad 1904–05. Dywedir mai Elfed oedd yn gyfrifol am ei gyflwyno i oedfaon y Diwygiad, ac yn wir fe gyfansoddodd ef bennill arall ar batrwm emyn Thomas William i gael ei ganu gydag ef, er mai sefyll ar ei ben ei hun a wna bellach yn *Caneuon Ffydd*.

Dweud hanes Iesu, fel y'i ceir yn Ioan pennod 4, yn teithio drwy Samaria ar ei ffordd yn ôl i Galilea, mae'r emyn, ond mae'r hanes yn un cyfoethog iawn a'r cyfarfyddiad gyda'r wraig o Samaria ger ffynnon Jacob yn ddarlun godidog inni o sut i dorri trwy ragdybiaethau a chrefyddoldeb pobl a chyflwyno'r Efengyl iddynt yn ei phurdeb. Bwriad Iesu o'r cychwyn un yn ei gyfarfod gyda'r wraig yw ei harwain at y 'dŵr bywiol' a geir yn unig ganddo ef. Achub sydd ar ei agenda, ac mae Thomas William wedi crynhoi bwriad Crist yn odidog yn ei linell: ''roedd syched arno yno am gael eu hachub hwy'.

Ond er mai un bwriad oedd gan Iesu wrth siarad â'r wraig, y mae'n dangos amynedd rhyfeddol gyda hi ac yn rhoi cyfle iddi hi i ddweud ei stori ei hun ac i godi ei chwestiynau. Mae'n ei ddangos ei hun yn gwbl ddiduedd hefyd yn ei barodrwydd i siarad â gwraig i gychwyn, heb sôn am wraig sy'n dod o Samaria, lle'r oedd yna gymaint o elyniaeth a chasineb wedi bod rhwng trigolion y wlad honno a'r Iddewon ar hyd y canrifoedd. Doedd arno ddim cywilydd chwaith ofyn iddi hi am gymwynas. Ond gwrthododd fynd i ddadlau â hi pan ofynnodd pa fynydd oedd yr un iawn i fod yn addoli arno, eu mynydd hwy yn Gerisim neu yn Jerwsalem. Nid oes neb yn cael ei ennill i Grist trwy ddadlau, a thorrodd Iesu ar draws ei dadleuon trwy sôn yn syml am wir addoliad sydd yn torri ar draws pob crefyddoldeb ac yn sefydlu perthynas fywiol rhyngom a Duw ei hun – 'addoli mewn ysbryd a gwirionedd', nid mewn man penodol ac arbennig.

Gwelodd gyflwr y wraig fel ag yr oedd hi, gwelodd drwy bob rhwystr a llen yr oedd hi'n ceisio eu gosod rhyngddi hi ei hun ac ef, a phan edrychodd hithau yn ei lygaid fe welodd gariad a thrugaredd tuag ati er gwaethaf ei phechodau. Roedd Iesu'n barod i'w chanmol am geisio iachawdwriaeth drwy'r dŵr bywiol yr oedd ef yn ei gynnig iddi hi ac fe'i defnyddiwyd hi wedyn gan Dduw i godi chwilfrydedd ynddo ef, a ymledodd fel tân gwyllt ymysg pobl yr ardal. Efallai nad oedd y disgyblion yn hapus iawn gyda'r sefyllfa pan welson nhw fod Iesu wedi siarad â'r wraig, ond mae'n eu hannog i godi eu llygaid 'ac edrychwch ar y meysydd, oherwydd y maent yn wyn ac yn barod i'w cynaeafu' (Ioan 4:35). Yng ngeiriau Thomas William, 'mae syched arno eto am achub llawer mwy', pwy bynnag ydyn nhw a chyda pha ddull a modd bynnag y gwêl yn dda eu defnyddio er mwyn gweld pobl yn drachtio o ffynnon y dŵr bywiol ynddo ef ei hun ac yn addoli mewn ysbryd a gwirionedd.

GWEDDI

O Arglwydd da, rho i mi beth i'w yfed o ffynnon y dŵr bywiol, a gad imi ddrachtio'n ddwfn ohoni a chymell eraill trwy pa bynnag ddull yr wyt ti'n ei agor imi i ddod i ddrachtio hefyd. Er mwyn Iesu. Amen.

Pa le, pa fodd dechreuaf

Caneuon Ffydd: Rhif 331

Pa le, pa fodd dechreuaf
foliannu'r Iesu mawr?
Olrheinio'i ras ni fedraf,
mae'n llenwi nef a llawr:
anfeidrol ydyw'r Ceidwad,
a'i holl drysorau'n llawn;
diderfyn yw ei gariad,
difesur yw ei ddawn.

Trugaredd a gwirionedd
yng Nghrist sy nawr yn un,
cyfiawnder a thangnefedd
ynghyd am gadw dyn:
am Grist a'i ddioddefiadau,
rhinweddau marwol glwy',
y seinir pêr ganiadau
i dragwyddoldeb mwy.

O diolch am Gyfryngwr,
Gwaredwr cryf i'r gwan;
O am gael ei adnabod,
fy Mhriod i a'm rhan,
fy ngwisgo â'i gyfiawnder
yn hardd gerbron y Tad,
a derbyn o'i gyflawnder
wrth deithio'r anial wlad.

ROGER EDWARDS, 1811–86

MYFYRDOD

'Diolch am gyfryngwr' yw testun yr emyn hwn yn hen lyfr y
Methodistiaid, ac mae ein diolch ninnau'n fawr hefyd i Roger
Edwards am ei waith ynglŷn â'n hemynyddiaeth yng Nghymru.
Mewn cyfnod pan oedd eraill yn ddigon bodlon ar gasgliad Robert
Jones, Rhos Lan, o emynau *Grawn-Syppiau Canaan*, fe aeth Roger
Edwards ati ar ei liwt ei hun, yn ŵr ifanc naw ar hugain oed, i
gyhoeddi ei gasgliad ei hun o emynau: *Y Salmydd Cymreig*, a
dyfodd erbyn 1849 i gynnwys 883 o emynau a 150 o salmau cân –
dyna fwy na'n *Caneuon Ffydd* presennol hyd yn oed. Detholodd
50 o emynau o'i waith ei hun ar gyfer ei gasgliad. Ceir tri ohonynt
yn *Caneuon Ffydd* a dichon mai'r uchod yw'r mwyaf cyfarwydd
ohonyn nhw.

Ond mae'r hanes am awydd angerddol Roger Edwards i hyrwyddo'n hemynyddiaeth Gymreig yn dangos inni ei awydd mwy angerddol fyth i 'foliannu'r Iesu mawr'. Er casglu cymaint o emynau a chaneuon ysbrydol, megis dechrau mae'r moliant iddo. Nid oes dichon 'olrheinio'i ras', am ei fod yn 'llenwi nef a llawr'. Mae'r ansoddeiriau a ddefnyddia Roger Edwards yn dangos inni nad ydym ni – sydd yn byw ym myd y terfynau lle mae amser yn rheoli pob dim – ond wedi cael cip ar y Ceidwad hwn sy'n anfeidrol, yn ddiderfyn, yn ddifesur, ac y bydd seinio 'pêr ganiadau' iddo 'i dragwyddoldeb mwy'.

Mae amlder y teitlau sydd gan yr emynydd am Iesu Grist: Ceidwad, Cyfryngwr, Gwaredwr, Priod, hefyd yn rhoi inni ddarlun o ehangder Crist a mawredd ei ogoniant. Dyma'r Un sydd yn gallu'n dwyn ninnau o fyd y terfynau gydag ef a rhoi inni fywyd yn ei holl gyflawnder, yn dechrau yma nawr ac yn para i dragwyddoldeb (Ioan 10:10).

Fe wna Roger Edwards hyn trwy roi inni ei gyfiawnder ei hun, yr hyn sy'n ein gwneud ni'n 'iawn' gerbron Duw. Defnyddia ddelwedd Eseia pan sonia am: 'fy ngwisgo â'i gyfiawnder yn hardd gerbron y Tad'. 'Taenodd fantell cyfiawnder drosof,' medd Eseia (61:10), am y rheswm nad ydy'n cyfiawnder ni ein hunain ond 'fel clytiau budron', (Eseia 64:6). Diolchir yma am y wisg hardd sy'n cuddio ein hanghyfiawnder a'n pechod ni ein hunain. Iesu yw'r unig un all wneud hyn, a'i gyfiawnder ef yn unig all ein cymodi ni â Thad mor gyfiawn a chywir ei farnau (Salm 119:137) ag sydd gennym ni. Mae 'cyfiawnder a barn yn sylfaen i'w orsedd' (Salm 97:2) ac mae am i ninnau fod yn debyg iddo yn yr hyn oll a wnawn ni ac yn ein perthynas â phobl eraill. Pan blygwn ni mewn edifeirwch a derbyn ei drugaredd fe gawn godi wedi ein 'gwisgo â'i gyfiawnder', yn iawn, yn hardd ac yn dderbyniol gerbron y Tad; dyna pryd y gallwn ni ddod yn iawn efo eraill hefyd, o fod yn iawn efo Duw am mai 'yr Arglwydd yw ein cyfiawnder' (Jer. 23:6).

GWEDDI

O Dad, sut gallaf fi byth ddiolch digon iti am fy nwyn i berthynas â thi dy hun, am ein dwyn ni'n ôl yn ffrindiau ac am gymodi rhyngom ni yn dy Fab. Diolch nad yn fy nillad fy hun rydw i'n sefyll o dy flaen di bellach, ond yng ngwisg hardd cyfiawnder Iesu Grist. Yn enw Iesu Grist y cyfiawn. Amen.

Dyma babell y cyfarfod

Caneuon Ffydd: Rhif 338

Dyma babell y cyfarfod,
  dyma gymod yn y gwaed,
dyma noddfa i lofruddion,
  dyma i gleifion feddyg rhad;
dyma fan yn ymyl Duwdod
  i bechadur wneud ei nyth,
a chyfiawnder pur y nefoedd
  yn siriol wenu arno byth.

Pechadur aflan yw fy enw,
  o ba rai y penna'n fyw;
rhyfeddaf fyth, fe drefnwyd pabell
  im gael yn dawel gwrdd â Duw:
yno mae, yn llond ei gyfraith,
  i'r troseddwyr yn rhoi gwledd;
Duw a dyn yn gweiddi, "Digon"
  yn yr Iesu, 'r aberth hedd.

Myfi anturiaf yno'n eon,
  teyrnwialen aur sydd yn ei law
wedi ei hestyn at bechadur,
  llwyr dderbynnir pawb a ddaw;
af ymlaen dan weiddi, "Pechais",
  af a syrthiaf wrth ei draed,
am faddeuant, am fy ngolchi,
  am fy nghannu yn ei waed.

ANN GRIFFITHS, 1776–1805

MYFYRDOD

Am y berthynas wefreiddiol o agos honno oedd gan Ann Griffiths
â'i Harglwydd y mae llawer o'i hemynau'n sôn, ac nid yw hwn yn
eithriad. Perthynas mor eithriadol o ddwys yn wir, fel bod awgrym
fod Thomas Charles yn ofni ei fod mor ddwys nes iddo amau a
fedrai hi ei ddal. Yn achos Ann fe lwyddwyd gyda disgleirdeb i
gyfeirio'r profiad hwn i mewn i emynau o fawl. A hithau'n ferch
alluog eithriadol, fe ddarllenai bopeth oedd ar gael iddi, gan
gymryd cymhelliad y Salm gyntaf i 'fyfyrio yn ei gyfraith ef ddydd
a nos' a meistroli ei Beibl yn drwyadl, gan adael i'r Gair a brofai hi
yno ei meistroli hithau'n drwyadl hefyd.

Fel yn emyn 192 – 'Mae'r Duw anfeidrol mewn trugaredd',

ceir yma hefyd gyfeirio at ddelwedd pabell y cyfarfod. Dyma'r babell a osododd Moses y tu allan i wersyll yr Hebreaid ac y byddai'n mynd yno ar ei ben ei hun i geisio cyngor ac arweiniad Duw, a Duw yn disgyn i fod gydag ef yno. Pan fyddai Moses yn mynd i mewn i'r babell, byddai colofn o gwmwl yn disgyn ac yn aros wrth y drws, a byddai'r Arglwydd yn siarad â Moses' (Ex. 33:9). Yr agosrwydd hwn a brofai Moses pan siaradai Duw ag ef wyneb yn wyneb, neu 'fel y bydd rhywun yn siarad â'i gyfaill' (adn.11), y mae Ann hefyd yn ei fwynhau, a dyna pam bod y ddelwedd hon mor bwysig ganddi.

Fe wêl Ann holl ffrydiau'r Hen Destament yn cyfeirio'u hunain at Iesu Grist a holl ffrydiau'r Testament Newydd yn llifo ohono Ef. Ef bellach yw ein 'pabell y cyfarfod' oherwydd ei 'gymod yn y gwaed', ac mae'r un berthynas ag a brofai Moses â Duw yn agored inni i gyd. Dyma destun rhyfeddod i Ann: 'rhyfeddaf fyth, fe drefnwyd pabell'. Ef hefyd yw'r 'noddfa i lofruddion' sydd yn ein cyfeirio at y ddarpariaeth arbennig honno a wnaeth Duw ar gyfer ei bobl wrth feddiannu gwlad Canaan, sef penodi chwech o drefi'r wlad yn ddinasoedd noddfa (Num. 35:6), er mwyn i lofruddion gael dianc a llochesu ynddyn nhw. Gallwn bellach lochesu yng Nghrist er gwaethaf ein troseddau.

Ceir cyfeiriad at y 'teyrnwialen aur' yn y trydydd pennill, a'r pennill olaf yn ein detholiad ni yma, sydd yn mynd â ni at hanes y Frenhines Esther, ac at ei dewrder hi yn mentro llefaru wrth y brenin er gwaethaf y gosb a gariai hynny pe byddai'r brenin wedi dewis peidio ag estyn ei deyrnwialen aur (Esther 5:2). Dangos gras y brenin oedd y deyrnwialen, ac mae hon bellach yn llaw Duw ac yn cael ei 'hestyn at bechadur' oherwydd aberth Crist. Teipoleg yw'r enw ar y math yma o gyfeiriadaeth, ac mae Ann yn gweld y teipiau neu'r cysgodion i Iesu yn amlwg iawn yn yr Hen Destament ac yn eu defnyddio'n llawn yn ei gwaith.

GWEDDI

O Dad, diolchwn iti fod dy Air yn ein cyfeirio at Grist, oherwydd mai ef yw'r 'Gair a wnaethpwyd yn gnawd'. Diolchwn iti am agosrwydd y berthynas y gallwn ni i gyd ei mwynhau â thi dy hun 'yn yr Iesu,'r aberth hedd'. Amen.

Gwyn a gwridog, hawddgar iawn

Caneuon Ffydd: Rhif 358

Gwyn a gwridog, hawddgar iawn,
yw f'Anwylyd;
doniau'r nef sydd ynddo'n llawn,
peraidd, hyfryd:
daear faith nac uchder nef
byth ni ffeindia
arall tebyg iddo ef:
Halelwia!

Ynddo'i hunan y mae'n llawn
bob trysorau:
dwyfol, berffaith, werthfawr Iawn
am fy meiau;
gwir ddoethineb, hedd a gras
gwerthfawroca',
nerth i hollol gario'r maes:
Halelwia!

Dyma sylfaen gadarn, gref
drwy fy mywyd;
credu, ac edrych arno ef,
yw fy ngwynfyd;
ynddo bellach drwy bob pla
y gobeithia';
ac mewn rhyfel canu wna':
Halelwia!

WILLIAM WILLIAMS, 1717–91

MYFYRDOD

Bu William Williams, fel Ann Griffiths (rhif 319), hefyd yn pori yng Nghaniad Solomon ac yn sylwi ar yr un sydd yno yn 'anwylyd' a 'gwyn a gwridog' (Can. 5:10 BWM). Cyfeirio y maent ill dau at Grist, yr hwn sydd yn anwylyd i'w bobl, sef ei Eglwys yn gyfan. Ond nid yn unig y mae Crist yn 'anwylyd' ei bobl, mae hefyd yn 'anwylyd' Duw.

Pan fedyddiwyd Iesu yn afon Iorddonen ar ddechrau ei weinidogaeth, fe edrychodd y Tad i lawr o'r nef a datgan, '"Hwn yw fy Mab, yr Anwylyd; ynddo ef yr wyf yn ymhyfrydu"' (Mth. 3:17). Ailadroddodd ef yr union eiriau hyn pan oedd Iesu ar fynydd y gweddnewidiad (Mth. 17:5). Roedd Duw wedi ei blesio cymaint yn ei annwyl Fab nes iddo ddatgan hynny wrth y byd.

Y newyddion da i ni ydy fod Duw, nid yn unig wedi ei blesio yn ei Anwylyd, ond ein bod ninnau 'yn gymeradwy yn yr Anwylyd' hefyd (Eff. 1:6, BWM). Ydych chi'n cofio sut daru chi deimlo'r tro diwethaf i rywun ddweud rhywbeth cadarnhaol wrthych a'ch canmol yng ngŵydd eraill? Mae'r angen am dderbyniad yn bodoli'n ddwfn iawn oddi fewn inni, ac nid oes neb a all gynnig y derbyniad llawn yma inni yn fwy na Duw ei hun.

Yr ydym yn gymeradwy oherwydd bod Iesu yn gymeradwy. 'Doniau'r nef sydd ynddo'n llawn,' meddai Williams wedyn, ond 'daeth y Gair yn gnawd a phreswylio yn ein plith, yn llawn gras a gwirionedd' (Ioan 1:14), ac fe rannodd o'r llawnder hwnnw gyda ninnau. Rhoddwyd inni 'bob bendith ysbrydol yn y nefoedd', oherwydd ein bod 'yng Nghrist' (Eff. 1:3, BWM). Sonia'r bennod honno o Effesiaid am y bendithion o gael ein dewis, ein mabwysiadu, a'n derbyn 'yng Nghrist'.

> Ynddo'i hunan y mae'n llawn
>   bob tysorau:
> dwyfol, berffaith, werthfawr Iawn
>   am fy meiau.

Dyma addewid sydd yn llawn anogaeth a chadarnhad mewn byd sydd yn chwilio'n barhaus am dderbyniad a chariad. Mor dda yw gwybod nad oes dim yr ydym wedi ei wneud nac y gallem ei wneud, a all newid ein sefyllfa o dderbyniad llawn yng Nghrist. Er, efallai bod eraill yn ei chael hi'n anodd derbyn rhai pethau amdanom, ac efallai ein bod yn ei chael hi'n anodd derbyn rhai pethau amdanom ein hunain, dylem roi'r gorau i ddifrïo ein hunain a chredu'r addewid ein bod 'yn gymeradwy yn yr Anwylyd'. Does dim rhaid inni ymdrechu am gadarnhad gan eraill, mae gwên derbyniad Duw arnom, ac ni fydd ei gariad tuag atom yn fwy nac yn llai yn y dyfodol na'r hyn yw ar hyn o bryd:

> credu, ac edrych arno ef,
> yw fy ngwynfyd.

GWEDDI

O Dad, am rannu pob bendith ysbrydol gyda mi yng Nghrist rwy'n fythol ddiolchgar. Pâr imi chwilio am gadarnhad a derbyniad llawn yn neb ond Iesu ei hun. Cymaint mwy sydd ganddo ar fy nghyfer o gredu a gobeithio ynddo. 'Canu wna': Halelwia.' Amen.

Un a gefais imi'n gyfaill

Caneuon Ffydd: Rhif 368

Un a gefais imi'n gyfaill,
pwy fel efe!
Hwn a gâr yn fwy nag eraill,
pwy fel efe!
Cyfnewidiol ydyw dynion
a siomedig yw cyfeillion;
hwn a bery byth yn ffyddlon,
pwy fel efe!

F'enaid, glŷn wrth Grist mewn cyni,
pwy fel efe!
Ffyddlon yw ymhob caledi,
pwy fel efe!
Os yw pechod yn dy ddrysu,
anghrediniaeth am dy lethu,
hwn a ddichon dy waredu,
pwy fel efe!

Dy gamweddau a ddilea,
pwy fel efe!
Dy elynion oll, fe'u maedda,
pwy fel efe!
Cei bob bendith iti'n feddiant,
hedd a chariad a'th ddilynant,
Crist a'th arwain i ogoniant,
pwy fel efe!

MARIANNE NUNN, 1778–1847
efel. PEDR FARDD, 1775–1845

MYFYRDOD

'Cyfnewidiol ydyw dynion', meddem yn aml pan fydd rhywun yn torri addewid neu'n mynd yn ôl ar ei air. Pedr Fardd sy'n ei ddweud gyntaf yma yn Gymraeg. 'A siomedig yw cyfeillion,' meddai Pedr Fardd yn y rhydd gyfieithiad hwn o emyn Marianne Nunn, sydd ynddo'i hun yn efelychiad o emyn cynharach John Newton. Rydym i gyd yn gallu cydymdeimlo â'r emynwyr yma sydd wedi sôn am bobl annibynadwy! Yr ydym yn adnabod rhai ein hunain; yn wir, faint mor ddibynadwy ydym ni pan fydd pobl eraill ein hangen?

Ond cyn cael gwybod am ffaeleddau'r hil ddynol, fe gawn ein cyflwyno yma i gyfaill nad oes mo'i gymar. 'Pwy fel efe!' yw'r byrdwn drwy'r penillion ac, er ein bod yn amau'n gryf ein bod yn gwybod pwy yw'r cyfaill hwn, ni chawn ein cyflwyno iddo wrth ei enw tan y pennill olaf un: 'Crist a'th arwain i ogoniant, pwy fel efe!' Diolchwn nad ydy Duw yr un fath â chi a fi, yn chwannog i newid ei feddwl, yn annibynadwy, yn ein hesgeuluso ac yn anghofio amdanom. Mae Duw yn ffyddlon ac yn gwbl gyfiawn yn ei ymwneud â ni. Mae'r gair Hebraeg am gyfiawnder, *Tsidkenu*, yn golygu bod yn union, yn gywir, yn onest, yn anrhydeddus ac yn wir i'n gair. Un felly ydy Duw, ac mae'r Ysgrythur yn datgan, 'Nid yw Duw fel meidrolyn yn dweud celwydd, neu fod meidrol yn edifarhau. Oni wna yr hyn a addawodd, a chyflawni'r hyn a ddywedodd?' (Num. 23:19). Mae'n datguddio ei gyfiawnder inni trwy gywirdeb perffaith ei gymeriad a'i weithredoedd. Annigonol iawn ac amherffaith yw'n cyfiawnder ni o'i gymharu â Duw bob tro, oherwydd hunan-gyfiawnder ydyw hyd yn oed ar ei orau, yn llawn balchder a'r 'Fi fawr'. 'Nid oes neb cyfiawn, nac oes un', meddai Paul wrth y Rhufeiniaid (Rhuf. 3:10).Wyneb yn wyneb â chyfiawnder Duw, ni chawn ni ond ymwybyddiaeth o'n pechod ein hunain yn ein drysu, ein crwydriadau a'n diffyg uniondeb. Ond, a ninnau yn haeddu ein cosbi, cysur yw gwybod bod Duw yn llysoedd y nefoedd wedi rhoi ei gyfiawnder ei hun i ni yn Iesu Grist, yn lle'r gosb a haeddem – 'hwn a ddichon dy waredu'. Fe dalodd Crist y pris am ein hanwireddau ni ar y groes – 'pwy fel efe!'

O roi Iesu yng nghanol ein perthynas ni gyda phobl eraill, a bod felly yn gywir gydag eraill, fe welwn ein bywydau yn gweithredu yn fwy effeithiol. Ni chaiff eraill ein galw'n gyfnewidiol a chymryd eu siomi ynom ni, oherwydd yr ydym yn cael ein gwneud yn gyfiawn yn Iesu Grist. Pan blygwn ni i lawr yn edifeiriol am ein diffygion a'n camweddau fe dderbyniwn ei drugaredd a'i gyfiawnder drosom ni ac fe gawn ein cymodi â'r rhai a siomwn, a chael 'pob bendith iti'n feddiant'.

GWEDDI

O Dad trugarog, llawn gras a maddeuant, fe roddaist ti Iesu imi'n gyfaill i'm caru a'm gwaredu. Helpa fi i fod 'fel efe', yn ffyddlon ac yn gywir ym mhob peth. Dyro gyfiawnder Iesu Grist imi yn fy mherthynas gyda thi a chydag eraill hefyd. Er mwyn Crist. Amen.

O tyred i'n gwaredu, Iesu da

Caneuon Ffydd: Rhif 375

O tyred i'n gwaredu, Iesu da,
    fel cynt y daethost ar dy newydd wedd,
a'r drysau 'nghau, at rai dan ofnus bla,
    a'u cadarnhau â nerthol air dy hedd:
llefara dy dangnefedd yma nawr
a dangos inni greithiau d'aberth mawr.

Yn d'aberth di mae'n gobaith ni o hyd,
    ni ddaw o'r ddaear ond llonyddwch brau;
o hen gaethiwed barn rhyfeloedd byd
    hiraethwn am y cymod sy'n rhyddhau:
tydi, Gyfryngwr byw rhwng Duw a dyn,
rho yn ein calon ras i fyw'n gytûn.

Cyd-fyw'n gytûn fel brodyr fyddo'n rhan,
    a'th gariad yn ein cynnal drwy ein hoes;
na foed i'r arfog cry' orthrymu'r gwan,
    ac na bo grym i ni ond grym y groes:
rhag gwae y dilyw tân, O trugarha
a thyred i'n gwaredu, Iesu da.

JOHN ROBERTS, 1910–84

MYFYRDOD

"Tangnefedd i chwi!" dywedodd Iesu wrth y disgyblion hynny oedd wedi hel at ei gilydd oherwydd bod ofn arnyn nhw beth oedd yn mynd i ddigwydd ar ôl i Iesu gael ei groeshoelio. Dweud ar gân yr hanes hwnnw, fel y'i ceir yn Ioan 20, mae John Roberts yn ei emyn, gan ofyn i Iesu ddod eto i'n plith i'n gwaredu ac i lefaru ei 'dangnefedd yma'n awr'.

    Er mwyn derbyn y 'tangnefedd' hwn gyda Duw trwy Iesu Grist, mae'n rhaid inni yn gyntaf sylweddoli bod arnom ni angen rhywun i'n gwaredu, ond ein gwaredu rhag beth yw'r cwestiwn.

Sonia'r Beibl fod angen ein gwaredu rhagom ein hunain: '"Y mae'r galon yn fwy ei thwyll na dim, a thu hwnt i iachâd; pwy sy'n ei deall hi?"' (Jer. 17:9), a gofidiai Eseia wedyn: "Rydym ni i gyd wedi crwydro fel defaid, pob un yn troi i'w ffordd ei hun' (Eseia 53:6). Sonia Paul wedyn yn y Testament Newydd ein bod i gyd yn ddiwahaniaeth wedi syrthio yn brin o gyrraedd safonau Duw (Rhuf. 3:23) ac nad oes dim y gallwn ni ei wneud ohonom ein hunain ynglŷn â hynny.

'Yn d'aberth di mae'n gobaith ni o hyd', meddai John Roberts, oherwydd 'rhoes yr Arglwydd arno ef ein beiau ni i gyd.' (Eseia 53:6) Fe ddarparwyd gwaredigaeth i ni i gyd gan Iesu; nid yw cyflwr dyn yn gwella ohono'i hun ac yr ydym yn dal o dan 'hen gaethiwed barn rhyfeloedd byd'. Roedd angen un o'r tu allan i'n gwared ni, rhywun a allai ddod atom er bod y drysau ynghau, a'n dwyn ni yn ôl i berthynas â Duw. 'Oherwydd dioddefodd Crist yntau un waith am byth dros bechodau, y cyfiawn dros yr anghyfiawn, i'ch dwyn chwi at Dduw' (1 Pedr 3:18).

Wedi derbyn ei waredigaeth, gallwn ddisgwyl gyda'r emynydd i'w gariad 'ein cynnal drwy ein hoes', oherwydd y mae'n abl i'n gwaredu ac i'n cynnal: 'Y mae'r Arglwydd yn medru gwaredu'r duwiol o'u treialon' (2 Pedr 2:9). 'Rhag pwy yr ofnaf?' dywed y Salmydd (Salm 27:1); nid oes 'ofnus bla' i fod iddo ef nac i'r disgyblion wedyn chwaith a gafodd eu nerthu gan yr Ysbryd Glân i ddisgwyl am bethau mawr ar ddydd y Pentecost. W. E. Sangster sy'n sôn amdanyn nhw fel disgyblion yn cael eu troi o fod fel cwningod ofnus yn cuddio yn eu tyllau eu hunain i fod yn ffuredau beiddgar yn mynd allan i ddal eraill ar ôl i'r Ysbryd Glân yma ddod arnyn nhw.

GWEDDI

O tyred i'n gwaredu, Iesu da, wrth i ninnau sylweddoli ein hangen am dy waredigaeth di ac nad oes modd inni ein gwared ein hunain. Gwared ninnau o'n hofnus bla a helpa ninnau i ddatgan gyda'r Salmydd: 'Yr Arglwydd yw fy ngoleuni a'm gwaredigaeth, rhag pwy yr ofnaf?' Amen.

Sicrwydd bendigaid! Iesu yn rhan

Caneuon Ffydd: Rhif 396

Sicrwydd bendigaid! Iesu yn rhan,
hyn ydyw ernes nef yn y man;
aer iachawdwriaeth, pryniant a wnaed,
ganed o'r Ysbryd, golchwyd â'i waed.

Dyma fy stori, dyma fy nghân,
canmol fy Ngheidwad hawddgar a glân;
dyma fy stori, dyma fy nghân,
canmol fy Ngheidwad hawddgar a glân.

Ildio'n ddiamod, perffaith fwynhad,
profi llawenydd nefol ryddhad;
engyl yn disgyn, dygant i'm clyw
adlais trugaredd, cariad fy Nuw.

Ildio'n ddiamod, dyma fy hedd,
allwedd fy nghysur, Iesu a'i medd;
aros a disgwyl, disgwyl bob dydd,
llonni yng nghariad Arglwydd y ffydd.

FRANCES J. VAN ALSTYNE, 1820–1915
cyf. GWILYM R. TILSLEY, 1911–97

MYFYRDOD

'Does yna ddim sicrwydd i'w gael y dyddiau yma' yw'r gri o'r
gweithle, gyda phobl yn methu â chynllunio fawr ddim yn yr hir
dymor. Mae popeth mor gyfnewidiol yn ein cymdeithas bellach, a'r
unig beth sydd yn aros yr un fath, meddai un sylwedydd craff, ydy
newid ei hun.

Byddai rhai yn dweud hefyd na ellir bod yn rhy sicr ynglŷn
â'n hiachawdwriaeth chwaith, ac mai ymhonnus yw hawlio bod
gennym unrhyw sicrwydd ysbrydol. Gallwch ddweud: 'rydw i yn y
broses o gael fy achub', neu 'rydw i'n trio cael fy achub', neu
'rydw i'n gobeithio cael fy achub', ond nid 'rydw i wedi cael fy
achub'!

Mae'r cwestiwn, a oes sicrwydd iachawdwriaeth i'w gael tra'n bod ni'n dal yma ar y ddaear, yn gwestiwn sydd yn llawer iawn dyfnach na dadl academaidd neu ddiwinyddol yn unig, ac yn cyffwrdd â gwraidd ein profiad ysbrydol. Yn wir, mae'r cwestiwn yn un mor ddwfn nes ei fod yn penderfynu a allwn ni edrych arnom ein hunain fel Cristnogion yn ystyr y Testament Newydd o gwbl.

Ond fe ddywed Iesu Grist ei hun mai dyma un o'r ychydig bethau y gallwn ni fod yn sicr ohonyn nhw yr ochr yma i'r nefoedd: 'Pwy bynnag sy'n credu yn y Mab, y mae bywyd tragwyddol ganddo' (Ioan 3:36). Pe na byddai Iesu wedi dweud dim arall ar y mater, yna byddai hynny yn ddigon ar ein cyfer. Mae'r 'y mae . . . ganddo' yn amlwg ddigon yn y presennol, ac ar gael nawr.

Fel hyn y dywedodd y diwygiwr a'r efengylydd Americanaidd D. L. Moody, pan soniodd rhywun wrtho mai peth ymhonnus oedd dweud ei fod yn gadwedig: 'Rydw i'n meddwl ei bod hi'n fwy ymhonnus o lawer i unrhyw un sydd yn honni credu yng Nghrist beidio â dweud eu bod nhw'n gadwedig pan mae'r Meistr ei hun yn datgan, "'Yn wir, yn wir, rwy'n dweud wrthych, y mae gan y sawl sy'n credu fywyd tragwyddol."' A dyna ni eto yn ôl gyda geiriau Iesu ar y mater, ond yn Ioan 6:47 y tro hwn.

Ond ar wahân i dystiolaeth allanol y Gair, mae gennym ni dystiolaeth fewnol hefyd sydd yn dod oddi wrth yr Ysbryd Glân sy'n preswylio yn ein calonnau. Mae hwn yn ein hargyhoeddi, y tu hwnt i amheuaeth, ein bod yn blant i Dduw ac yn ein galluogi i alw Duw yn Dad inni. Dyma'r 'sicrwydd bendigaid' y sonia Tilsli amdano yn ei gyfieithiad o'r emyn poblogaidd hwn. Y sicrwydd sydd yn dod o 'ildio'n ddiamod' i Grist, oherwydd ei waith ef a blediwn ni drosom, nid unrhyw ymgais yw ohonom ein hunain i fod yn gadwedig; mae'r cyfan yn rhodd: 'ganed o'r Ysbryd, golchwyd â'i waed'.

GWEDDI

Diolch byth, Dad nefol, nad oes raid imi chwilio rhagor am y bywyd. Mae'r cyfan gennyf yn Iesu Grist. Diolch iti am y sicrwydd mae dy Air a'r Ysbryd Glân ei hun yn ei roi imi fy mod i'n blentyn i ti. Gad i'r sicrwydd bendigaid hwn gryfhau ynof bob dydd. Yn enw Iesu. Amen.

Iesu yw'r Iôr!

Caneuon Ffydd: Rhif 400

Iesu yw'r Iôr! Y cread sy'n cyhoeddi,
cans drwy ei nerth pob llwyn a pherth a ddaeth i fod;
Iesu yw'r Iôr! Cyfanfyd sy'n mynegi,
haul, lloer a sêr datganant mai Iesu yw'r Iôr.

Iesu yw'r Iôr! Iesu yw'r Iôr!
Canwch yr Halelwia i Iesu, ein Iôr.

Iesu yw'r Iôr! er hyn, o'r nefol wynfyd
daeth nefol Oen i ddioddef poen ar Galfarî;
Iesu yw'r Iôr! Ohono ef daw bywyd,
er hyn fe roes ei fywyd yn Iawn drosom ni.

Iesu yw'r Iôr! Dros bechod bu'n fuddugol,
a daeth yn rhydd y trydydd dydd a choncro'r bedd;
Iesu yw'r Iôr! A sanctaidd Ysbryd nerthol
a enfyn Duw i ddangos mai Iesu yw'r Iôr.

MYFYRDOD

Ni wyddom pryd y dechreuodd yr Eglwys Fore addoli Iesu fel Duw, ond fe addolwyd Iesu o'r amser pan ddaeth i'n byd yn faban bychan ym Methlehem. Y cyfeiriad cyntaf a geir at addoliad yn y Testament Newydd yw'r un lle mae'r tri gŵr doeth yn teithio o'r dwyrain i addoli'r brenin newydd oedd wedi dod i blith yr Iddewon. Efallai eu bod wedi cymryd tipyn go lew o amser i gyrraedd ac mae'n bosibl bod y baban Iesu tua thair oed erbyn iddyn nhw gyrraedd, ond fe ddônt o hyd iddo ar ôl holi yn Jerwsalem: "'Ble mae'r hwn a anwyd i fod yn frenin yr Iddewon? Oherwydd gwelsom ei seren ef ar ei chyfodiad, a daethom i'w addoli'" (Mth. 2:2).

Wrth syllu yn y tywyllwch ar y sêr fe sylweddolasant mai arwydd oedd y seren newydd a welsant fod mab Duw wedi dod i'r byd. Tybed a sylweddolent ar ôl dod o hyd iddo, a chyflwyno eu hanrhegion drudfawr yn offrymau iddo, y byddai'r plentyn hwn yn newid natur addoli am byth?

Y seren ryfedd hon, fel rhan o'r cread, a ddatguddiodd Arglwyddiaeth Crist gyntaf i ddynion. Ymhen blynyddoedd wedyn fe gawn yr apostol Paul yn cyhoeddi am Iesu mai: 'Trwyddo ef ac er ei fwyn ef y mae pob peth wedi ei greu. Y mae ef yn bod cyn pob peth, ac ynddo ef y mae pob peth yn cydsefyll.' (Col. 1:16–17). Hwn yw y 'Gair' neu 'feddwl' Duw yn ôl Ioan, a 'hebddo ef ni ddaeth un dim i fod' (Ioan 1:3).

Mae hi'n anodd i'n meddyliau dynol amgyffred y dirgelwch mawr bod addoli Iesu yn golygu addoli Duw. Ond dyma'r gwirionedd a ddatguddiwyd inni pan ddaeth Iesu i'n byd. Datguddiwyd bryd hynny fod yna ail berson yn yr hyn a alwn erbyn hyn yn Drindod – rhywun sydd yn gyfartal â Duw ac, fel ef, yn dragwyddol ei natur ac a fu gydag ef o'r dechrau. Fe fu amser pan ddaeth Iesu yn ddyn, ond nid pan ddaeth yn Dduw. Yng ngeiriau Credo Nicea, mae hwn yn 'Wir Dduw o Wir Dduw'. Mae'r 'Haleliwia' sef, o'i gyfieithu, 'mawl i enw Duw, Jehofa', i'w ganu i Iesu, am mai ef yw'r datguddiad cyflawnaf i ddynion o Dduw ei hun; 'yn adlewyrchu gogoniant Duw, ac y mae stamp ei sylwedd arno ef' (Heb. 1:3).

Gwelodd y disgyblion, sef y rhai a fu agosaf at Iesu yn ystod ei weinidogaeth yma ar y ddaear, ddigon o brawf o ddwyfoldeb Iesu. Gwelsant ef yn dweud wrth glaf wedi ei barlysu am godi a cherdded gan fod ei bechodau wedi eu maddau, "Pwy ond Duw yn unig a all faddau pechodau?" (Marc 2:7), meddai'r ysgrifenyddion yn gwbl gywir. "'Myfi a'r Tad, un ydym,'" meddai wrth ei ddisgyblion wedyn. Nid tan ar ôl yr Atgyfodiad, pan 'ddaeth yn rhydd y trydydd dydd a choncro'r bedd,' y sylweddolwyd yn llawn nad un meidrol a gafodd ei fabwysiadu i ddwyfoldeb yn unig oedd Iesu. Pan fynegodd Thomas y gwirionedd mawr hwnnw wedi gweld y Crist atgyfodedig: "'Fy Arglwydd a'm Duw!'" (Ioan 20:28), fe welodd fod yna bartneriaeth yn y Duwdod, a'i fod wrth addoli'r Mab yn addoli un a oedd gyfuwch â'r Tad, ac yn uwch ac yn fwy hefyd na grym angau; yn Arglwydd bywyd.

GWEDDI

O Dad, rwy'n diolch iti dy fod wedi mynegi dy hun i ni yn dy Fab Iesu, a bod yr Ysbryd Glân ar waith yn ei ddatguddio i ni yn 'Wir Dduw o Wir Dduw'. Canwn Haleliwia i Iesu, ein Iôr. Amen.

Aeth Pedr ac Ioan un dydd

Caneuon Ffydd: Rhif 404

Aeth Pedr ac Ioan un dydd
i'r demel mewn llawn hyder ffydd
i alw ar enw Gwaredwr y byd,
i ddiolch am aberth mor ddrud.

Fe welsant ŵr cloff ar y llawr,
yn wir, 'roedd ei angen yn fawr;
deisyfodd elusen, rhyw gymorth i'w angen,
a Phedr atebodd fel hyn:

"'Does gennyf nac arian nac aur,
ond rhywbeth mwy gwerthfawr yn awr:
yn enw Iesu Grist o Nasareth,
saf ar dy draed."

Aeth dan rodio a neidio a moli Duw,
rhodio a neidio a moli Duw,
"Yn enw Iesu Grist o Nasareth,
saf ar dy draed."

ANAD.
cyf. OLIVE EDWARDS

MYFYRDOD

Dyma hanes cyfarwydd o lyfr yr Actau (pennod 3), sydd wedi ei osod ar gân ar ein cyfer yn yr emyn hwn ac sy'n llawn asbri a bywiogrwydd. Mae gosod gwirioneddau a straeon y Beibl ar gân yn hen draddodiad ac yn gymorth mawr iawn i'r cof, ac yma i'n mwynhad o'r stori. Cawn rannu yn llawenydd y dyn cloff o gael ei iacháu wrth ganu'r pennill olaf, er enghraifft, a sioncrwydd yr alaw yn peri bod yn rhaid i ninnau symud hefyd, onid 'neidio a moli Duw' fel y gwnaeth ef.

Mae sylwi ar hanes y dyn cloff hwn, na wyddom ni mo'i enw, yn rhoi golwg inni ar y newid y gall Iesu Grist ei wneud ym mywydau pobl. Cardotyn cloff oedd hwn a arferai gardota wrth Borth Prydferth y deml, lle digon clyfar i fod yn cardota a dweud y gwir, gan y dylai pobl grefyddol ar eu ffordd i'r deml fod yn fwy parod i roi elusen iddo.

Ond nid elusen sydd gan Pedr ac Ioan ar ei gyfer pan welan nhw ef ar eu ffordd i'r deml, rhywbeth a fyddai'n para dros dro yn unig fyddai hynny. Yn lle hynny maen nhw'n cynnig y peth mwyaf gwerthfawr oedd ganddyn nhw, i'w roi iddo, a chan beri fod y cardotyn yn edrych arnyn nhw maen nhw'n codi ei obeithion: "'Arian ac aur nid oes gennyf; ond yr hyn sydd gennyf, hynny yr wyf yn ei roi iti; yn enw Iesu Grist o Nasareth, cod a cherdda"' (Actau 3:6). Mae e'n cael cynnig trysor a fydd yn para am byth, trysor yn y nef na fydd na phryf na rhwd yn ei ddifa (Mth. 6:19–21). Mae e'n cael cynnig yr iachawdwriaeth sy'n dod trwy ffydd yn Iesu Grist o Nasareth.

Dychmygwch y fath olygfa wedyn wrth iddo godi ar ei draed a gwneud tipyn o '*scene*' a thynnu sylw ato'i hun. 'Aeth dan rodio a neidio a moli Duw'; allai e ddim cadw'n llonydd wedi cael y fath rodd. 'Dewch i mewn i'w byrth â diolch ac i'w gynteddau â mawl' yw gorchymyn y Salm (100:4), a chafodd hwn wneud yn union hynny gyda'r un llawenydd ag y bwriadodd Duw inni ddiolch iddo a'i foli.

Caiff ei ddwyn wedyn i mewn dros drothwy'r deml yng nghwmni Pedr ac Ioan. Â i mewn trwy'r Porth Prydferth hwn yr oedd o wedi eistedd y tu allan iddo'n cardota ers blynyddoedd o bosibl. Ni fu i mewn o'r blaen, doedd dim croeso yn y deml i'r cloffion. Ond mae croeso i bawb yn Iesu Grist, ac ef ei hun yw ein Porth Prydferth ninnau at Dduw y Tad. Fe drodd y Golgotha erchyll hwnnw yn lle o brydferthwch i ni, a'r groes yn borth inni ddod trwyddo ef at y Tad.

GWEDDI

Cymer fi yn eiddo iti, Arglwydd, wrth imi ildio i ti. Gad imi ymateb yn llawen i'th gynnig o iachawdwriaeth a chyflawnder – yr hyn sy'n fwy gwerthfawr nag arian ac aur. Gad i mi groesi drosodd efo ti fel y cardotyn hwn, trwy Borth Prydferth dy gyfiawnder ar y groes i dy deyrnas di dy hun, a gad imi gael y fraint fel Pedr ac Ioan un dydd o gynnig i eraill ddod ar fy ôl. Yn enw Iesu Grist o Nasareth. Amen.

111

Wele, cawsom y Meseia

Caneuon Ffydd: Rhif 441

Wele, cawsom y Meseia,
    cyfaill gwerthfawroca' 'rioed;
darfu i Moses a'r proffwydi
    ddweud amdano cyn ei ddod:
Iesu yw, gwir Fab Duw,
Ffrind a Phrynwr dynol-ryw.

Hwn yw'r Oen, ar ben Calfaria
    aeth i'r lladdfa yn ein lle,
swm ein dyled fawr a dalodd
    ac fe groesodd filiau'r ne';
trwy ei waed, inni caed
bythol heddwch a rhyddhad.

Dyma gyfaill haedda'i garu,
    a'i glodfori'n fwy nag un:
prynu'n bywyd, talu'n dyled,
    a'n glanhau â'i waed ei hun:
frodyr, dewch, llawenhewch,
diolchwch iddo, byth na thewch!

DAFYDD JONES, 1711–77

MYFYRDOD

'Be' gest ti Dolig?' Dyna fydd cwestiwn amryw ohonom yn dilyn Gŵyl y Geni, yn enwedig pan welwn ni blant bach. Teimlwn yn aml ein bod yn gofyn y cwestiwn am nad oes gennym ni ddim byd gwell i'w ofyn! Ar y materol mae ein pwyslais bron yn ddifeth, ac ar yr hyn a gafwyd – nid yr hyn a roddwyd. Rydym yn cynnig pob math o sothach i'n plant, gan feddwl mai pethau felly maen nhw'n dyheu amdanyn nhw.

Yn ddiweddar, dois ar draws adroddiad bach syml i blant gan Selwyn Griffiths. Ynddo mae'r fam yn holi: 'Be' hoffet ti gael Nadolig 'ma, John?' Mae'n cynnig pob math o bethau gwych i

John bach, digon i godi blys ar unrhyw un! Ond ateb John i'w fam ydy:

> Diolch i chi Mami
> Am gynnig llond sach,
> Llawn gwell fasa' gen-i
> Gael ci, neu frawd bach.

Gan siarad o brofiad, does dim byd yn hawlio mwy o amser a gofal rhywun na chael ci – neu fabi bach! Ac mae'n siŵr gen i fod John bach yn go agos i'w le yn gwrthod yr holl drugareddau, a'r rheiny'n cael eu cynnig iddo, o bosibl, am fod y fam druan yn ceisio gwneud yn iawn am yr amser yr oedd hi wedi ei golli gyda'i phlentyn yn ystod y flwyddyn. Yn y bôn, nid pethau mae plant eu hangen, ond amser a chwmni a chariad.

Soniodd Dafydd Jones yn yr hen garol hon, 'Wele cawsom y Meseia', a ymddangosodd gyntaf ym 1764, am yr anrheg orau, fwyaf gwerthfawr a gafodd yr un ohonom erioed. Am yr anrheg y bu yna ddyheu mawr amdani ers cenedlaethau a chanrifoedd lawer yn Israel. Un a ddaeth yn faban bychan i dreulio amser yn ein plith, i rannu ei gariad a'i gwmni yn hael â ni, ond yn fwy na hynny hefyd: i'w roi ei hun drosom yn 'Ffrind a Phrynwr dynol-ryw'.

Fe gafodd y Meseia hirddisgwyliedig hwn anrhegion ei hun hefyd. Er nad oes sôn yn yr hanes yn Luc am y bugeiliaid yn anrhegu Iesu, gallwn feddwl, os oedd hi'n dymor wyna arnyn nhw, eu bod nhw wedi mynd ag oen gyda nhw. Mae'n gwbl bosibl bod dyfodiad 'Prynwr dynol-ryw', yr un a aeth fel 'Oen, ar ben Calfaria . . . i'r lladdfa yn ein lle', wedi cyd-fynd â genedigaeth yr ŵyn ym Methlehem, y byddid yn eu defnyddio erbyn y Pasg fel aberthau i gofio am eu gwaredigaeth o'r Aifft.

Fe ŵyr Dafydd Jones beth yw'r anrheg orau y gallwn ninnau ei chyflwyno i'r 'cyfaill' hwn a ddaeth atom. Os talodd hwn ein dyledion i gyd 'trwy ei waed', a pheri nad ydy'n dyled ni yn ein rhwystro rhag dod at Dduw pan 'groesodd filiau'r ne'', yna fe ddylai gael yr anrheg orau a mwyaf y gallwn ni fforddio ei rhoi iddo. Efallai y cawn ni lawer o anrhegion y Nadolig hwn eto, ond dim un a haedda'n cariad ni i gyd a'n diolch, byth heb dewi. Wnaiff dim llai y tro i'r 'cyfaill gwerthfawroca' 'rioed'.

GWEDDI

O Dad nefol, fe anfonaist ti dy Fab i'n hanrhegu â 'bythol heddwch a rhyddhad'. Ni allaf ond cynnig fy nghalon iddo 'a'i glodfori'n fwy nag un'. Amen.

Rhyfedd, rhyfedd gan angylion

Caneuon Ffydd: Rhif 446

Rhyfedd, rhyfedd gan angylion,
rhyfeddod mawr yng ngolwg ffydd,
gweld Rhoddwr bod, Cynhaliwr helaeth
a Rheolwr popeth sydd
yn y preseb mewn cadachau
a heb le i roi'i ben i lawr,
eto disglair lu'r gogoniant
yn ei addoli'n Arglwydd mawr.

Pan fo Sinai i gyd yn mygu,
a swn yr utgorn ucha'i radd,
caf fynd i wledda dros y terfyn
yng Nghrist y Gair, heb gael fy lladd:
mae yno'n trigo bob cyflawnder,
llond gwagle colledigaeth dyn;
ar yr adwy rhwng y ddwyblaid
gwnaeth gymod drwy'i offrymu'i hun.

Efe yw'r Iawn fu rhwng y lladron,
efe ddioddefodd angau loes,
nerthodd freichiau'i ddienyddwyr
i'w hoelio yno ar y groes;
wrth dalu dyled pechaduriaid
ac anrhydeddu deddf ei Dad,
cyfiawnder, mae'n disgleirio'n danbaid
wrth faddau'n nhrefn y cymod rhad.

O f'enaid, gwêl y fan gorweddodd
pen brenhinoedd, awdwr hedd;
y greadigaeth ynddo'n symud,
yntau'n farw yn y bedd;
cân a bywyd colledigion,
rhyfeddod mwya' angylion nef:
gweld Duw mewn cnawd a'i gydaddoli
mae'r côr dan weiddi, "Iddo ef."

Diolch byth, a chanmil diolch,
diolch tra bo ynof chwyth,
am fod gwrthrych i'w addoli
a thestun cân i bara byth;
yn fy natur wedi'i demtio
fel y gwaela' o ddynol-ryw,
yn ddyn bach, yn wan, yn ddinerth,
yn anfeidrol, fywiol Dduw.

Yn lle cario corff o lygredd,
cyd-dreiddio â'r côr yn danllyd fry
i ddiderfyn ryfeddodau
iachawdwriaeth Calfarî;
byw i weld yr anweledig
fu farw ac sy nawr yn fyw;
tragwyddol anwahanol undeb
a chymundeb â fy Nuw.

Yno caf ddyrchafu'r enw
a osododd Duw yn Iawn,
heb ddychymyg, llen na gorchudd,
a'm henaid ar ei ddelw'n llawn;
yng nghymdeithas y dirgelwch
datguddiedig yn ei glwy',
cusanu'r Mab i dragwyddoldeb
heb im gefnu arno mwy.

ANN GRIFFITHS, 1776–1805

MYFYRDOD

Dyma glamp o emyn gan Ann Griffiths! Fe welwyd penillion ohono yma ac acw hyd ein llyfrau emynau, ond yn *Caneuon Ffydd* fe fentrwyd mynd ati i'w gosod i gyd gyda'i gilydd yn saith pennill fel y cafwyd nhw yn ysgriflyfr John Hughes, Pontrobert, a oedd yn aelod o'r seiat a gyfarfyddai ym Mhontrobert gydag Ann. Lletyai am gyfnod yn Nolwar Fach, a daeth Ruth y forwyn yn wraig iddo ymhen amser. Iddo ef mae'n diolch ni am gadw llythyrau ac emynau Ann Thomas, Dolwar Fach, ar ein cyfer ni.

Y pennill cyntaf mewn gwirionedd sydd yn rhoi'r cysylltiad ag adran yr Adfent a'r Geni ac mae llawn cymaint o sôn am y croeshoelio a'r Pasg yma hefyd. Dyma un o gryfderau Ann yn sicr, sef ei golwg cyflawn ar Iesu Grist, yr un y bu rhagfynegi amdano, y gosodwyd rhagluniau ohono hefyd drwy'r Hen Destament, a ddaeth i'n plith: 'yn ddyn bach, yn wan, yn ddinerth', a oedd 'yn fy natur wedi'i demtio', a 'fu farw ac sy nawr yn fyw', ac a fydd i'w fwynhau yn llawn mewn gogoniant 'heb ddychymyg, llen na gorchudd' arno.

'Pethau yw'r rhain y mae angylion yn chwenychu edrych arnynt' (1 Pedr 1:12), meddai Pedr am yr iachawdwriaeth a drefnodd Duw ar gyfer pobl ar y ddaear. Mae rhyfeddod angylion yn cael lle pur amlwg gan Ann yma; ni allan nhw ddim ond rhyfeddu at y 'Rhoddwr bod, Cynhaliwr helaeth' yn cael ei roi mewn lle mor wael â phreseb yr anifail. Dyma eu 'rhyfeddod mwya'' – 'gweld Duw mewn cnawd' a pharhau fel angylion i'w addoli yn ei ddarostyngiad oherwydd mai dyna eu swyddogaeth fel angylion.

Fel y canodd Ann o'r blaen (Rhif 337) am 'gladdu'r Atgyfodiad mawr', y paradocs gwyrthiol hwnnw, mae hi'n sôn yma eto am 'y greadigaeth ynddo'n symud, yntau'n farw yn y bedd'. Mae'r delweddu cyferbyniol hwn yn dreiddgar ac yn athronyddol ac yn cael ei gynnal trwy waith Ann, er mwyn mynegi ei rhyfeddod ei hun bod yr hwn 'y mae pob peth yn cydsefyll' ynddo (Col. 1:17) yn gallu, ac wedi dewis o'i fodd amlygu ei gariad tuag atom ni yn y cnawd. 'Mae'n syndod im feddwl pwy oedd ar y groes,' meddai Ann wrth fyfyrio ar fawredd Person Crist mewn llythyr at John Hughes. Cofiwn fod y llythyrau hyn yn cynnwys yr un profiadau ag a fynegir yn yr emynau ac yn rhoi llawer o gefndir i rediad ei meddwl wrth ffurfio ei hemynau. Fe esbonia hefyd yn yr un llythyr fel y mae myfyrio ar ei berson yn mynnu ei bod yn aros yn agos mewn cymundeb ag ef bob amser – '"Cusenwch y Mab rhag iddo ddigio"' (Salm 2:11–12, BWM) yw ei hysgrythur i egluro ei meddwl. Dyma'r ddelwedd hefyd ar ddiwedd ein hemyn: 'cusanu'r Mab i dragwyddoldeb heb im gefnu arno mwy'.

O sylweddoli pwy yw Iesu a myfyrio ar ei berson, mae cariad Ann yn ennyn fwyfwy tuag ato, a daw i weld na all hi gefnu arno byth.

GWEDDI

O Dad, mae cymaint imi ryfeddu ato ym mherson Iesu Grist; bydded fy rhyfeddod yn fwy na rhyfeddod angylion hyd yn oed, oherwydd mai er fy mwyn i y daeth i'n plith a gwneud cymod drwy'i offrymu'i hun. Paid â gadael imi gefnu arno, ond aros yn ei gymundeb byth mwy. Er mwyn y Mab. Amen.

O deuwch, ffyddloniaid

Caneuon Ffydd: Rhif 463

O deuwch, ffyddloniaid,
oll dan orfoleddu,
O deuwch, O deuwch i Fethlehem dref:
wele, fe anwyd
Brenin yr angylion:
O deuwch ac addolwn,
O deuwch ac addolwn,
O deuwch ac addolwn Grist o'r nef!

O cenwch, angylion,
cenwch, gorfoleddwch,
O cenwch, chwi holl ddinasyddion y nef
cenwch "Gogoniant
i Dduw yn y goruchaf!"
O deuwch ac addolwn,
O deuwch ac addolwn,
O deuwch ac addolwn Grist o'r nef!

O henffych, ein Ceidwad,
henffych well it heddiw;
gogoniant i'th enw drwy'r ddaear a'r nef.
Gair y tragwyddol
yma'n ddyn ymddengys:
O deuwch ac addolwn,
O deuwch ac addolwn,
O deuwch ac addolwn Grist o'r nef!

Priodolir i J. F. WADE, 1711–86
cyf. ANAD.

MYFYRDOD

Bu'r ffyddloniaid yn canu'r garol 'Adeste fideles' ers dechrau'r ddeunawfed ganrif, yn Lladin i ddechrau, ond mewn amryw o ieithoedd bellach ar hyd a lled ein daear. Gwahoddiad sydd ynddi i orfoleddu, i ganu ac i addoli. Ond mae yna wahoddiad inni ddod ynghyd i le arbennig hefyd: 'O deuwch i Fethlehem dref.' Beth welem ni ym Methlehem heddiw pe derbyniem ni'r gwahoddiad taer hwn yn llythrennol?

Bellach does fawr neb yn teithio i Fethlehem. Yn y gorffennol, gwelwyd tref Bethlehem dan warchae a'i thrigolion yn gorfod aros yn eu tai wedi'r nos oherwydd tensiynau rhwng y Palestiniaid a'r Israeliaid. Bychan iawn yw'r dystiolaeth Gristnogol yno bellach ac olion bwledi hyd adeilad Eglwys y Geni. Er gwaethaf hyn, fe bery llawer i dderbyn y gwahoddiad i ymweld â

Bethlehem oherwydd yr hyn a ddigwyddodd yno tua 2,000 o flynyddoedd yn ôl.

Roedd hi'n brysur iawn yno bryd hynny hefyd, a'r wlad dan orthrwm y Rhufeiniaid. Nid gwahoddiad a gafodd Joseff i fynd â'i deulu i Fethlehem, ond gorchymyn, oherwydd bod Cesar Awgwstus eisiau cofrestru pawb trwy ei holl ymerodraeth. Yno y ganwyd plentyn i Joseff a Mair; yr ydym yn gyfarwydd â'r hanes. Ond oherwydd y geni hwnnw fe wahoddwyd llawer yn rhagor i ddod i Fethlehem. Hwn oedd 'Brenin yr angylion' yn 'Grist o'r nef', 'Gair y tragwyddol', yn dragwyddol ei genhedliad, ond yn cael ei eni trwy broses o enedigaeth boenus, naturiol er mwyn ei ymgnawdoli yn ein plith. Canodd yr angylion 'Gogoniant i Dduw yn y goruchaf', ac fe wahoddwyd y bugeiliaid. Pobl oedd y rheiny a oedd yn ymwybodol o bwysigrwydd eu tref fechan yn Jwda, a wyddai'r hanes am Dafydd a fu'n fugail ar yr un bryniau â nhw, ac a ddaeth yn frenin ar Israel. Fe wydden nhw hefyd fod Micha wedi proffwydo ganrifoedd ynghynt mewn proffwydoliaeth odidog am yr un a fyddai'n cael ei eni yno i fod 'yn llywodraethwr yn Israel' ac 'yn fawr hyd derfynau'r ddaear' (Micha 5:2–5). Brysient i'w gyfarfod.

Daeth eraill hefyd yn y man, dan wahoddiad seren newydd a ymddangosodd yn yr awyr. Teithiodd y doethion 2,000 o filltiroedd i Fethlehem er mwyn addoli'r brenin newydd oedd wedi ei eni yno. Ond golygodd eu hymweliad fod eraill wedi dod yn eu sgil, yn ddiwahoddiad. Gyrrodd Herod filwyr i Fethlehem i ladd y plant dan ddwyflwydd oed a gaed yno, a bu'n rhaid i Joseff a'i deulu ffoi i'r Aifft am eu bywydau. Roedd trais a lladd yno bryd hynny hefyd.

Mae hanes ei fywyd oddi ar hynny yn rhyfeddol. Pregethodd y Newyddion Da am dair blynedd. Ni sgrifennodd lyfr na chodi eglwys i'w enw, eto ef yw'r cymeriad canolog yn hanes dynoliaeth o hyd, a 'gogoniant' yn cael ei seinio i'w 'enw drwy'r ddaear a'r nef'. Dewch i ninnau dderbyn y gwahoddiad, nid yn gymaint i Fethlehem ei hun, ond i'w addoli ef. 'O deuwch ac addolwn Grist o'r nef!'

GWEDDI

Mae'r gwahoddiad yn un taer, Arglwydd. Yr wyt ti'n parhau i estyn dy wahoddiad i mi ac i'r byd yn gyfan ddod a'th addoli. Gad i'n haddoliad ddwyn gogoniant i enw Iesu trwy'r ddaear a'r nef. Amen.

Rhown foliant o'r mwyaf

Caneuon Ffydd: Rhif 469

Rhown foliant o'r mwyaf
i Dduw y Goruchaf
am roi'i Fab anwylaf
    yn blentyn i Fair,
i gymryd ein natur
a'n dyled a'n dolur
i'n gwared o'n gwewyr anniwair.

Fe'n gwnaeth ni, blant dynion,
yn ferched, yn feibion,
i'w Dad yn 'tifeddion
    o'r deyrnas sydd fry,
i fyw yn ei feddiant
mewn nefol ogoniant
er mawrglod a moliant i'r Iesu.

Fe gymerth ein natur,
fe'n gwnaeth iddo'n frodyr,
fe ddygodd ein dolur
    gan oddef yn dost;
fe wnaeth heddwch rhyngom
a'i Dad a ddigiasom,
fe lwyr dalodd drosom y fawrgost.

Gwahoddwch y tlodion
a'r clwyfus a'r cleifion
a'r gweiniaid a'r gweddwon
    â chroeso i'ch gwledd;
o barch i'r Mesïas
a'n dwg ni i'w deyrnas
i gadw gŵyl addas heb ddiwedd.

RHYS PRICHARD, 1579?–1644

MYFYRDOD

Poenai Rhys Prichard yn arw bod y Nadolig yn cael ei ddathlu yn
ofer yn ei gyfnod ef, sef yr ail ganrif ar bymtheg. Erbyn ein cyfnod
ninnau, dros bedair canrif yn ddiweddarach, fe aeth y rheswm am y
dathlu yn ddibwys iawn, a masnachwyr yn ceisio ein denu o hyd i
wneud mwy a mwy o sbloets o'r Ŵyl. Doedd dim yn well na
phennill er mwyn argraffu rhyw wirionedd yn gofiadwy ar
feddyliau gwerin anllythrennog y cyfnod. Camp yr Hen Ficer, fel
y'i gelwid, oedd ysgrifennu toreth o benillion syml yn iaith y bobl
er mwyn eu haddysgu am hanfodion Cristnogaeth. Cyfansoddodd
lawer o'i benillion ar destun y Nadolig, oherwydd ei fod yn
awyddus i ddwyn y bobl gyffredin at lawenydd gwirioneddol yr
Ŵyl, a'u defnyddio er mwyn ystyried eu dyletswydd i foli Duw 'am
roi'i Fab anwylaf yn blentyn i Fair'.

    Dau emyn yn unig, a'r rheiny'n garolau, a gynhwysir o'i
waith yn *Caneuon Ffydd* (gweler 436 – 'Awn i Fethlem'). Maen
nhw'n ein harwain ni heddiw, fel yn ei gyfnod ef, i ddathlu'r hyn
oll a gyflawnodd Crist drosom pan ddaeth 'i gymryd ein natur a'n

dyled a'n dolur i'n gwared o'n gwewyr anniwair'. Pe byddai mwy o bobl ei gyfnod wedi gwrando ar ei gynghorion gwerthfawr, efallai na fyddai'r Senedd Biwritanaidd o dan arweiniad Oliver Cromwell, wedi gorfod pasio deddf i atal y bobl rhag dathlu'r Nadolig oherwydd ei oferedd, a hynny ym mlwyddyn marw'r Ficer, sef 1644. Beth fyddai'r ymateb heddiw, tybed, pe beiddiai'r llywodraeth wahardd yr Ŵyl oherwydd ein camddefnydd ni ohoni?

'Gwaredodd ni allan o feddiant y tywyllwch ac a'n symudodd i deyrnas ei annwyl Fab', yw un o ddisgrifiadau Paul o waith Iesu drosom (Col. 1:13 BWM). Profiad cymysg yn aml yw gorfod symud cartref a newid aelwyd. Sonia'r Hen Ficer am y profiad o gael ein symud i fod ar aelwyd newydd nefolaidd 'i fyw yn ei feddiant', wrth i Iesu gynnig inni'r hawl a'n gwahodd i ddod yn feibion ac yn ferched, yn etifeddion yn wir, i Dduw. Profiad na all ond dwyn llawenydd a gorfoledd digymysg inni.

Nid yw'n dathliadau Nadoligaidd ni a'n gwledda ond cysgod o'r wledd nefolaidd y cawsom ni wahoddiad i'w chadw wrth dderbyn Iesu fel Meseia ac Arglwydd dros ein bywyd. Fe noda'r Ficer Prichard hynny yn ei bennill olaf yma, a hefyd mai rhywbeth i'w rannu ydy'r Nadolig: 'Gwahoddwch y tlodion a'r clwyfus a'r cleifion a'r gweiniaid a'r gweddwon â chroeso i'ch gwledd.' Cofiwn am y dyn hwnnw a gymhellodd bawb i ddod i'w wledd fawr yn nameg Iesu (Luc 14:15–24). Fel hwnnw, nid ydym i gadw ein dathliadau i ni ein hunain, nid ydym chwaith i gadw ein bendithion yng Nghrist i ni ein hunain, ond rhannu'r llawenydd ymhlith pawb o'n cwmpas. Rhannu wnaeth yr angylion gyda'r bugeiliaid y Nadolig cyntaf hwnnw: 'newydd da am lawenydd mawr a ddaw i'r holl bobl' (Luc 2:10). Mae cenedlaethau wedi rhannu byth oddi ar hynny, ac wedi eu dwyn 'i'w deyrnas i gadw gŵyl addas heb ddiwedd' i fod yn rhan o'r wledd fwyaf a wêl neb byth – gwledd briodas yr Oen (Dat. 19:5–9).

GWEDDI

O Dad, rhown foliant o'r mwyaf a'n diolch iti am y bendithion a ddaeth inni yng Nghrist – dy 'Fab anwylaf a roddaist i Fair'. Wnei di ein helpu ni i gofio'r bendithion hynny; cael heddwch rhyngom a byw yn dy feddiant yn etifeddion o'th deyrnas, wrth inni ddathlu'r Nadolig eto eleni. Helpa ni i rannu'r bendithion ag eraill gan wahodd bawb i'r wledd, i fod yn rhan o'r dathlu ar y ddaear ac yn y nef. Yn enw Iesu. Amen.

O deued pob Cristion i Fethlem yr awron

Caneuon Ffydd: Rhif 472

O deued pob Cristion i Fethlem yr awron
i weled mor dirion yw'n Duw;
O ddyfnder rhyfeddod, fe drefnodd y Duwdod
dragwyddol gyfamod i fyw:
daeth Brenin yr hollfyd i oedfa ein hadfyd
er symud ein penyd a'n pwn;
heb le yn y llety, heb aelwyd, heb wely,
Nadolig fel hynny gadd hwn.
Rhown glod i'r Mab bychan, ar liniau Mair wiwlan,
daeth Duwdod mewn baban i'n byd:
ei ras O derbyniwn, ei haeddiant cyhoeddwn
a throsto ef gweithiwn i gyd.

Tywysog tangnefedd wna'n daear o'r diwedd
yn aelwyd gyfannedd i fyw;
ni fegir cenfigen na chynnwrf na chynnen,
dan goron bydd diben ein Duw.
yn frodyr i'n gilydd, drigolion y gwledydd,
cawn rodio yn hafddydd y nef;
ein disgwyl yn Salem i ganu yr anthem
ddechreuwyd ym Methlem, mae ef.
Rhown glod i'r Mab bychan, ar liniau Mair wiwlan,
daeth Duwdod mewn baban i'n byd:
ei ras O derbyniwn, ei haeddiant cyhoeddwn
a throsto ef gweithiwn i gyd.

JANE ELLIS, *bl.* 1840
addas. Y CANIEDYDD CYNULLEIDFAOL NEWYDD, 1921

MYFYRDOD

Clywais amryw yn dweud, wrth baratoi ar gyfer y Nadolig, bod yna ormod o ffŷs o lawer yn cael ei wneud o'r Ŵyl; rhai eraill yn dweud y byddai'n gwneud mwy o les ei ddathlu yn llai aml! Gall y rhan fwyaf ohonom ni gydymdeimlo â'r safbwyntiau hynny, yn enwedig gan fod pobl yn sôn bod y blynyddoedd yn mynd heibio'n gynt wrth fynd yn hŷn a'i bod yn ymddangos fel byr o dro yn unig er pan oeddem ni'n dathlu'r Nadolig y tro diwethaf.

Efallai'n wir fod gormod o ffŷs, ond sut mae mynd ati i gadw ysbryd syml yr Ŵyl a'i dathlu fel y dylem ni? Cofiwn i'r Ŵyl gael ei diddymu am gyfnod o 1644 ymlaen oherwydd bod gormod o ffŷs yn cael ei wneud ohoni a dim digon o gofio ei gwir ystyr. A ddylem ni fynd mor bell â mynnu hynny eto? Efallai ddim! Ond mae pob Nadolig yn cynnig cyfleon inni gyhoeddi 'y newydd da am lawenydd mawr a ddaw i'r holl bobl', fel y gwnaeth yr angylion wrth y bugeiliaid hynny uwch Bethlehem (Luc 2:10).

Gorchmynnwyd i'r bugeiliaid beidio ag ofni, ac mewn byd sy'n ymddangos fel petai'n mynd yn lle peryclach i fyw ynddo o hyd, a phobl yn gaeth i lawer o ofnau, mae gennym ni le i rannu'r newydd da hwn sy'n dwyn llawenydd i bobl. Y newydd da hwnnw fod un wedi dod i mewn i'n byd ni o'r tu allan iddo er mwyn ein hachub rhagddo a rhagom ni ein hunain: 'daeth Brenin yr hollfyd i oedfa ein hadfyd er symud ein penyd a'n pwn', ydy'r ffordd mae'r garol hon yn rhoi mynegiant i'r gwirionedd syfrdanol hwn. Mae yma grynhoad diguro o'r Efengyl sydd yn Newyddion Da ar gyfer dynoliaeth yn gyfan. Duw ei hun yn dod yn un ohonom yn Iesu Grist; yn dioddef adfyd yn ystod ei fywyd; dienyddiad anghyfiawn dan law llywodraethwyr estron a phenboethiaid crefyddol; marwolaeth a oedd yn farwolaeth mewn gwirionedd, a'r cwbl er mwyn symud cosb pechod, sef marwolaeth, oddi arnom a rhoi inni ei faddeuant a'i fywyd ei hun. Dyma'n wir 'Efengyl Gogoniant y Bendigedig Dduw'.

Gadewch inni annog ein gilydd i wneud yn fawr o'r cyfleon mae'r Nadolig yn eu cynnig inni bob blwyddyn. Y cyfleon a gawn wrth wahodd pobl, a bod ynglŷn â dramâu Nadolig yn yr ysgol a'r capel; yn y partïon; wrth rannu cardiau ac anrhegion, i enwi ond ychydig. Gwnawn yn siŵr ein bod yn manteisio ar ein cyfleon i rannu llawenydd gwir ystyr y Nadolig. Byddwn yn gwneud ein rhan wedyn gyda'r 'Tywysog tangnefedd' i wneud ein 'daear o'r diwedd yn aelwyd gyfannedd i fyw'. Bydded, yn wir, 'i'ch goleuni chwithau lewyrchu gerbron eraill' (Mth. 5:16). Mae holl adnoddau'r nef ar gael inni yng Nghrist i'n cynorthwyo (Eff.1:3). Os yw'r newydd da hwn y bu inni ei dderbyn yng Nghrist i fod o unrhyw fudd i ni, yna mae'n rhaid inni rannu ei lawenydd a dwyn eraill i 'weled mor dirion yw'n Duw'. Mae ein gwaith wedi ei osod allan ar ddiwedd y ddau bennill yma o'r garol gan Jane Ellis:

'Rhown glod i'r Mab bychan, ar liniau Mair wiwlan,
daeth Duwdod mewn baban i'n byd:
ei ras, O derbyniwn, ei haeddiant cyhoeddwn
a throsto ef gweithiwn i gyd.'

GWEDDI

O Dad, diolchwn am dy fendithion inni eto ar Ŵyl y Geni. Helpa ni i rannu o'n bendithion a'n llawenydd yng Nghrist a gwneud ein 'daear o'r diwedd yn aelwyd gyfannedd i fyw'. Yn enw'r Mab bychan sy'n dywysog tangnefedd. Amen.

Ai am fy meiau i

Caneuon Ffydd: Rhif 482

Ai am fy meiau i
dioddefodd Iesu mawr
pan ddaeth yng ngrym ei gariad ef
o entrych nef i lawr?

Cyflawnai'r gyfraith bur,
cyfiawnder gafodd Iawn,
a'r ddyled fawr, er cymaint oedd,
a dalodd ef yn llawn.

Dioddefodd angau loes
yn ufudd ar y bryn,
a'i waed a ylch y galon ddu
yn lân fel eira gwyn.

Bu'n angau i'n hangau ni
wrth farw ar y pren,
a thrwy ei waed y dygir llu,
drwy angau, i'r nefoedd wen.

Pan grymodd ef ei ben
wrth farw yn ein lle,
agorodd ffordd, pan rwygai'r llen,
i bur drigfannau'r ne'.

Gorchfygodd uffern ddu,
gwnaeth ben y sarff yn friw;
o'r carchar caeth y dygir llu,
drwy ras, i deulu Duw.

JOHN ELIAS, 1774–1841

MYFYRDOD

Rhyfeddod sydd wrth wraidd y cwestiwn yn yr emyn hwn – un o rai enwocaf John Elias o Fôn. Defnyddio cwestiwn ei forwyn Mary a wnaeth John Elias. 'Ai am fy meiau i y dioddefodd Iesu mawr?'

holodd un bore ar ôl i'w meistr fod yn cadw dyletswydd deuluol a darllen o Eseia 53. Mae yna enghraifft yma o sut y gall yr Ysgrythur siarad â chalon yr unigolyn a'i chymhwyso'i hun i'n sefyllfa ni. 'Ond fe archollwyd ef am ein troseddau ni, a'i ddryllio am ein camweddau ni; roedd pris ein heddwch ni arno ef, a thrwy ei gleisiau ef y cawsom ni iachâd', meddai'r bumed adnod o'r bennod. Wyddom ni ddim beth oedd yn pwyso ar feddwl Mary, beth oedd y 'beiau' oedd yn ei chyhuddo wrthi ei hun, ond mae yna draddodiad bod gan deulu John Elias forwyn a arferai fod yn un o'r 'copper ladies' yng ngwaith Mynydd Paris ac yn un llac iawn ei moesau, ond a drodd yn rhyfeddol at Grist ac a olchwyd yn lân 'fel eira gwyn'. Os mai hon oedd Mary, yna roedd hi eisoes wedi cael ateb i'w chwestiwn, ond yn parhau i synnu bod y fath waredigaeth yn bosibl.

Darllen o'r bennod fawr hon (Eseia 53) sydd yn llawn o Newyddion Da'r Testament Newydd oedd yr eunuch hwnnw oedd ar ei ffordd yn ôl at ei frenhines yn Ethiopia yn Actau 8 pan ddanfonwyd Philip gan yr Ysbryd Glân at ei gerbyd gan esbonio'i benbleth iddo a'i arwain at wrthrych y bennod, Iesu Grist, 'Oen Duw sy'n cymryd ymaith bechod y byd' (Ioan 1:29). Bedyddiwyd yr eunuch o Ethiopia yn y fan a'r lle pan ddaeth i gredu'r Newyddion Da am Iesu Grist, a chyfeiriad at hynny a arferai fod yn y trydydd pennill: 'a ylch yr Ethiop du', ond bellach a aeth yn 'galon ddu' yn *Caneuon Ffydd*.

Datguddir calon fawr Duw ei hun tuag atom yn yr emyn, ond allwn ni ddim profi 'grym ei gariad ef' nes down i sylweddoli, fel Mary, ein bod, nid yn unig wedi torri 'cyfraith bur' Duw, ond hefyd ei galon. Does dim rhaid inni ofni agor yr hyn sydd yn ein calonnau ni i'r galon ddwyfol oherwydd 'agorodd (Iesu) ffordd, pan rwygai'r llen, i bur drigfannau'r ne'. Daeth i'r byd i'r union bwrpas hwnnw, i faddau beiau ac i'n dwyn ninnau 'drwy ras, i deulu Duw'.

GWEDDI

O Dad, oes yna unrhyw beth cyn hardded â'r gras sydd yn maddau beiau? Gofynnaf innau fy nghwestiwn i ti, ac ni wn i am ddim arall all dalu'r ddyled fawr, er cymaint oedd, a gwneud hynny yn llawn. Helpa fi i'w dderbyn – am nad oes ateb arall i bechod. Yn enw Iesu yr wy'n gofyn. Amen.

Mae'r gwaed a redodd ar y groes

Caneuon Ffydd: Rhif 492

Mae'r gwaed a redodd ar y groes
o oes i oes i'w gofio;
rhy fyr yw tragwyddoldeb llawn
i ddweud yn iawn amdano.

Prif destun holl ganiadau'r nef
yw "Iddo ef" a'i haeddiant;
a dyna sain telynau glân
ar uchaf gân gogoniant.

Mae hynod rinwedd gwaed yr Oen
a'i boen wrth achub enaid
yn seinio'n uwch ar dannau'r nef
na hyfryd lef seraffiaid.

'Mhen oesoedd rif y tywod mân
ni fydd y gân ond dechrau;
rhyw newydd wyrth o'i angau drud
a ddaw o hyd i'r golau.

Ni thraethir maint anfeidrol werth
ei aberth yn dragywydd:
er treulio myrdd o oesoedd glân
ni fydd y gân ond newydd.

ROBERT AP GWILYM DDU,
1766–1850

MYFYRDOD

Roedd y ddeunawfed ganrif yn prysur hel ei thraed ati pan oedd
Robert ap Gwilym Ddu yn dod yn amlwg fel bardd. Roedd llawer
iawn o bethau'n newid: yr anterliwt a'r canu carolaidd a'r baledi yn
prysur ddarfod, a'r beirdd yn cael eu harwain i roi eu hegnïon i
gyfeiriadau a ffurfiau eraill. Dywedir am Robert ap Gwilym Ddu ei
fod yn fardd gwir fawr, ond yn ôl yr Athro W. J. Gruffydd: 'Ni
chafodd Robert ap Gwilym Ddu ond ychydig iawn o barch y
cyhoedd, ac adwaenid ef gan mwyaf fel awdur un emyn. Eto Robert
ap Gwilym Ddu oedd yr artist mwyaf yn yr iaith Gymraeg a welodd
can mlynedd a hanner o brydyddiaeth'. (*Y Llenor*, IV, 10).

A'r un emyn hwnnw a roddodd gymaint o enwogrwydd
iddo, ac a olygodd efallai fod llai o sylw i'w weithiau eraill, ydy'r
un o'n blaenau ni yma a'r un a gafodd y teitl 'Cân Newydd' gan ei
awdur pan ymddangosodd gyntaf yn *Seren Gomer* ym 1824, ond
bod saith pennill yn y gwreiddiol, a ninnau bellach gyda dim ond
pump. Canodd Robert ap Gwilym Ddu lawer am ddioddefaint y
groes, fel llawer emynydd arall o gyfnod y diwygiadau yng

Nghymru a gafodd gip ar 'anfeidrol werth ei aberth' a sylweddoli bod 'tragwyddoldeb llawn' yn 'rhy fyr' 'i ddweud yn iawn amdano'.

Yn ôl traddodiad, Anne Wynne, un o chwiorydd Robert, a gafodd ei hannog, ar ddiwedd cyfarfod gan y Bedyddwyr yn ei chartref yng Nghefncymerau yn Llanbedr ger Harlech, i ofyn i'w brawd gyfansoddi rhywbeth addas ar gyfer y cymun gan ei fod yn 'dipyn o fardd'. Gofynnodd Anne i'w brawd ar ei hymweliad nesaf â'i hen gartref yn y Betws Fawr ym mhlwyf Llanystumdwy, ac addawodd yntau y byddai ganddo rywbeth iddi erbyn iddi ddychwelyd adref. Yr emyn hwn yr aeth hi adref gyda hi i'w ganu gyda'r cwmni bychan o Fedyddwyr a gyfarfyddai yn ei thŷ.

Tyfodd yr emyn yn annwyl gennym fel Cymry wrth iddo gael ei gysylltu'n arbennig â'r gwasanaeth cymun. Pwy ond gwir fardd a allai gael ei ysbrydoli i *glywed* 'hynod rinwedd gwaed yr Oen . . . '*yn seinio*', ac fe'i clywn yn canu'n felys, a hynny'n 'uwch ar dannau'r nef na hyfryd lef seraffiaid'.

Disgrifia T. Rowland Hughes effaith clywed pennill cyntaf yr emyn, ac fe ddichon ei fod yn adrodd o'i brofiad, yn ei bennod ar 'F'ewythr Huw' yn ei nofel *O Law i Law* (tud. 147):

'Yr emyn hwnnw, "Mae'r gwaed a redodd ar y groes", oedd hoff emyn F'ewythr Huw, ac adroddai'r pennill cyntaf yn y Seiat yn aml yn lle dweud adnod . . . "Mae'r gwaed," meddai, gan godi ei lygaid i nenfwd y capel ac aros ennyd fel petai'n gwrando ar ei lais clir a threiddgar ei hun yn crwydro o amgylch y distawrwydd. Yna gwelech y gwaed yn rhedeg, nid yn diferu, ar bren gwrthun y groes, a chaech yn y frawddeg "o oes i oes" ryw amgyffrediad rhyfedd o dreigliad araf amser. "Rhy fyr," meddai f'ewythr, "yw tragwyddoldeb llawn," a theimlech fod tragwyddoldeb yn ymchwyddo ac yn ymgyrraedd fel môr diderfyn yn arafwch ysgubol y geiriau.'

GWEDDI

Diolch iti, Arglwydd, fod yr emyn hwn o'i ganu a'i adrodd wrth fwrdd cymun ac wrth gofio am dy aberth, wedi magu rhyw gysegredigrwydd o'i gwmpas. Gad i genhedlaeth godi eto yn ein gwlad a wêl fod y 'gwaed a redodd ar y groes o oes i oes i'w gofio'. '"Iddo ef" a'i haeddiant.' Amen.

Mi dafla' 'maich oddi ar fy ngwar

Caneuon Ffydd: Rhif 493

Mi dafla' 'maich oddi ar fy ngwar
    wrth deimlo dwyfol loes;
euogrwydd fel mynyddoedd byd
    dry'n ganu wrth dy groes.

Os edrych wnaf i'r dwyrain draw,
    os edrych wnaf i'r de,
ymhlith a fu, neu ynteu ddaw,
    'does debyg iddo fe.

Fe roes ei ddwylo pur ar led,
    fe wisgodd goron ddrain
er mwyn i'r brwnt gael bod yn wyn
    fel hyfryd liain main.

Esgyn a wnaeth i entrych nef
    i eiriol dros y gwan;
fe sugna f'enaid innau'n lân
    i'w fynwes yn y man.

Ac yna caf fod gydag ef
    pan êl y byd ar dân,
ac edrych yn ei hyfryd wedd,
    gan' harddach nag o'r blaen.

WILLIAM WILLIAMS, 1717–91

MYFYRDOD

Fe wyddai William Williams, Pantycelyn, gystal â neb am ddirgelion ac anghenion y galon ddynol. Fel emynydd y cofiwn ni amdano gan mwyaf bellach, ond yn ogystal â bod yn emynydd rhagorol, roedd hefyd yn gynghorwr penigamp, a wnaeth odid mwy na neb i sicrhau llwyddiant y seiadau Methodistaidd cynnar, a'u bod yn ateb diben eu bodolaeth, sef dod â phobl i brofiad byw o'r Arglwydd Iesu Grist, a'u galluogi i dyfu yn eu ffydd a'u dibyniaeth a'u hymroddiad iddo. O wythnos i wythnos, fe anogid yr aelodau i rannu sut y bu'r Arglwydd yn ymdrin â nhw ers eu cyfarfod diwethaf, pa brofiadau a gawsant ohono, a sut y cawsant nerth i wrthsefyll temtasiwn a gosod pechod o dan draed. Mae'r canllawiau a'r egwyddorion i'w gweld yn ei gyfrol *Drws y Society Profiad*. Efallai mai'r syniad a gawn ni wrth feddwl am y seiat Fethodistaidd ydy am 'bobl dda yn meddwl eu bod nhw'n ddrwg', chwedl Wil Bryan wrth roddi ei lathen ar 'Natur Eglwys' yn nofel Daniel Owen, *Rhys Lewis*. Ond fe wyddai'r Methodistiaid cynnar hyn am eu gwendidau cystal â neb, a sut i gyffesu'r rheiny a derbyn maddeuant a heddwch Duw.

Ymdrin â'r enaid mae Williams yn yr emyn hwn. Gwyddai am yr euogrwydd a grëir ynom ni gan bechod, a chyda'i hyfforddiant meddygol yn gwybod beth oedd cysylltiad poen â'r corff. Pe na byddai poen yn rhan o salwch ac afiechyd y corff, yna byddem yn gadael i'r broblem barhau heb sylwi dim arni, ac yn y diwedd byddem yn cael ein difa. Yn yr un modd fe welwn euogrwydd mewn cysylltiad â'r enaid fel y mae poen â'r corff dynol. Ac mae lles mewn synnwyr o euogrwydd. Euogrwydd yw baner goch Duw i'n rhybuddio bod rhywbeth o'i le arnom yn foesol a bod angen rhoi sylw i hynny. Os na wnawn ni bydd ein bywyd moesol yn chwalu, a phwy a ŵyr beth fydd canlyniad hynny wedyn. Er mwyn ein hiacháu mae Duw'n ein taro. Cariad Duw ar waith ynom er mwyn ein hiacháu ydy euogrwydd. Mae'n ein gwthio tuag ato er mwyn ceisio rhyddhad a rhyddid oddi wrtho. Peth da ydy euogrwydd, felly, os gwyddom ni at bwy i fynd ag ef. Ni allwn ryddhau ein hunain oddi wrtho. Gall ein llusgo i lawr a bod yn faich mawr arnom os na wnawn rywbeth yn ei gylch.

Cawn ein cymell gan Williams i rannu yn ei brofiad ef ac edrych tuag at yr un nad oes 'debyg iddo fe'. Cawn ein cyfeirio at yr Un yr ydym ni wedi pechu yn ei erbyn, yr Un a glwyfwyd am ein pechodau ni. Dim ond wrth 'deimlo dwyfol loes' y mae'r euogrwydd sy'n pwyso arnom yn codi oddi ar ein hysgwyddau.

Taith y Pererin, John Bunyan, yn aml, oedd unig gydymaith y Beibl yng nghartrefi pobl y seiat, ac mae adlais yma yn emyn Williams o hanes Cristion yn cyrraedd y groes a'i bwn yn cael ei godi oddi ar ei gefn.

Nid oes neb all lanhau enaid sydd yn glaf o bechod, sydd yn llawn euogrwydd, fel Crist, meddyg eneidiau. Fe gaiff y 'brwnt gael bod yn wyn'; 'fe sugna f'enaid innau'n lân', ac fe dry popeth yn 'harddach nag o'r blaen' yn ei gwmni ef.

GWEDDI

O Arglwydd, diolch iti am dy lanhad a'th iachâd i'm henaid wrth i mi daflu baich f'euogrwydd wrth waelod dy groes. Gad i'm henaid ganu yn dy gwmni di. Amen.

Cymer, Iesu, fi fel 'rydwyf

Caneuon Ffydd: Rhif 494

Cymer, Iesu, fi fel 'rydwyf,
fyth ni allaf fod yn well;
d'allu di a'm gwna yn agos,
f 'wyllys i yw mynd ymhell:
yn dy glwyfau
bydda' i'n unig fyth yn iach.

Mi ddiffygiais deithio'r crastir
dyrys, anial wrthyf f'hun;
ac mi fethais â choncwerio,
o'm gelynion lleiaf, un:
mae dy enw
'n abl i beri i'r cryfaf ffoi.

Gwaed dy groes sy'n codi i fyny
'r eiddil yn goncwerwr mawr;
gwaed dy groes sydd yn darostwng
cewri cedyrn fyrdd i lawr:
gad im deimlo
awel o Galfaria fryn.

WILLIAM WILLIAMS, 1717–91

MYFYRDOD

A gofiwch chi fod mewn gwasanaeth cymun a'r gweinidog yn rhoi gwahoddiad i bawb sydd yn caru'r Arglwydd Iesu Grist i gydgymuno wrth y bwrdd, ac yna'n nodi nad am ein bod yn caru yr Arglwydd ddigon, ond am yr hoffem ei garu yn well, nad am ein bod yn gryf, ond am ein bod yn wan, y down ato ef i gael ein nerthu? Mynegi'r un teimladau a wna Williams yma gan wybod mor wan ac annigonol y gallwn i gyd deimlo ar brydiau. Ond fe ŵyr Williams yn iawn nad amser sydd ei angen ar y rhai sydd yn teimlo'n annigonol, amser i wella eu buchedd a'u hymarweddiad, 'fyth ni allaf fod yn well', meddai. Nawr yw'r amser inni ein rhoi ein hunain i'r Arglwydd, nid pan fyddwn yn llai prysur neu wedi cyrraedd rhyw nod mewn bywyd, wedi darfod yn y coleg, wedi setlo i lawr i fagu teulu, wedi magu'r plant, wedi ymddeol, wedi . . . ! Nid yw'r amser hwnnw fyth yn dod: 'Cymer, Iesu, fi [yn awr] fel 'rydwyf'.

Ceir mynegiant o'n methiant yma hefyd – methu â choncwerio'r un gelyn a diffygio 'teithio'r crastir dyrys, anial wrthyf f'hun'. Addefiad sydd yma o'n hawydd am gymorth yn ein gwendid, ac mae Duw yn gaddo cymorth i'r rhai sydd yn galw arno – 'cymorth parod mewn cyfyngder'(Salm 46:1). Eto, un peth yw addef gwendid a chynnig cymorth, ond mae'n rhaid bod yn gwybod ym mhle yn union y mae'r cymorth hwnnw ar gael, gwybod ble i droi. 'Gwaed dy groes sy'n codi i fyny', meddai Williams wrthym wedyn yn ei bennill olaf, a chyda hynny cawn wybod ym mhle yn union y mae'n cymorth i'w gael. 'Y mae gennyf gryfder at bob gofyn trwy yr hwn sydd yn fy nerthu i', meddai Paul yn Philipiaid 4:13, a gwyddai yn iawn am ei wendid ei hun.

Ar ddechrau dydd cofiwch eich atgoffa eich hunain gyda'r datganiad adnabyddus hwn a chofio am y cryfder sydd ar gael inni yn yr Arglwydd Iesu: 'Does dim all ddod ar fy nhraws i heddiw, Arglwydd, na allwn ni, ti a minnau gyda'n gilydd, ddelio efo fo.' Mynnwn ddefnyddio ei rym ef i weithredu ac i fod ar ein gorau. Mae Duw wastad yn barod i droi ein hymdrechion gwael ni yn rhai gwerthfawr ac i wneud ein gorau ni hyd yn oed yn well, cyn belled â'n bod yn ymddiried ynddo ac yn defnyddio ei adnoddau ef sydd ar gael inni.

GWEDDI

O Dad, rwyt ti'n rhoi dy adnoddau dy hun at fy nefnydd; mae gwaed y groes yn abl i'm codi i fyny. Helpa fi i ddibynnu ar yr adnoddau hynny mewn gweddi wrth wynebu pob sefyllfa, ac nid ar fy adnoddau gwael i fy hunan. Yn enw Iesu. Amen.

F'enaid, gwêl i Gethsemane

Caneuon Ffydd: Rhif 497

F'enaid, gwêl i Gethsemane,
  edrych ar dy Brynwr mawr
yn yr ing a'r ymdrech meddwl,
  chwys a gwaed yn llifo i lawr.
Dyma'r cariad mwyaf rhyfedd,
  mwyaf rhyfedd fu erioed!

Yn yr ardd, pan ddaliwyd Iesu,
  fe atebodd drosom ni,
"Gadewch iddynt hwy fynd ymaith,
  yn eu lle cymerwch fi!"
Dyma'r cariad mwyaf rhyfedd,
  mwyaf rhyfedd fu erioed!

THOMAS WILLIAM, 1761–1844

MYFYRDOD

Roedd enaid Iesu 'yn drist iawn hyd at farw' yn ôl Marc (14:34) pan ddaeth i ardd Gethsemane ar y noson dyngedfennol honno yn ei hanes; yr wythnos fawr bron ar ben, y swper olaf wedi bod ac Iesu'n ymwybodol iawn, mewn modd na fu erioed hyd yn hyn, o'r gwewyr a'r poen oedd o'i flaen. Sylwi ar yr enaid trist hwnnw mae Thomas William, Bethesda'r Fro, gyda'i enaid ef ei hun, y rhan honno ohono sydd yn gallu dirnad y gwewyr meddwl yr oedd Iesu ynddo yng Ngethsemane.

Cawn ein cymell gan yr emynydd i sylwi ar y digwyddiadau yng ngardd Gethsemane y noson honno y bu Iesu a'i ddisgyblion yno, a chyda rhyw annheilyngdod y deuwn i weld trwy gyfrwng yr adroddiadau faint oedd gwewyr meddwl Iesu mewn gwirionedd. Cymaint oedd y gwewyr meddwl nes iddo ei amlygu ei hun yn gorfforol yn y 'chwys a gwaed yn llifo i lawr'. Mae sôn am rai milwyr adeg y Rhyfel Byd Cyntaf a oedd mewn cymaint o wewyr wrth feddwl am ddod allan o'r ffosydd a 'mynd dros y top' at y gelyn fel y'u gwelwyd hwythau hefyd yn chwysu gwaed.

Bu llawer yn gofyn erioed pam y bu'n rhaid i Iesu ddioddef y fath boen, yma yn yr ardd, yn y poenydio wrth gael ei lusgo o'r naill lys i'r llall, ac ar y groes ei hun. Ond yma yng Ngethsemane mae'r allwedd i'r cwestiwn hwnnw. Yma yng Ngethsemane y cawn ni sefydlu unwaith ac am byth nad oedd ufudd-dod Iesu yn rhywbeth oedd yn cael ei orfodi arno yn erbyn ei ewyllys, ond ei fod o'i wirfodd ei hun, fel bugail da, yn rhoi ei einioes dros y defaid (Ioan 10:7–18). Ffoi mae'r gwas cyflog am nad oes ganddo ofal am y defaid, ond mae'r bugail da yn aros ac yn fodlon gwneud yr aberth mwyaf dros ei ddefaid am mai ef sydd piau nhw. Hwn yw'r gwas sydd yn fodlon dioddef a chymryd ei arwain 'fel oen i'r lladdfa' (Eseia 53:7). Yma mae darlun yr oen a'r bugail yn dod ynghyd gyda'r cyfan er ein mwyn ni.

Meddyliwn am Iesu fel un sydd â heddwch mewnol a thangnefedd yn llifo allan ohono. Ond yng Ngethsemane mae yna drallod a gwewyr am ei fod yn gwybod bod ei dangnefedd mewnol yn gwbl ddibynnol ar ei undeb â Duw ei Dad, a'i fod yn gwybod hefyd y byddai'r berthynas honno'n cael ei thorri wrth iddo gymryd arno'i hun ein pechodau ni mewn gwirionedd a marw mewn gwirionedd er ein mwyn. Mae'n gwbl ryfeddol iddo fodloni ar wneud hyn i gyd drosom ni. 'Dyma'r cariad mwyaf rhyfedd, mwyaf rhyfedd fu erioed!'

GWEDDI

O Dduw graslon a chariadus, does gennyf fi ddim geiriau sy'n ddigonol i fynegi'r hyn a deimlaf am ufudd-dod a bodlonrwydd Iesu i fod yn aberth drosof i. Rwy'n rhyfeddu at y cariad mwyaf fu erioed! Yn enw Iesu. Amen.

O iachawdwriaeth gadarn

Caneuon Ffydd: Rhif 509

O iachawdwriaeth gadarn,
    O iachawdwriaeth glir,
'fu dyfais o'i chyffelyb
    erioed ar fôr na thir;
mae yma ryw ddirgelion,
    rhy ddyrys ŷnt i ddyn,
ac nid oes all eu datrys
    ond Duwdod mawr ei hun.

'Does unpeth ennyn gariad
    yn fflam angerddol gref,
addewid neu orchymyn,
    fel ei ddioddefaint ef;
pan roes ei fywyd drosom
    beth all ef ballu mwy?
Mae myrdd o drugareddau
    difesur yn ei glwy'.

O ras di-drai, diderfyn,
    tragwyddol ei barhad;
yng nghlwyfau'r Oen fu farw
    yn unig mae iachâd:
iachâd oddi wrth euogrwydd,
    iachâd o ofnau'r bedd;
a chariad wedi ei wreiddio
    ar sail tragwyddol hedd.

WILLIAM WILLIAMS, 1717–91

MYFYRDOD

Hanes bywyd a marwolaeth gŵr dychmygol o'r enw *Theomemphus* sy'n sail i fodolaeth yr emyn hwn. Wrth i William Williams adrodd hynt a helynt enaid ei arwr, fe gawn ni wybod mai dyn ffiaidd, llawn twyll, rhagrith a dichell oedd Theomemphus ar y cychwyn, ond mae'n clywed gŵr o'r enw Evangelius yn pregethu'r Efengyl (pa waith arall a fyddai i ddyn â'r fath enw?), a chafodd y bregeth yr effaith o beri tröedigaeth ym mywyd Theomemphus. Rhan yn unig, felly, o'r bregeth fawr sydd gennym ni yn yr emyn hwn, er bod y tri phennill yn rhoi syniad inni o'r bregeth yn ei chyfanrwydd. Ond fe gedwir rhannau eraill o'r bregeth inni yn *Caneuon Ffydd* hefyd, sef emyn 501 ac emyn 504, a dylid eu darllen yn y drefn hon gyda 509 yn dod yn olaf. Deg pennill ydyn nhw o'r tri deg tri gwreiddiol ym mhregeth Evangelius.

Bu Theomemphus druan mewn penbleth a gwewyr meddwl ar ôl clywed amryw o bregethau, a gŵr o'r enw Arbitrius Liber yn

cyhoeddi wrtho:
> 'A dim ond gwneud y gore yw'r cwbl sydd gan ddyn,
> A Duw sydd siŵr o ateb, fe dystia'r gair ei hun.'

Dywed yntau wedyn wrtho ei hun: 'Os na chaf nef heb haeddu,
ffarwél am nef i mi,' gan sylweddoli na all ennill ffafr Duw. Ond
mae Evangelius yn pregethu gras Duw, a chyfiawnhad trwy ffydd,
o ras. Dyma grynhoad o'r Efengyl a bregetha:

> ''R Efengyl wy'n bregethu, nid yw hi ddim ond hyn,
> Mynegi'r weithred ryfedd wnawd ar Galfaria fryn;
> Cyhoeddi'r addewidion, cyhoeddi'r marwol glwy',
> A diwedd llygredigaeth i'r sawl a gredo mwy.'

Dyma'r Efengyl mae Theomemphus yn ei derbyn yn llawen a daw'r
iachawdwriaeth y sonia Evangelius amdani yn eiddo iddo yntau.

Cyfarch yr iachawdwriaeth gadarn a chlir hon yn bersonol a
wna Evangelius yn ei bregeth; 'Fu dyfais o'th gyffelyb erioed ar fôr
na thir', sydd yn y gwreiddiol. Mae'r iachawdwriaeth hon yn destun
rhyfeddod a mawl ac yn un a esbonnir inni yn nhermau
meddyginiaeth ddwyfol. Cofiwn am y pennill canlynol a'i gyfeiriad
at yr archoll a'r feddyginiaeth sy'n ymddangos yn gynharach yn y
bregeth ac a gynhwysir yn emyn 501:

> 'Fe ddaeth i wella'r archoll drwy gymryd clwyf ei hun,
> Etifedd nef yn marw i wella marwol ddyn!'

Sôn am waith Crist yn ennill iachawdwriaeth inni o'i gariad
tuag atom a wna'r ail bennill a geir yma. Fe roddwyd y cyfan oedd
gan Dduw i'w roi i mewn i'r iachawdwriaeth honno: 'Pan roes ei
fywyd trosom, beth all ef ballu mwy?'

Erbyn y pennill olaf sydd yn cloi pregeth Evangelius, fe
sonnir am effaith bersonol yr iachawdwriaeth hon ar yr enaid ac fel
mae'n feddyginiaeth i anghenion dyfnaf yr enaid, yn feddyginiaeth
sydd i'w chael yn rhad ac yn ddi-dâl, o law rasusol Duw ei hun:

> 'O ras di-drai, diderfyn, tragwyddol ei barhad;
> yng nghlhwyfau'r Oen fu farw yn unig mae iachâd:
> iachâd oddi wrth euogrwydd, iachâd o ofnau'r bedd;
> a chariad wedi'i wreiddio ar sail tragwyddol hedd.'

GWEDDI

Diolch iti Arglwydd am Efengyl gogoniant y bendigedig Dduw;
efengyl sydd yn ras i gyd ac yn gariad, ond yn fwy na dim sydd yn
iachawdwriaeth glir i mi, yn peri iechyd a bywyd a bery byth i'm
henaid. Y cyfan yn enw'r Oen fu farw. Amen.

Yn Eden, cofiaf hynny byth

Caneuon Ffydd: Rhif 522

Yn Eden, cofiaf hynny byth,
bendithion gollais rif y gwlith;
syrthiodd fy nghoron wiw.
Ond buddugoliaeth Calfarî
enillodd hon yn ôl i mi:
mi ganaf tra bwyf byw.

Ffydd, dacw'r fan, a dacw'r pren
yr hoeliwyd arno D'wysog nen
yn wirion yn fy lle;
y ddraig a 'sigwyd gan yr Un,
cans clwyfwyd dau, concwerodd un,
a Iesu oedd efe.

WILLIAM WILLIAMS, 1717–91

MYFYRDOD

Dyna le braf a bendigedig oedd yn Eden! Popeth yn hardd, yn
berffaith ac yn gwbl rydd o unrhyw lygredd. Dyma'r gwynfyd y
gosodwyd dyn ynddo ar y cyntaf; Adda ac Efa wedi eu creu 'ar lun
a delw Duw', yn frenin ac yn frenhines gyda'r oll yn
ddarostyngedig iddyn nhw cyn belled ag y byddan nhw'n parhau'n
ufudd i reolaeth Duw fel Brenin ar y cyfan. Dyna le i'w gofio am
byth.

Ond doedd Williams Pantycelyn ddim yno, meddech chi;
sut medr ef gofio am y lle hwnnw? Oherwydd bod cwymp Adda ac
Efa (Gen. 3) wedi effeithio ar bob un person a ddaeth i'r byd hwn ar
eu holau, a bod gennym ni atgof am y gwynfyd hwn yr oedd Duw
yn ei fwriadu ar ein cyfer yn aros yn ddyhead ynom. Disgrifia
Pantycelyn effeithiau'r cwymp arno ef yn bersonol: 'bendithion
gollais rif y gwlith; syrthiodd fy nghoron wiw'. Mae coron
awdurdod dyn dros y greadigaeth yn cael ei cholli yn ei anufudd-

dod i Dduw. Daw popeth oedd gynt o dan ei awdurdod o dan felltith wrth i'w berthynas â Duw gael ei thorri. Yn ogystal â cholli'r bendithion hyn, daw dau beth arall i'r golwg yn ei sgil. Y cyntaf ydy bod dyn trwy ei anufudd-dod i Dduw a'i ddarostyngiad i awgrymiadau'r sarff, yn fforffedu ei reolaeth o'r ddaear i'r sarff ei hun. Satan bellach yw 'tywysog y byd hwn' (Ioan 12:31), a chanddo awdurdod dros farwolaeth, afiechyd, anghytundeb a dinistr hefyd – pethau nad oeddent yn rhan o greadigaeth wreiddiol Duw.

Gellid dweud ei bod hi'n edrych yn go ddu ar ddynolryw, ond mae ail beth yn cynnig gobaith i ni. Yng nghanol trasiedi y gyfres hon o ddigwyddiadau, mae Duw ar waith yn adfer, ac fe addewir cynllun ar gyfer ennill y bendithion hyn a gollodd dyn a dychwelyd ei ystâd a'i goron iddo: 'bydd ef yn ysigo dy ben di . . .' (Gen. 3:15) yw'r ddedfryd ar y sarff. 'Y ddraig a 'sigwyd gan yr Un', medd Williams; yn wir, 'clwyfwyd dau', ac mae'r addewid o hynny yn yr adnod hon. Ond mae Iesu wedi gosod Satan dan draed yn ei waith ar y groes ac mae'r addewid yma hefyd y bydd yr hil ddynol yn gorchfygu'r Un Drwg yn gyfan gwbl yn y diwedd. 'Buddugoliaeth Calfarî enillodd hon yn ôl i mi'; mae'r goron bellach yn cael ei chynnig yn ôl inni gan Iesu Grist. Lle bu Adda yn anufudd a dwyn melltith inni, fe ddaeth Iesu 'â phob bendith ysbrydol yn y nefolion leoedd' (Eff. 1:3) yn ôl i ni trwy ei ufudd-dod a'i aberth dros holl bechod y byd.

Rhyfeddwn fel mae'r addewid hwn yn cael ei adeiladu i mewn i hanes y cwymp ei hun, ac fel mae'r Newydd Da am Iesu Grist yn cael ei gyhoeddi am y tro cyntaf yn yr adnod hon yn Genesis, sydd yn thema yn yr emyn hwn gan Williams Pantycelyn. Mae'r addewid cyntaf hwn o Feseia a Gwaredwr yn un o'r datganiadau mwyaf manwl o'r Efengyl a gawn ni yn unrhyw le.

GWEDDI

O Dduw Dad, mae dy galon mor amlwg yn curo drosom o'r cychwyn cyntaf. Rhyfeddaf at dy addewid o Waredwr pan oedd hi'n edrych yn ddrwg iawn arnom. 'Mi ganaf tra bwyf byw' am iti gyflawni dy addewid, a hynny trwy aberth mawr: 'cans clwyfwyd dau, concwerodd un, a Iesu oedd efe.' Amen byth mwy.

O tyn y gorchudd yn y mynydd hyn

Caneuon Ffydd: Rhif 525

O tyn
y gorchudd yn y mynydd hyn;
llewyrched Haul Cyfiawnder gwyn
    o ben y bryn bu'r addfwyn Oen
yn dioddef dan yr hoelion dur,
    o gariad pur i mi mewn poen.

Ble, ble
y gwnaf fy noddfa dan y ne',
ond yn ei glwyfau dyfnion e'?
    Y bicell gre' aeth dan ei fron
agorodd ffynnon i'm glanhau:
    'rwy'n llawenhau fod lle yn hon.

Oes, oes,
mae rhin a grym yng ngwaed y groes
i lwyr lanhau holl feiau f'oes;
    ei ddwyfol loes a'i ddyfal lef
mewn gweddi drosof at y Tad
    yw fy rhyddhad a'm hawl i'r nef.

HUGH JONES, 1749–1825

MYFYRDOD

Mae gweddi Hugh Jones, Maesglasau, yn ei emyn mwyaf
adnabyddus yn cael ei llefaru ar sail addewid Gair Duw: 'O tyn y
gorchudd yn y mynydd hyn'. Fe'i maged ar fferm Maesglasau ger
Dinas Mawddwy, a dywedir i'r atgofion am ardal ei febyd
ddylanwadu arno wrth iddo ysgrifennu'r emyn hwn. Mynydd Seion
yw'r mynydd y cyfeiria ato, a dichon mai darlun o'r mynyddoedd o
gwmpas ei gartref oedd ganddo pan feddyliai am fynydd Seion, y
'lle sy'n dwyn enw Arglwydd y Lluoedd' (Eseia 18:7). Cwyd Hugh
Jones y ddelwedd o dynnu gorchudd yn y mynydd yn
uniongyrchol o Eseia 25:7, 'Ac ar y mynydd hwn fe ddifa'r

gorchudd a daenwyd dros yr holl bobloedd.' Mae'r addewid hwn gan y proffwyd yn un o uchelfannau'r Hen Destament a'r Newydd. Mewn un adnod fe geir gwared â'r gelyn olaf ac fe gollir y deigryn olaf hefyd wrth i'r gorchudd o dywyllwch ac anghrediniaeth oedd ar ddynion a merched gael ei godi ac i'r bobl weld dadorchuddio Crist gan oleuni ei Ysbryd Glân fel y gwelwn ni, ei bobl, fwy o'i ogoniant ef.

Cawn edrych yn ôl ac ymlaen gyda'r proffwyd Eseia a Hugh Jones. Yn gyntaf, at yr adeg y daeth Duw â'r holl Hebreaid o dan arweiniad Moses at gwr mynydd Sinai yn yr anialwch er mwyn derbyn y gorchmynion (Ex. 20), a phan fu iddyn nhw wrthod mynd i fyny i'r mynydd hwnnw a mwynhau'r gymdeithas felys yr oedd Duw yn ei cheisio gyda nhw yno. Yn y gwrthodiad hwnnw yn y fan honno y seliwyd eu tynged am y deugain mlynedd nesaf, na welai neb o'r bobl oedd yno wlad yr addewid.

Ond, edrych y proffwyd ymlaen hefyd at gyfnod pan fydd Duw yn cael ei anrhydeddu mewn gwledd fawr ryngwladol y mae ef ei hun wedi ei pharatoi, pryd y bydd ei ogoniant ei hun yn cael ei ddangos ac y bydd modd mwynhau'r gymdeithas felys honno y bu'n ei cheisio gyda'i bobl gyhyd, a 'Haul Cyfiawnder gwyn' yn llewyrchu o ben y bryn yn Iesu Grist a fu'n sicrhau'r gymdeithas honno inni. Fe rwygwyd y llen yn y deml o'r naill ben i'r llall pan fu farw Iesu 'o gariad pur i mi mewn poen', gan ddatgelu bod y ffordd at y Tad yn awr yn rhydd, ac o dderbyn y datguddiad hwnnw, rhaid ei garu a'i addoli gan ei fod bob amser yn eiriol drosom: 'ei ddwyfol loes a'i ddyfal lef
          mewn gweddi drosof at y Tad
          yw fy rhyddhad a'm hawl i'r nef.'

Gyda ei gyfeiriadaeth Feiblaidd, ei brofiad personol, ei ddelweddu cyfoethog a'i fydr a'i odl grefftus does ryfedd i O. M. Edwards ei alw 'yr emyn gorau yn yr iaith'.

GWEDDI

O Dad, yr hwn wyt 'yn datguddio pethau dwfn a chuddiedig' a phob tywyllwch i ti fel golau dydd, gofynnaf iti dynnu pob gorchudd sydd yn fy rhwystro i rhag gweld dy ogoniant yn Iesu Grist dy Fab, ac y bydd y llen yn cael ei chodi ar y Cymry unwaith eto er mwyn gweld ei degwch ef a cheisio noddfa yn 'ei glwyfau dyfnion e'. Amen.

Cyn llunio'r byd, cyn lledu'r nefoedd wen

Caneuon Ffydd: Rhif 527

Cyn llunio'r byd, cyn lledu'r nefoedd wen,
cyn gosod haul na lloer na sêr uwchben,
fe drefnwyd ffordd yng nghyngor Tri yn Un
i achub gwael, golledig, euog ddyn.

Trysorwyd gras, ryw annherfynol stôr,
yn Iesu Grist cyn rhoddi deddf i'r môr;
a rhedeg wnaeth bendithion arfaeth ddrud
fel afon gref, lifeiriol dros y byd.

I ddynol-ryw Iachawdwr gwiw a gaed,
dros lwch y llawr fe roes ei werthfawr waed;
pob peth a ddaeth drwy'r iachawdwriaeth rad:
gwisg hardd i'r noeth, a chyfoeth ac iachâd.

Mae'r utgorn mawr yn seinio nawr i ni
ollyngdod llawn drwy'r Iawn ar Galfarî:
mawl ymhob iaith drwy'r ddaear faith a fydd
am angau'r groes a'r gwaed a'n rhoes yn rhydd.

PEDR FARDD, 1775–1845

MYFYRDOD

Efallai bod y bedwaredd ganrif ar bymtheg yn dir anghyfarwydd i ni bellach a'r ugeinfed ganrif wedi ei gosod rhyngom ni a phobl y ganrif honno. Roedd hi'n ganrif gynhyrchiol o ran ei llenyddiaeth a'i hemynyddiaeth, yn ganrif o bobl danbaid eu daliadau hefyd (yn enwedig ei hanner cyntaf), ac yn enwedig yn ddiwinyddol. Er mai fel bardd ac emynydd y cofiwn Peter Jones, neu Pedr Fardd o Eifionydd, a'i osod ar wahân i gewri'r pulpud yn y cyfnod ar ddechrau'r bedwaredd ganrif ar bymtheg – rhai fel John Elias, William Wiliams, Wern, Ebenezer Richard a Christmas Evans – roedd yna gymaint o ddiwinydda yng nghynnwys yr emynau a'r cerddi ag yn y cannoedd llyfrau a gynhyrchodd pobl y cyfnod hwn.

Pobl Cymru yn y bedwaredd ganrif ar bymtheg oedden nhw i gyd,
a 'ffurfient awyr feddyliol a moesol ein gwlad', yn ôl Derec Llwyd
Morgan.

Ceir gosod allan athrawiaeth cyn bodolaeth Iesu Grist, y
Mab, mewn ffordd odidog a chofiadwy yn nau bennill cyntaf emyn
Pedr Fardd. Roedd y berthynas a ddaliai â'r Drindod yn bodoli ers
tragwyddoldeb ei hun. Ef yw'r Mab ac Ail Berson y Drindod, ac
felly y bu hi erioed. Yr oedd 'ym mynwes y Tad' (Ioan 1:18), a'r
Tad yn ei garu 'cyn seilio'r byd' (Ioan 17:24). 'Trwyddo ef ac er ei
fwyn ef y mae pob peth wedi ei greu. Y mae ef yn bod cyn pob
peth, ac ynddo ef y mae pob peth yn cydsefyll' (Col. 1:16–17). A
wyddai Duw y byddai angen i'r Mab hwn achub y ddynoliaeth yn y
modd a wnaeth? Dyna ddywed Pedr Fardd amdano. Yr oedd yn
rhan o fwriad Duw o'r dechrau, ac nid yn gynllun a gadwyd wrth
gefn pan fyddai popeth arall yn methu! Dywed awdur y Llythyr at
yr Hebreaid 'Mewn llawer dull a llawer modd y llefarodd Duw
gynt . . . ond yn y dyddiau olaf hyn llefarodd wrthym ni mewn
Mab.' (Heb 1:1). Ef yw sail ein bywyd ni ac mae'n oleuni i ni ac ef
ei hun oedd wrthi yn y byd yn paratoi ar gyfer ei ddyfodiad ei hun
'i achub gwael, golledig, euog ddyn'.

Dywed Pedr Fardd ymhellach fod digon o ras wedi ei
drysori yn Iesu Grist – 'ryw annherfynol stôr' i achub y byd yn
gyfan. Cadarnha'r emynydd nad oes dim diffyg na chyfyngiad nac
angen yn aberth Iesu Grist drosom. 'Carodd Duw y byd' yw
byrdwn Iesu yn Ioan 3:16, nid rhan ohono, a hynny sy'n rhoi sail
i'n cenhadaeth fel Eglwys ac i Pedr Fardd osod yr emyn hwn yn un
o'r deunaw emyn cenhadol sydd ganddo yn ei *Crynhoad o Hymnau*
(1830). Gwelwn hefyd fod yma 'ollyngdod *llawn* drwy'r Iawn ar
Galfarî', ac nid oes dim yn eisiau yn yr Iawn hwn a wnaeth Crist ar
y groes er mwyn ein hachub o'n pechod. Am hyn y bu dadlau
tanbaid a manwl yn nechrau'r bedwaredd ganrif ar bymtheg pan
oedd yr athrawiaethau hyn yn rhan o sôn bob dydd pobl ac y
gallent nodi beth oedd gwerth aberth Crist drostynt.

GWEDDI

Diolch iti, O Dduw, am y gras a drysorwyd yn Iesu Grist – 'cyn
rhoddi deddf i'r môr' hyd yn oed. Helpa fi i sylweddoli pris y
'gollyngdod llawn' a gefais 'drwy'r Iawn ar Galfarî', ac i fod yn
fythol ddiolchgar i ti am yr 'Iachawdwr gwiw a gaed'. Amen.

Caed trefn i faddau pechod

Caneuon Ffydd: Rhif 536

Caed trefn i faddau pechod
yn yr Iawn;
mae iachawdwriaeth barod
yn yr Iawn;
mae'r ddeddf o dan ei choron,
cyfiawnder yn dweud, "Digon,"
a'r Tad yn gweiddi, "Bodlon"
yn yr Iawn;
a "Diolch byth," medd Seion,
am yr Iawn.

Yn awr, hen deulu'r gollfarn,
llawenhawn;
mae'n cymorth ar Un cadarn,
llawenhawn:
mae galwad heddiw ato
a bythol fywyd ynddo;
ni chollir neb a gredo,
llawenhawn,
gan lwyr ymroddi iddo,
llawenhawn.

GWILYM CYFEILIOG, 1801–76

MYFYRDOD

Dyma'r unig emyn o waith William Williams, Llanbrynmair, neu Gwilym Cyfeiliog, yn *Caneuon Ffydd* a, hyd y gwelaf fi, yr unig un a fu ganddo ym mhrif gasgliadau'r enwadau yn gyffredinol ers i Roger Edwards ei gynnwys yn ail argraffiad o'r *Salmydd Cymreig* ym 1849.

Emyn i'r Iawn sydd yma yn ei hanfod. Gair syml yw *iawn* yn y Gymraeg, yn rhan o'n siarad bob dydd – 'Wyt ti'n iawn?', 'Da iawn', 'Popeth yn iawn'. Dyma'n defnydd hollol gyffredin ni o'r gair bach unsill, swynol hwn. Ond o'i ddefnyddio mewn ystyr cyfreithiol a diwinyddol, mae'r gair bach, nad ydyw'n golygu mwy nag 'OK ' neu 'all right' yn Saesneg, yn codi i dir uwch o lawer ac yn derbyn llythyren fawr, 'Iawn', a bannod, 'Yr Iawn', er mwyn diffinio yr un weithred unigryw a wnaed gan Iesu ar y groes yn ei roi ei hun yn aberth ac yn daliad drosom. Dyma'r gair bach yn Gymraeg sydd yn arwyddo bod popeth yn 'iawn', yn 'all right' rhyngom ni a Duw o'i herwydd. Mae'r berthynas wedi ei hadfer:

'cyfiawnder yn dweud "Digon,"
a'r Tad yn gweiddi, "Bodlon"
yn yr Iawn'

Ein hymateb ni – Seion, Eglwys Crist, sef y rhai a brynwyd ac a adferwyd i berthynas â Duw, yw dweud '"Diolch byth," ... 'am yr Iawn'.

Cyfieithwyd yr emyn i'r Saesneg gan Vernon Higham, Caerdydd, ond amhosibl wrth gwrs oedd iddo ddefnyddio'r gair Saesneg am Iawn, sef 'Atonement', oherwydd bod angen gair unsill arno, ac ychydig o emynau Saesneg sydd yn defnyddio'r gair am ei fod yn un mwy clogyrnaidd a thechnegol. Defnyddiodd yn hytrach 'In his blood', sydd yn cyfleu yr un syniad, ond heb fod yn cario'r un sylwedd ac arwyddocâd i ni â'r gair Iawn pan ddown ni ar ei draws fel Cymry mewn emynau Cymraeg fel un Gwilym Cyfeiliog yma ac emyn Pedr Fardd sy'n sôn am 'ollyngdod llawn drwy'r Iawn ar Galfarî' (rhif 527) neu garol Eos Iâl, 'yr Iawn gaed ar Galfaria' (rhif 464), er enghraifft.

Cydoesai Gwilym Cyfeiliog ag Owen Thomas, Lerpwl (1812–91), ac ef yn ei gofiant rhagorol i John Jones, Talsarn (1874) sydd yn olrhain hanes y dadleuon diwinyddol am yr Iawn yng Nghymru yn nhrydedd ran ei 'bennod hirfaith' (yn ôl ei addefiad ei hun): *Dadleuon Duwinyddol Cymru. 1707–1841*. Ar ddiwedd ail ran ei bennod, fe'i ceir yn hiraethu braidd am gyfnod o ddadlau cyffelyb er mwyn cael hogi dipyn ar ein deall o natur gwirioneddau mawr yr Efengyl: 'Dichon ... nad bendith fechan i Gymru eto fyddai tymhor o ddadl ddifrifol, ac mewn ysbryd Cristnogaidd, ar rai o wirioneddau mawrion yr efengyl!'

Clywch farn Robert ap Gwilym Ddu yn ei englyn yn ystod y cyfnod hwn hefyd ar natur yr Iawn:

Paham y gwneir cam â'r cymod – neu'r Iawn
A'i rinwedd dros bechod?
Dywedwch faint y Duwdod,
Yr un faint yw'r Iawn i fod.

GWEDDI
Diolch iti, Arglwydd, am air bach sydd yn llefaru cyfrolau wrthym yn ein hiaith ein hunain am yr hyn a gyflawnaist ti drosom ni ar y groes. Bydded i'n diolch fod yn para byth. Amen.

O Fab y Dyn, Eneiniog Duw

Caneuon Ffydd: Rhif 541

O Fab y Dyn, Eneiniog Duw, fy Mrawd
a'm Ceidwad cry',
ymlaen y cerddaist dan y groes a'r gwawd
heb neb o'th du;
cans llosgi wnaeth dy gariad pur bob cam,
ni allodd angau'i hun ddiffoddi'r fflam.

Cyrhaeddaist ddiben dy anturiaeth ddrud
drwy boenau mawr;
a gwelais di dan faich gofidiau'r byd
yn gwyro i lawr,
ac yn dy ochain dwys a'th ddrylliog lef
yn galw'r afradloniaid tua thref.

Rho imi'r weledigaeth fawr a'm try
o'm crwydro ffôl
i'th ddilyn hyd y llwybrau dyrys, du
heb syllu'n ôl;
a moes dy law i mi'r eiddilaf un,
ac arwain fi i mewn i'th fyd dy hun.

Tydi yw'r ffordd, a mwy na'r ffordd i mi,
tydi yw ngrym:
pa les ymdrechu, f'Arglwydd, hebot ti,
a minnau'n ddim?
O rymus Un, na wybu lwfwrhau,
dy nerth a'm ceidw innau heb lesgáu.

GEORGE REES, 1873–1950

MYFYRDOD

Wedi sylwi ar ddynesiad Iesu Grist ei hun, drwy'r teitlau a rydd
George Rees ar Grist – Mab y Dyn, yr un oedd o dragwyddoldeb yn
dod yn Eneiniog Duw, yn Grist i'n plith, yn rhannu yn ein gwendid
a'i wneud yn Frawd, ond yn marw er mwyn ein cadw ninnau a'i
wneud yn Geidwad cry' inni i gyd – chawn ni ddim aros yn llonydd
yn hir. 'Ymlaen y cerddaist', meddai, ac arweinir ninnau at
Galfaria. Yno 'Cyrhaeddaist ddiben dy anturiaeth ddrud', ac oddi
yno mae'n galw arnom ninnau i'w ganlyn ac i ddilyn ei esiampl.

O ddyfynnu'r Salmydd sydd hefyd yn gofyn am arweiniad–
'Edrych a wyf ar ffordd a fydd yn loes i mi, ac arwain fi yn y ffordd
dragwyddol' (Salm 139:24), fe welwn y gwyddai yntau, fel George
Rees yma, na allwn ganfod y ffordd ar ein pennau ein hunain. Y
mae'n rhaid i Dduw osod ein traed arni a'n harwain ar ei hyd.

Mae George Rees yn rhoi hanes cyfansoddi'r emyn hwn yn
Trysorfa'r Plant, Chwefror 1938, ac yn sôn fel y cafodd ei hun yn
myfyrio'n ddwys ar ôl pregeth yng nghapel Willesden Green gan yr
Athro David Williams a fu'n athro diwinyddiaeth yng Ngholeg y
Bala. Pwynt y bregeth oedd 'Esiampl Crist', a sylweddolodd
George Rees 'Yn yr olwg ar odidowgrwydd y ffordd a gerddodd Ef,
nad oedd gobaith i mi ei ddilyn byth. Teimlwn yn anesmwyth a
digalon, a gofynnwn i mi fy hunan yn ddistaw, "Pa les ymdrechu?"
Aeth yn dywyll iawn arnaf, ond ymhen ennyd, llewyrchodd goleuni
geiriau Crist i'm meddwl – "Hebof fi ni ellwch chwi wneuthur dim."
Darfu'r ofn a'r dryswch, canys gwelwn holl ddigonolrwydd y
Gwaredwr o'm tu. Euthum i fyfyrio'n ddwys, a ffrwyth y myfyrio
hwnnw ydyw emyn 231' (fel y'i ceid yn hen lyfr y Methodistiaid).

Dyma, felly, brofiad George Rees, a wyddai na fedrai ddilyn
yr esiampl hon yn ei nerth ei hun, a bod Iesu yn fwy nag esiampl,
ac yn Waredwr ac yn Arglwydd inni hefyd. Sonia am Iesu fel y
ffordd at y Tad, ond dywed hefyd fod Iesu yn ein helpu ar hyd y
ffordd honno yn ogystal – 'a mwy na'r ffordd i mi, tydi yw
'ngrym'.

Fe gofiwch eiriau Iesu ei hun: 'Myfi yw'r ffordd, a'r
gwirionedd a'r bywyd. Nid yw neb yn dod at y Tad ond trwof fi'
(Ioan 14:6). A thystiolaeth yr apostolion i'r ffordd honno wedyn yn
Actau: 'Ac nid oes iachawdwriaeth yn neb arall, oblegid nid oes
enw arall dan y nef, wedi ei roi i'r ddynolryw, y mae'n rhaid i ni
gael ein hachub drwyddo' (Actau 4:12).

Nid yw'r ffordd, felly, o unrhyw lesâd inni oni ddown ni ar
ei hyd hi. A ninnau'n gwybod bod bywyd i'w gael yn Iesu, ai ein
hateb ni fel y Phariseaid mae Iesu o hyd: 'eto ni fynnwch ddod ataf
fi i gael bywyd' (Ioan 5:40)?

GWEDDI
O rymus Un, na wybu lwfrhau, arwain ni ar hyd y ffordd sydd yn
wirionedd ac yn fywyd ynot ti dy hun. Paid â gadael imi grwydro
ar fy mhen fy hun, ond gosod fy nhraed yn sicr a goleua'r ffordd
dragwyddol o'm blaen. Yn enw anghymarol dy Fab Iesu Grist.
Amen.

Mi wn fod fy Mhrynwr yn fyw

Caneuon Ffydd: Rhif 547

Mi wn fod fy Mhrynwr yn fyw,
    a'm prynodd â thaliad mor ddrud;
fe saif ar y ddaear, gwir yw,
    yn niwedd holl oesoedd y byd:
er ised, er gwaeled fy ngwedd,
    teyrnasu mae 'Mhrynwr a'm Brawd;
ac er fy malurio'n y bedd
    ca'i weled ef allan o'm cnawd.

Wel, arno bo 'ngolwg bob dydd,
    a'i ddaliad anfeidrol o werth;
gwir awdur, perffeithydd ein ffydd,
    fe'm cynnal ar lwybrau blin serth:
fy enaid, ymestyn ymlaen,
    na orffwys nes cyrraedd y tir,
y Ganaan dragwyddol ei chân,
    y Saboth hyfrydol yn wir.

THOMAS JONES, 1756–1820

MYFYRDOD

Dyma emyn sydd wedi cynnig sicrwydd i gredinwyr ers dros ddwy ganrif bellach. Adleisio Job mae Thomas Jones yn ei bennill cyntaf ac mae'n gwau dwy adnod at ei gilydd yn un pennill, sef Job 19:25 a 26. Dyna'n wir yw cryfder llawer o'n hemynau, eu bod yn adleisio ac yn defnyddio ac yn gosod yng nghof pobl lawer o adnodau o'r Beibl.

Fe lefara Job yng nghanol ei wewyr, ac yntau wedi colli popeth oedd yn ei feddiant ac yn annwyl iddo. Eto, er gwaethaf y boen a'r dioddefaint, mae'n gwrthod melltithio Duw a rhoi'r gorau i gredu bod gan Dduw fwriad ar ei gyfer yng nghanol ei helynt ac nad drygioni na phechod ar ei ran ef sydd wedi tynnu'r digofaint hwn arno.

Digon gwantan fu iechyd Thomas Jones yntau ar hyd ei oes. Daliai afael yng ngobaith yr Efengyl ac yng ngobaith Job y câi 'weled ef eto yn fy nghnawd', yn ôl ei fersiwn ef ei hun o'r emyn cyn ei newid i 'allan o'm cnawd' gan olygyddion diweddarach. Ni rwystrodd ei iechyd gwael na'i lawdriniaethau ef rhag byw yn effeithiol ac yn llawn fel awdur, cyfieithydd a gweinidog.

Fe rwystrir llawer ym mhob oes rhag byw yn llawn oherwydd bod ofnau yn cysgodi eu bywydau, ac ofn marwolaeth yw'r mwyaf o'r cysgodion hynny. Mae awdur y Llythyr at yr Hebreaid yn mynd at graidd y mater pan sonia am Iesu yn 'rhyddhau'r rheini oll oedd, trwy ofn marwolaeth, wedi eu dal mewn caethiwed ar hyd eu hoes.' (Heb. 2:15). At bwy mae modd i ni fynd pan mae ein calonnau ofnus yn mynnu cael eu rhyddhau o'r ofnau hynny? Os awn ni at yr athronydd didduw fe gawn ni ateb tebyg i hwn: 'Dysgwch fod yn fodlon ar y blynyddoedd a gynigia'r bywyd hwn i chi, gan eich addysgu eich hunain bod hynny yn ddigon ar eich cyfer.' Does fawr o obaith i'w gael mewn geiriau gweigion o'r fath. Dyheuwn am sicrwydd y gallwn ni i gyd gydio ynddo, ac fe ddown ni o hyd iddo wrth inni agor yr Ysgrythurau a darllen geiriau'r hwn, trwy ei farwolaeth, a ddiddymodd afael marwolaeth arnom ac ofn marwolaeth ynom.

Myfyriwch ar eiriau Iesu ei hun: 'rwy'n dweud wrthych fod y sawl sy'n gwrando ar fy ngair i ac yn credu'r hwn a'm hanfonodd i yn meddu ar fywyd tragwyddol . . . y mae wedi croesi o farwolaeth i fywyd' (Ioan 5:24). Dyna galondid i'r un sydd yn ofni marwolaeth. Dyma gynhaliaeth Job a Thomas Jones: 'Mi wn fod fy Mhrynwr yn fyw.' Nid oes neb gwerth troi ato wrth inni feddwl am ateb i un o ofnau mwyaf dynolryw, neb ond Iesu.

GWEDDI

O Dad, rwy'n diolch iti am y gobaith hwn a gynhaliodd Job yn ei ddigofaint, ac am dy Fab sydd wedi diddymu marwolaeth ac ofn marwolaeth trwy ei daliad 'anfeidrol o werth', gan ein rhyddhau ninnau o bob caethiwed i fywyd tragwyddol. Rwy'n rhoi diolch a mawl i ti am hyn. Amen.

Arglwydd bywyd, tyred atom

Caneuon Ffydd: Rhif 551

Arglwydd bywyd, tyred atom,
  gobaith holl dylwythau'r llawr,
yn dy wanwyn gwena arnom,
  rho i'n llwydni degwch gwawr;
    tyred, Arglwydd,
    ti yw'r atgyfodiad mawr.

Er ein gallu gweiniaid ydym,
  tlawd yw dysg heb olud ffydd,
o addoli nerthoedd daear
  ni ddaw dyn o'i rwymau'n rhydd;
    derfydd grymoedd:
    erys grym y trydydd dydd.

Pan fo anghrediniaeth chwerw
  heddiw'n cau amdanom ni,
pan ddiffygia'r breichiau dynol
  yn ein gwendid clyw ein cri;
    treigla'r meini,
    Arglwydd, rhyngom a thydi.

O. T. EVANS (1916–2004)

MYFYRDOD

Gobaith yr atgyfodiad, wrth gwrs, yw thema O. T. Evans yn yr emyn hwn. Dyma yw 'gobaith holl dylwythau'r llawr', a dyma'r grym sydd yn aros pan mae grymoedd llywodraethau'r ddaear yn darfod, oherwydd hwn yw 'grym y trydydd dydd'. Tlawd iawn ydym hefyd os dibynnwn ar ddysg a gwybodaeth heb fod 'golud ffydd' yn cyfoethogi'n bywyd a chyfrannu gobaith inni.

Pan fydd 'anghrediniaeth chwerw' yn cau amdanyn nhw, beth sydd i'w gynnig yn obaith i'r rhai sydd â'u calonnau'n doredig gan alar, yn flin yn eu hymchwil am atebion oherwydd grym marwolaeth, ac oherwydd eu bod wedi eu hymddiried eu hunain i ddysg, nerthoedd a grymoedd y ddaear hon yn unig? Mentrwn rannu gobaith yr atgyfodiad mawr gyda nhw, a sôn wrthyn nhw am Lasarus, yr hwn fu i Iesu ei godi o farw'n fyw (Ioan 11). Mae Iesu'n caniatáu inni ofyn cwestiynau. Gofynnodd Martha, chwaer Lasarus, i bob pwrpas: 'Lle'r oeddet ti, Arglwydd, pan oedden ni dy eisiau di?' Ond doedd Iesu ddim yn flin gyda Martha am ei gwestiynu, ond aeth ati i'w chysuro ac, yn y man hefyd, fe wylodd. Nid oherwydd na allai wneud dim byd yn wyneb marwolaeth, ond oherwydd ei fod yn esiampl inni, ac yn teimlo poen galar ac yn ei wynebu fel y dylem ninnau, ac nid ei guddio.

Yn wyneb angau ei hun fe gynigiodd Iesu obaith i Martha, y gobaith hwnnw oedd i ddod yn obaith i 'holl dylwythau'r llawr': 'Myfi yw'r atgyfodiad a'r bywyd', meddai wrthi hi, a Martha oedd y cyntaf i gredu ac i ymateb i'r 'atgyfodiad mawr' pan ofynnodd Iesu iddi hi: 'A wyt ti'n credu hyn?' 'Ydwyf, Arglwydd, yr wyf fi'n credu mai tydi yw'r Meseia, Mab Duw, yr Un sy'n dod i'r byd,' oedd ei hymateb hithau, a hynny cyn cael prawf o atgyfodiad ei brawd na bod sôn am farwolaeth ac atgyfodiad Iesu ei hun hyd yn oed. Rhoddodd ei ffydd a'i gobaith i gyd ynddo ac ni chafodd hi mo'i siomi. Fe alwyd ar Lasarus i ddod allan o'r bedd, a daeth yntau allan ac fe ddatodwyd ei rwymau a gadael iddo fynd. O hynny ymlaen, fe fu cynllwynio yn erbyn Iesu ac roedd 'yr atgyfodiad a'r bywyd' â'i wyneb tuag at y groes, ond yn sicr o'r gobaith oedd y tu draw iddi hi, ac o rym y trydydd dydd a fyddai'n rhoi'r sêl terfynol ar ei eiriau: 'Myfi yw'r atgyfodiad a'r bywyd.'

GWEDDI

Duw a Thad ein Harglwydd Iesu Grist, yr hwn a wnest ti yn Arglwydd bywyd ac yn obaith bywiol i ni ac i holl dylwythau'r llawr, gofynnwn iti hydreiddio'n calonnau â'r gobaith hwnnw fel na fydd anghrediniaeth chwerw yn cael lle i gau amdanom o gwbl. Mae popeth arall y gobeithiwn ni ynddo yn ein siomi, ond mae grym y trydydd dydd a gobaith yr atgyfodiad mawr yn fyw heddiw fel erioed. Ynot ti yr ymddiriedwn, Iesu, am mai 'tydi yw'r Meseia, Mab Duw, yr Un sy'n dod i'r byd'. Amen.

Er gwaetha'r maen a'r gwylwyr

Caneuon Ffydd: Rhif 552

Er gwaetha'r maen a'r gwylwyr
cyfododd Iesu'n fyw;
daeth yn ei law alluog
â phardwn dynol-ryw;
gwnaeth etifeddion uffern
yn etifeddion nef;
fy enaid byth na thawed
â chanu iddo ef.

Boed iddo'r holl ogoniant,
Iachawdwr mawr y byd;
mae'n rhaid i mi ei ganmol
pe byddai pawb yn fud;
mae'n medru cydymdeimlo
â gwaeledd llwch y llawr,
a charu heb gyfnewid
i dragwyddoldeb mawr.

MORGAN RHYS, 1716–79

MYFYRDOD

Gadawodd Morgan Rhys gasgliad gwerthfawr o emynau inni yn etifeddiaeth, ond fel llawer o emynwyr eraill dioddefodd o dan law amrywiol olygyddion a fu'n addasu, twtio a thacluso ei emynau. Ymddengys mai'r ddau bennill a roddwyd at ei gilydd yn *Llawlyfr Moliant* y Bedyddwyr sydd gennym yma, ac nid y ddau bennill oedd yn dilyn ei gilydd yng nghasgliad Morgan Rhys ei hun, *Golwg ar Ddinas Noddfa* (1770).

Beth bynnag am yr hanes, mae'r emyn bellach yn ymgartrefu'n ddiogel yn adran 'yr atgyfodiad a'r esgyniad' yn *Caneuon Ffydd*, ac fe fynega wirionedd rhyfeddol gwyrth atgyfodiad Crist gyda chadernid a hyder. Fe'n sicrheir ni yn yr Efengylau i gyd fod corff Iesu wedi ei gladdu mewn beddrod a maen mawr wedi ei dreiglo ar draws ei fynedfa, a sonia'r Efengylau

Cyfolwg fod y gwragedd yno'n gwylio'r claddu ac yn gwybod wedyn at ba fedd i ddod er mwyn eneinio'r corff pan ddeuai'r cyfle cyntaf ar ôl y Saboth. Sonia Mathew yn ei dro am y milwyr a benodwyd ar gais yr Iddewon rhag i neb geisio lladrata corff Crist. Roedd y merched a aeth at y bedd yn gynnar y bore Sul hwnnw ar ôl i'r Saboth fynd heibio, yn poeni am y maen, 'oherwydd yr oedd yn un mawr iawn' (Marc 16:4), a phwy a fyddai yno i'w symud iddyn nhw. Wydden nhw ddim, mae'n debyg, am y milwyr oedd wedi eu gosod i wylio'r bedd. Mae llyfrau cyfan wedi eu hysgrifennu yn olrhain y digwyddiadau rhyfeddol ar fore'r atgyfodiad, un ohonyn nhw'n gofyn 'Pwy symudodd y maen?' *(Who moved the stone?* gan Frank Morison), lle gosodir yr holl dystiolaeth i'r atgyfodiad a geir yn yr Efengylau a'i dadansoddi er mwyn cael ateb. Ni fedrai'r beddrod a'r maen, er ei fod yn fawr, na'r milwyr gadw Iesu rhag cael ei gyfodi'n fyw. Fe gyfodwyd ef er eu gwaethaf.

Nid oes sôn yn yr Efengylau mai Iesu ei hun a symudodd y garreg fawr, er y gallai fod wedi gwneud hynny, ond y dystiolaeth yw iddi gael ei symud yn gynnar y bore Sul hwnnw a bod yn fodd i ddychryn y milwyr oedd yn cadw gwyliadwriaeth (Mth. 28:4). Mae gan Dr W. E. Sangster sylw treiddgar ynglŷn â'r maen sy'n rhoi golwg bellach inni ar wir bwrpas ei symud: 'Treiglodd Duw y maen, nid er mwyn i'w Fab gyfodi, ond er mwyn i ni wybod iddo gael ei gyfodi, fel y caem ninnau sleifio i'r bedd gwag a gweld yn unig y man lle rhoddwyd ef i orffwys.'

Ni chyfodwyd Crist pan symudwyd y maen o reidrwydd; y tebyg yw ei fod eisoes wedi ei gyfodi. Sylwodd Pedr fod ei gorff wedi pasio trwy'r llieiniau a roddwyd amdano a bod y rheini'n gorwedd yn llipa yn y man lle bu ei gorff (Ioan 20:6). Fe basiodd hefyd trwy'r graig yr oedd y beddrod wedi ei naddu ohoni ac fe dreiglwyd y maen wedyn ar ein cyfer ni, a'r bedd gwag yn dystiolaeth o'i atgyfodiad sydd yn addewid i ni ym mhob oes o'n hatgyfodiad ninnau, y rhai sy'n derbyn 'pardwn dynol-ryw' o'i 'law alluog' ef.

GWEDDI

O Dduw Hollalluog, ni all fy enaid byth dewi â sôn a chanu mawl wrth i mi ryfeddu at wyrth yr atgyfodiad. Diolch bod imi dystiolaeth yr Efengylau o'i wirionedd. Boed imi fod â thystiolaeth yr Ysbryd hefyd dy fod yn fyw heddiw yn fy nghalon i. Yn enw Iesu, yr atgyfodiad a'r bywyd. Amen.

O gorfoleddwn oll yn awr

Caneuon Ffydd: Rhif 557

O gorfoleddwn oll yn awr,
daeth golau'r nef i nos y llawr;
mae'r Gŵr a ddrylliodd rym y bedd
yn rhodio'n rhydd ar newydd wedd:
rhown fawl ar gân i'r uchel Dduw,
mae Crist ein Pasg o hyd yn fyw.

Nid arglwyddiaetha angau mwy
ar deulu'r ffydd, gwaredir hwy;
y blaenffrwyth hardd yw Mab y Dyn,
mae'r bywyd ynddo ef ei hun:
rhown fawl ar gân i'r uchel Dduw,
mae Crist ein Pasg o hyd yn fyw.

O cadwn ŵyl, mae'r aberth drud
yn iachawdwriaeth i'r holl fyd;
mae'r lefain newydd wedi'i roi,
a grym y gwir yn ddi-osgoi:
rhown fawl ar gân i'r uchel Dduw,
mae Crist ein Pasg o hyd yn fyw.

Os meirw oeddem, weiniaid trist,
bywheir ni oll yn Iesu Grist;
mor wynfydedig fydd ein braint,
cael etifeddiaeth gyda'r saint:
rhown fawl ar gân i'r uchel Dduw,
mae Crist ein Pasg o hyd yn fyw.

W. RHYS NICHOLAS, 1914 – 96

MYFYRDOD

Bu llawer o bobl dda iawn yn cerdded ar y ddaear hon, ac fe allech chi feddwl mai un o'r rheiny oedd Iesu o Nasareth y mae cymaint o sôn amdano yn y Beibl. Bu llawer o bobl farw dros achosion teilwng hefyd, ac fe allech chi feddwl mai dyna a wnaeth Iesu hefyd. Ond y gwir amdani yw ei fod wedi gwneud cymaint mwy na hynny. 'Canys Crist ein Pasg ni a aberthwyd drosom ni' (1 Cor. 5:7, BWM). Gorfoleddu yn hynny mae W. Rhys Nicholas yn yr emyn Pasg hwn: 'Rhown fawl ar gân i'r uchel Dduw, mae Crist ein Pasg o hyd yn fyw.'

Cyn ein bod ni yn dathlu'r Pasg, roedd yr Iddewon yn cadw gŵyl er mwyn cofio am y ffordd y cawson nhw eu hachub o'r Aifft yn amser Moses pan aberthwyd oen er mwyn i'w waed gadw'r teulu yn ddiogel tra oedd y pla olaf yn mynd drwy'r tir. Iesu Grist yw ein hoen ni: 'Dyma Oen Duw, sy'n cymryd ymaith bechod y byd!', meddai Ioan Fedyddiwr amdano. Nid marw fel merthyr dros ryw achos da a wnaeth Iesu, felly, ond marw dros bob un ohonom ni er mwyn ein prynu o gaethiwed pechod i ryddid ynddo ef. Dim ond Iesu sy'n cynnig maddeuant inni am ein holl ddrygioni ac yn caniatáu inni gael perthynas â Duw a mynediad ato a heddwch gydag ef, trwy ddod â ni yn ffrindiau efo Duw yn hytrach nag yn rhai sy'n gweithio yn ei erbyn ac yn elynion iddo. Cawn ein hannog i gadw gŵyl o'r newydd gan yr emynydd, oherwydd bod 'Crist ein Pasg o hyd yn fyw'.

Bu Iesu'n fodlon gwneud yn iawn am bechodau pob un ohonom, ym mhob oes, a thrwy hynny ddangos y cariad mwyaf a welodd y byd erioed trwy farw ar groes drosom: 'Yn hyn y mae cariad: nid ein bod ni'n caru Duw, ond ei fod ef wedi ein caru ni, ac wedi anfon ei Fab i fod yn aberth cymod dros ein pechodau' (1 Ioan 4:10).

Roedd Duw yn fodlon ynddo, ac fe gododd Iesu o farwolaeth i fywyd eto. Dyna pam fod pawb sy'n ei adnabod mor llawen ar y Pasg. Sail y mawl yn y pennill olaf o'r emyn ydy geiriau Paul at yr Effesiaid: 'fe'n gwnaeth ni, ni oedd yn feirw yn ein camweddau, yn fyw gyda Christ' (Eff. 2:5). Ein braint fydd 'cael etifeddiaeth gyda'r saint', a chael bywyd go iawn a fydd yn para am byth oherwydd aberth Iesu, a'i fod eto'n fyw: 'A hyn yw bywyd tragwyddol: dy adnabod di, yr unig wir Dduw, a'r hwn a anfonaist ti, Iesu Grist' (Ioan 17:3).

GWEDDI

O Dduw Dad, gorfoleddwn am iti fod yn fodlon rhoi dy Fab yn aberth er ein mwyn. A ninnau gynt yn ddiobaith hebddo ef, yr wyt ti'n cynnig bywyd tragwyddol a'r nef yn gyfan inni: 'Canys Crist ein Pasg ni a aberthwyd drosom ni.' Amen.

Doed awel gref i'r dyffryn

Caneuon Ffydd: Rhif 582

Doed awel gref i'r dyffryn
lle 'rŷm fel esgyrn gwyw
yn disgwyl am yr egni
i'n codi o farw'n fyw;
O na ddôi'r cyffro nefol
a'r hen orfoledd gynt
i'n gwneuthur ninnau'n iraidd
yn sŵn y sanctaidd wynt.

Ar rai a fu mor ddiffrwyth
doed y tafodau tân
i ddysgu anthem moliant
i blant yr Ysbryd Glân;
a'r golau pur a fyddo
yn foddion o lanhad,
a sôn am achub eto
yn seinio yn ein gwlad.

JOHN ROBERTS, 1910–84

MYFYRDOD

Fel y gwelwyd llawer o gyfnodau o'r blaen yn debyg i weledigaeth Eseciel ym mhennod 37 o'r dyffryn yn llawn o esgyrn sychion, mae John Roberts yntau yn gweld ei gyfnod ef ei hun yng ngoleuni'r weledigaeth hon. Gofynnodd yr Arglwydd i Eseciel ar ôl dangos y dyffryn llawn esgyrn iddo: 'Fab dyn, a all yr esgyrn hyn fyw?' O feddwl yn rhesymegol, y mae peth felly'n gwbl amhosibl, ond mae Eseciel yn troi'r cwestiwn yn syth ar ei ben ac yn dweud: 'O Arglwydd Dduw, ti sy'n gwybod.' Mae'n cael gorchymyn i broffwydo wrth yr esgyrn sychion hyn ac i gyhoeddi y byddan nhw'n byw eto. Dyma dasg go anodd yn wyneb yr amgylchiadau a'r ffeithiau plaen o'i gwmpas, ond bu'n ffyddlon i Dduw ac ufuddhaodd iddo, ac fe welwyd canlyniadau hynny wrth i'r esgyrn ddod ynghyd. Galwodd Eseciel wedyn ar yr anadl i ddod o'r pedwar gwynt, 'anadla ar y lladdedigion hyn, iddynt fyw', meddai, ac fe ddaeth anadl ac fe gododd y lladdedigion hyn 'ar eu traed yn fyddin gref iawn'. Mae John Roberts yn proffwydo eto yn ein dyddiau ni ac yn erfyn yn daer am gael gweld awel gref yn dod i'r dyffryn arnom ni sydd wedi mynd yn ddiffrwyth ac yn farw'n ysbrydol, 'i'n codi o farw'n fyw'.

Mae Iesu hefyd yn sôn am yr Ysbryd Glân fel gwynt 'yn chwythu lle y myn' (Ioan 3:8). Pan oedd y credinwyr cynnar oll ynghyd yn yr un lle fe ddaeth yn sydyn 'sŵn fel gwynt grymus yn rhuthro'(Actau 2:2). Yr Ysbryd Glân oedd yno eto, yn arwyddo dechrau cyfnod newydd yn eu hanes, o dywallt yr Ysbryd allan, nid ar unigolion ar gyfer amgylchiadau penodol ond yn gyffredinol ar bawb a'i derbyniai. Dyma roi grym i'r credinwyr fod yn Eglwys a mynd i'r holl fyd fel yr oedd Iesu wedi gorchymyn iddyn nhw wneud. Mae John Roberts yn gofyn eto am y tafodau tân hynny a welwyd uwchben y rhai oedd ynghyd yn yr un lle, yn eu galluogi i siarad am fawrion weithredoedd Duw. Sonnir am o leiaf 15 o wahanol grwpiau ieithyddol yn cael clywed hyn yn eu hieithoedd eu hunain yn yr adroddiad yn llyfr yr Actau (pennod 2), ac mae awgrym bod rhagor yno heblaw hynny, ond ieithoedd wedi eu rhoi gan yr Ysbryd Glân oedden nhw. A'r Ysbryd Glân hwnnw sydd eto yn ein cynorthwyo 'i ddysgu anthem moliant', pa bynnag iaith y byddwn yn ei llefaru, boed yn 'dafodau dynion' neu 'angylion' Paul yn ei bennod fawr ar gariad (1 Cor. 13:1). Yr Ysbryd sy'n ein glanhau a'n cymhwyso ar gyfer y gwaith o ddwyn rhagor at Grist. Hwn fydd yn rhoi sêl inni i 'sôn am achub eto' ac ennill Cymru i Grist.

GWEDDI

O Dad, yr ydym ninnau fel John Roberts yn poeni'n enbyd am gyflwr eneidiau pobl ein gwlad. Gad inni weld bod yr Ysbryd yn alluog i ddod i'r dyffryn eto 'i'n codi o farw'n fyw', 'i ddysgu anthem moliant' inni, ac i beri bod 'sôn am achub eto yn seinio yn ein gwlad'. Yn enw Iesu Grist sydd wedi gadael ei Ysbryd inni. Amen.

Disgyn, Iôr, a rhwyga'r nefoedd

Caneuon Ffydd: Rhif 583

Disgyn, Iôr, a rhwyga'r nefoedd,
tywallt Ysbryd gras i lawr;
disgyn fel y toddo'r bryniau,
diosg fraich dy allu mawr;
rhwyga'r llenni, ymddisgleiria
ar dy drugareddfa lân;
rho dy lais a'th wenau tirion,
achub bentewynion tân.

Ti achubaist y rhai gwaethaf,
annheilyngaf a fu'n bod;
achub eto, achub yma,
achub finnau er dy glod.
Ti gei'r mawl pan danio'r ddaear
a phan syrthio sêr y nen:
ti gei'r enw yn dragwyddol,
ti gei'r goron ar dy ben.

WILLIAM GRIFFITHS, 1801–81

MYFYRDOD

Gwelwyd cyhoeddi pennill cyntaf emyn y Parch. William Griffiths, Caergybi, yng nghasgliad Samuel Roberts, Llanbrynmair, ym 1840, a daeth ail bennill ymhen blwyddyn neu ddwy. Dyma oes pan oedd yr Efengyl yn cael ei sefydlu yn ein gwlad, a chanrif wedi mynd heibio ers y Diwygiad Mawr yn y ddeunawfed ganrif. A chafwyd sawl diwygiad yng Nghymru ers hynny. Fe gofiwch i Gymru ddod i gael ei hadnabod fel 'gwlad y diwygiadau', a pharhaodd y tywalltiadau nerthol hynny o'r Ysbryd Glân hyd ddechrau'r ugeinfed ganrif gyda Diwygiad 1904–5. Aeth can mlynedd eto heibio ers gweld yr hyn yr erfynia William Griffiths amdano yn ei emyn: 'Disgyn Iôr, a rhwyga'r nefoedd, tywallt Ysbryd gras i lawr.

Fe sonnir am fraich yr Arglwydd – 'braich dy allu mawr' yn cael ei diosg a'i dangos yn eglur inni. Mae'r ymadrodd 'braich yr Arglwydd' yn y Beibl yn sôn am ffafr Duw tuag at ei bobl, bod ei fraich wedi ei hestyn tuag atyn nhw ac yn alluog i weithredu. Sonnir yn Eseia 59, 'Nid aeth llaw'r Arglwydd yn rhy fyr i achub' (adn. 1), ac er gwaetha'n diffrwythdra crefyddol a'n camweddau, fe gymerwn ein calonogi gan yr addewid yn adnod 16, 'daeth ei fraich ei hun â buddugoliaeth iddo, a chynhaliodd ei gyfiawnder ef'.

Mae Duw yn aros yr un o hyd a'i law heb fod yn rhy fyr i achub, er y cyfansoddwyd yr emyn hwn mewn oes pan oedd mwy o sêl dros weld eneidiau'n cael eu hachub, a phobl yn troi at Grist ac yn cael eu gwneud yn 'greadigaeth newydd' ynddo ef. Sylwch fel y mae'r cyfan yn yr emyn yn troi o gwmpas gallu Duw i achub: 'achub bentewynion tân', 'Ti achubaist y rhai gwaethaf', 'achub eto, achub yma, achub finnau er dy glod'. Aeth y sôn am 'achub' yn brin heddiw wrth inni gael ein boddi gan feddylfryd yr oes fod pawb yn iawn yn y pen draw ac nad oes angen sôn am newid pobl, nad oes neb, mewn gwirionedd, yn ddrwg i gyd – onid oes rhyw ddaioni ym mhawb? Yn sicr, y mae, a diolchwn i Dduw am hynny. Ond er mwyn cyflawni ein potensial fel bodau dynol, a gwneud y daioni mwyaf i ni ein hunain ac i eraill o'n cwmpas y mae'n rhaid inni ddod yn ôl ar lun a delw Duw a chael ein 'geni drachefn', fel y dywedodd Iesu wrth Nicodemus a ddaeth i'w weld liw nos (Ioan 3). 'Oherwydd nid i gondemnio'r byd yr anfonodd Duw ei Fab i'r byd, ond er mwyn i'r byd gael ei achub trwyddo ef' (Ioan 3:17).

Dyna gynllun Duw ar gyfer ei fyd; ei achub trwy i bobl gredu a derbyn ei Fab yn Arglwydd ar eu bywydau. Ac mae cymaint, os nad mwy o angen hynny heddiw nag erioed. Gweddïwn y bydd Duw yn 'tywallt Ysbryd gras i lawr' eto yn ein cyfnod ni.

GWEDDI

O Dad cariadus, a anfonodd dy Fab i'r byd er mwyn i ddynion a merched gael eu hachub, gad inni ddeall a gweld bod yr angen yn dal yr un heddiw. Anfon dy Ysbryd eto, Arglwydd, 'diosg fraich dy allu mawr', a chaniatâ inni weld nad yw dy fraich wedi ei byrhau nac yn rhy wan i 'achub bentewynion tân' unwaith eto. Yn enw dy Fab Iesu Grist. Amen.

O disgynned yma nawr

Caneuon Ffydd: Rhif 588

O disgynned yma nawr
Ysbryd Crist o'r nef i lawr;
boed ei ddylanwadau ef
yn ein plith fel awel gref:
a gorffwysed ef a'i ddawn
ar eneidiau lawer iawn.

I ddarostwng drwy ei ras
ynom bob anwiredd cas,
a'n prydferthu tra bôm byw
ar sancteiddiol ddelw Duw,
rhodded inni'n helaeth iawn
o'i rasusol, ddwyfol ddawn.

Yn ei law y dygir llu
at yr Iesu'r Ceidwad cu,
am faddeuant a rhyddhad
yn ei glwyfau ef yn rhad:
gwerth y gwaed a'r aberth mawr,
O datguddied ef yn awr.

MINIMUS, 1808–80

MYFYRDOD

Pan mae'r Ysbryd Glân yn disgyn, mae pawb yn gwybod bod
hynny wedi digwydd. Pan ddaeth ar ddydd cyflawniad y Pentecost
roedd 'sŵn fel gwynt grymus yn rhuthro' i'w glywed yn llenwi'r lle
(Actau 2:1–4), ac roedd pawb yn gweld ei ddylanwad wedyn yn eu
plith. Yn nhŷ Cornelius 'Synnodd y credinwyr Iddewig ... am fod
rhodd yr Ysbryd Glân wedi ei thywallt' (Actau 10:45). Nid oedd
neb heb wybod bod rhywbeth arbennig iawn wedi digwydd yn eu
plith ac roedden nhw'n synnu at ddawn yr Ysbryd Glân i wneud
gwahaniaeth ac i beri i bobl nad oedden nhw gynt yn rhan o deulu'r
ffydd gael eu geni drachefn yn blant i Dduw.

Gwyddai John Roberts hefyd am effeithiau'r Ysbryd Glân ac na ellid ei anwybyddu pan ddeuai i'w plith. Mae'r emyn hwn yn ffrwyth ei weddïo dwys yn ystod y cyfnod pan oedd yn byw yn yr Wyddgrug, ar i'r diwygiad mawr, oedd wedi cychwyn yng Nghymru yn y flwyddyn 1859 ac a oedd yn prysur ledaenu ar hyd a lled y wlad, gyrraedd Sir y Fflint a Lerpwl lle cafodd ei fagu.

Gwyddai hefyd beth oedd bod yn ddarostyngedig i Grist a chael ei 'ddarostwng drwy ei ras'. Dywed rhai mai'r rheswm am ei ddefnydd o'r ffugenw 'Minimus' – y lleiaf un – oedd am nad oedd yn fawr o fardd nac o awdur, ond credwn fod yma enghraifft o'r un gostyngeiddrwydd ag a barodd i Paul ei alw ei hun 'y lleiaf o'r apostolion' (1 Cor. 15:9). Cofiwn, yn ogystal, nad yno y darfu gostyngeiddrwydd Paul, ac fe'i cawn ef yn ei alw ei hun y blaenaf o'r pechaduriaid wrth ysgrifennu at Timotheus ar ddiwedd ei yrfa (1 Tim.1: 15). Yr Ysbryd Glân ar waith ynom, felly, sy'n ein galluogi i ddweud fel Ioan Fedyddiwr: 'Rhaid iddo ef gynyddu ac i minnau leihau' (Ioan 3:30). Ef sydd yn ein sancteiddio a'n dwyn yn ôl ar ddelw Duw fel y dangoswyd honno inni yn Iesu Grist ei Fab.

Tybed a oes yna wefr fwy na'r un a geir pan ddown â rhywun arall at Iesu a hwnnw, neu honno, yn cael credu ynddo gan ymddiried ei hunan iddo? Dyna fu braint Andreas brawd Pedr: 'Y peth cyntaf a wnaeth oedd cael hyd i'w frawd, Simon', a 'Daeth ag ef at Iesu' (Ioan 1:41–42). Ond yr Ysbryd Glân sy'n rhoi ffydd ac argyhoeddiad wedi i ninnau wneud ein gwaith o ddwyn rhai at Iesu; 'Yn ei law y dygir llu', meddai Minimus, ac ef sy'n dangos ac yn datguddio gwerth aberth Iesu drosom hefyd, yn ei ddangos inni'n Geidwad. Fel y dywedodd Iesu ei hun wrth Pedr ar ôl i hwnnw wneud ei ddatganiad mawr: 'Ti yw'r Meseia, Mab y Duw byw' (Mth. 16:16), 'nid cig a gwaed a ddatguddiodd hyn iti ond fy Nhad, sydd yn y nefoedd' (Mth. 16:17). Gwnaeth Andreas ei ran ef yn y gwaith, ond yr Ysbryd Glân ei hun sy'n datguddio ac yn argyhoeddi. Ein braint ninnau ydy cael ein defnyddio yn llaw Duw a bod yn gydweithwyr ag ef fel Minimus yn y gwaith o ddwyn llu 'at yr Iesu'r Ceidwad cu'.

GWEDDI
Diolch iti, fy Nhad, nad fy ngwaith i yn y pen draw ydy argyhoeddi pobl o 'werth y gwaed a'r aberth mawr' a wnaed trosom bob un gan Iesu Grist. Cymell fi i weddïo, O Dad, yn daer am gael gweld dylanwadau'r Ysbryd Glân yn eglur i bawb yn ein plith ni eto yn ein hardaloedd. Yn enw Iesu. Amen.

Ysbryd Glân, golomen nef

Caneuon Ffydd: Rhif 592

Ysbryd Glân, golomen nef,
gwrando'n rasol ar ein llef;
aethom yn wywedig iawn,
disgyn yn dy ddwyfol ddawn.

Oer ein serch, a gwan ein ffydd,
ein Hosanna'n ddistaw sydd;
tyred, tyred, Ysbryd Glân,
ennyn ynom nefol dân.

Er na haeddwn ni dy gael,
eto ti wyt Ysbryd hael;
tyred, tyred yn dy ras,
maedda'n hanghrediniaeth gas.

Ysbryd Glân, golomen nef,
cod ni ar dy adain gref;
nes yr awn ni uwch y byd
mewn sancteiddiol, nefol fryd.

ROGER EDWARDS, 1811–86

MYFYRDOD

Mae'n debyg nad yw cyflwr dyn yn newid o oes i oes, ac fe welwn ni Roger Edwards, Yr Wyddgrug, yn galaru yn ei gyfnod ef ei hun fod pobl Dduw wedi mynd 'yn wywedig iawn'. Dyma gyfnod yr ydym ni heddiw yn ei gysylltu â thwf mawr Anghydffurfiaeth ac y gwelwyd amlhau capeli gyda rhai newydd yn cael eu codi bob wythnos. Erbyn heddiw, fe dynnir capeli i lawr neu werthu rhai bob wythnos yng Nghymru. Eto i gyd, mae'n debygol iawn i Roger Edwards yntau weld sêl pobl yn oeri wrth i grefydd gael ei chyfundrefnu a'i ffurfioli. Yn sicr, fe welodd Daniel Owen, a dderbyniodd gymaint o anogaeth ac arweiniad gan Roger Edwards, elfennau dieithr iawn yn bygwth crefydd y galon, ac fe gododd ei lais yn erbyn pob balchder a rhagrith ac anghyfiawnder a oedd erbyn ei gyfnod ef wedi treiddio i fywyd yr Eglwys.

Cyferchir yr Ysbryd Glân yn uniongyrchol yn yr emyn, ac felly y dylid ei gyfarch, oherwydd y mae'n gymaint rhan o'r Drindod ag yw'r Tad a'r Mab, ac yn berson gyda chymeriad a phriodoleddau a theimladau fel y Tad a'r Mab. Eir ati i'w bersonoli ymhellach trwy ei alw'n 'golomen nef' a chofio am yr achlysur hwnnw pryd yr oedd yr Ysbryd Glân i'w weld fel colomen ar adeg bedydd Iesu Grist yn Iorddonen (Mth. 3:13–17).

Wrth ddarllen trwy hanes Ebenezer Richard, Tregaron (tad Henry Richard – 'apostol heddwch'), fe geir ei fod ef yn nechrau'r bedwaredd ganrif ar bymtheg yn gofidio am yr hyn a welai ac am gyflwr Cristnogaeth yn ein gwlad. Cwynai am ddiffyg dirnadaeth y bobl o bethau ysbrydol, ac wrth roi cyngor i bregethwyr fe ddywed beth fel hyn: 'Nid ein cydmaru ein hunain a ddylem â chrefyddwyr ein hoes ni – oes o grefyddwyr gwael yw ein hoes ni – ond mesur ein hunain wrth esiamplau gair Duw, "mesur y cysegr".' Yr oedd ei ofid yn real iawn, a'i lafur dros ei Arglwydd yn adlewyrchu'r pryder yn ei galon dros Eglwys Iesu Grist ar y ddaear ac yn gwbl ddiflino.

Er cystal llewyrch oedd ar Gristnogaeth yng Nghymru yng nghanol y cyfnod y gallwn ni gyfeirio ato fel 'canrif fawr' o ran emynyddiaeth, gan mai dyma'r cyfnod y cyfansoddwyd trwch ein hemynau, mae'n amlwg na welai pobl Dduw eu cyfnod eu hunain fel 'oes aur' o gwbl. Roedden nhw'n gofidio am gyflwr gwael yr Eglwys, am eu bod yn gwybod mai sefydliad o ddwyfol osodiad yw hi, ac yn erfyn ar i Dduw anfon 'colomen nef' oherwydd iddynt fynd 'yn wywedig iawn'; gwybod yr oedden nhw fod yr Eglwys yn gwbl ddibynnol ar bresenoldeb Duw trwy ei Ysbryd Glân.

Cymaint mwy anfodlon y dylem ni fod, cymaint mwy y dylem ni ymofidio am gyflwr Eglwys Iesu Grist yn ein plith heddiw, cymaint mwy y dylem ni weithio ac erfyn ar i Dduw 'ennyn ynom nefol dân' gan mor 'oer ein serch, a gwan ein ffydd'.

GWEDDI

Golomen nef ac Ysbryd Duw ei hun, y mae gofid yn ein calonnau ninnau hefyd am gyflwr Eglwys Iesu Grist yn ein plith. Bydded inni gael ein cymell i weddïo ac i ti'n cynorthwyo yn ein gweddïo er mwyn gweld y nefol dân sydd ei angen arnom yn disgyn yma ar y rhai gwywedig. Er mwyn Iesu ac er gogoneddu ei enw. Amen.

159

Ddiddanydd anfonedig nef

Caneuon Ffydd: Rhif 593

Ddiddanydd anfonedig nef,
　fendigaid Ysbryd Glân,
hiraethwn am yr awel gref
　a'r tafod tân.

Erglyw ein herfyniadau prudd
　am brofi o'th rad yn llawn,
gwêl a oes ynom bechod cudd
　ar ffordd dy ddawn.

Cyfranna i'n heneidiau trist
　orfoledd meibion Duw,
a dangos inni olud Crist
　yn fodd i fyw.

Am wanwyn Duw dros anial gwyw
　dynolryw deffro'n llef,
a dwg yn fuan iawn i'n clyw
　y swˆn o'r nef.

Rho'r hyder anorchfygol gynt
　ddilynai'r tafod tân;
chwyth dros y byd fel nerthol wynt,
　O Ysbryd Glân.

GWILI, 1872–1936

MYFYRDOD

Erfyniad sydd yma eto, gan Gwili y tro hwn, am brofi yr un effeithiau yn ein dyddiau ninnau ag a brofwyd ar ddydd y Pentecost, lle rhoddwyd bod i'r Eglwys a phryd y gwelwyd ei genedigaeth hi trwy lafur yr Ysbryd Glân, neu'r 'Diddanydd arall' y mae Iesu'n ei addo i'w ddisgyblion (Ioan 14:16, BWM). Dyna yw teitl yr emyn hwn gan Gwili yn yr hen gasgliadau: 'Y diddanydd arall'. Cyfieithiad yw'r teitl hwn o'r gair Groeg *Paracletos*, a aeth bellach yn y Beibl Cymraeg Newydd yn 'Eiriolwr'. Am y *Paracletos* y gelwid pan oedd rhywun mewn cyfyngder. Dyma'r un a fyddai'n codi calonnau milwyr isel eu hysbryd, neu'n cadw cwmni i'r rhai a fyddai'n aros i gael eu dedfrydu, yn llefaru ar ran ei gyfaill ac yn 'cadw ei bart'. Apelir at y Diddanydd trwy'r emyn ar iddo gynnig ei gymorth inni yn ein cyfyngder. Mae'n clywed ein 'herfyniadau prudd', yn rhoi gorfoledd i'n 'heneidiau trist', ac yng nghanol oerni ein gaeaf ysbrydol fe ofynnir iddo 'ddeffro'n llef' am 'wanwyn Duw'.

Roedd Gwili yn byw yn Rhydaman yn ystod Diwygiad
1904–5, a'i brofiad yn ystod y diwygiad hwnnw sy'n gefndir i'r
emyn hwn. Fe glywodd y 'swn o'r nef' ac fe deimlodd 'yr awel
gref' yn Rhydaman y cyfnod hwnnw. Mae yna ddwyster arbennig
i'w ddefnydd o'r gair 'hiraethwn' felly, oherwydd allwn ni ddim
bod yn hiraethus, mewn gwirionedd, am bethau na wyddom ni
ddim amdanyn nhw neu lefydd na fuom ni erioed ynddyn nhw.

Yn ei gyfrol *O Gopa Bryn Nebo* fe adrodda W. Nantlais
Williams, a oedd yn weinidog yn Rhydaman yn ystod y cyfnod, am
yr hyn a ddigwyddodd dros un penwythnos yn Nhachwedd 1904.
Roedd Gwili'n darlithio i'r Gymdeithas Lenyddol ym Methani ar yr
un noson ag a drefnwyd cyfarfod answyddogol yn y capel wedi
ymweliad Joseff Jenkins â'r pentref. Cyn diwedd y ddarlith fe
glywyd canu bendigedig yn dod o'r capel a phethau rhyfeddol yn
digwydd yno. Denwyd gwrandawyr y ddarlith i fendithion y capel,
ac fe aeth y cyfarfod a ddechreuodd yno am wyth o'r gloch ymlaen
hyd hanner awr wedi dau yn y bore.

Hiraetha Gwili am brofiadau fel hyn eto, ond mae'n gwybod
na ddaw'r Diddanydd yn ei rym hyd nes y byddwn wedi paratoi'r
ffordd ar ei gyfer. 'Gwêl a oes ynom bechod cudd ar ffordd dy
ddawn', meddai yn ei ail bennill, gan wybod y gall ein
hanghrediniaeth ni, ein hofn rhag cael ein newid a'n
hamharodrwydd i blygu ac i ildio i Dduw, osod rhwystrau yn ei
ffordd. 'Peidiwch â thristáu Ysbryd Glân Duw' ydy'r rhybudd a
rydd Paul i gredinwyr Effesus (Eff. 4:30). Croesawn ef a bod yn
ddigon gwylaidd i adael iddo ef ein harwain at yr 'hyder
anorchfygol gynt ddilynai'r tafod tân'. Gweddïodd yr apostolion am
yr hyder hwnnw (Actau 4:24–31), ac yn wir fe fu iddyn nhw ei
dderbyn gan eu galluogi i lefaru gair Duw yn hy. Cawsant hefyd
'nerth mawr' a 'gras mawr' (Actau 4:33) ynghyd ag undod mawr
goruwchnaturiol ymysg ei gilydd.

GWEDDI

Cyfarchwn di, y Diddanydd dwyfol, a gofynnwn yn wylaidd ar iti
ddod unwaith eto i'n plith gan roi inni wanwyn Duw yma yng
Nghymru eto. Mae'r hanesion yn codi hiraeth arnom, Arglwydd
Iesu, ar iti roi eto dy nerth a'th ras a'th undeb di dy hun yn ein plith
trwy dy Ysbryd Glân. Er mwyn dy enw. Amen.

Distewch, cans mae presenoldeb Crist, y sanctaidd un gerllaw

Caneuon Ffydd: Rhif 600

Distewch, cans mae presenoldeb Crist, y sanctaidd Un, gerllaw;
dewch, plygwch ger ei fron mewn dwfn, barchedig fraw:
dibechod yw efe, lle saif mae'n sanctaidd le;
distewch, cans mae presenoldeb Crist, y sanctaidd Un, gerllaw.

Distewch, cans gogoniant Crist ei hun o'n cylch lewyrcha'n gry';
fe lysg â sanctaidd dân, mawr ei ysblander fry:
brawychus yw ei nerth, Breswylydd mawr y berth;
distewch, cans gogoniant Crist ei hun o'n cylch lewyrcha'n gry'.

Distewch, cans mae nerth yr Arglwydd Iôr yn symud yn ein plith;
daw i'n hiacháu yn awr, gweinydda'i ras fel gwlith:
fe glyw ein hegwan lef, drwy ffydd derbyniwch ef;
distewch, cans mae nerth yr Arglwydd Iôr yn symud yn ein plith.

DAVID J. EVANS
cyf. R. GLYN JONES

MYFYRDOD

Peth llesol iawn inni yw cael ymlonyddu yng nghanol ein prysurdeb
a derbyn cyngor y Salmydd: 'Ymlonyddwch, a deallwch mai myfi
sydd Dduw' (Salm 46:10). Yn ogystal â'n cymell i ymlonyddu yn
Nuw, mae'r Salm yn rhybuddio'r rhai sydd yn milwrio yn erbyn
achos yr Arglwydd mai peth ofer yw hynny ac yn ein cymell i
heddychu hefyd, oherwydd mae'r Arglwydd yn abl i ddryllio'r
bwa, torri'r waywffon a llosgi'r darian â thân (adn. 9).

Cawn ddistewi ym mhresenoldeb Crist trwy gyfrwng y
cyfieithiad hynod yma gan R. Glyn Jones, Conwy, o emyn Saesneg
David J. Evans. Sylwn yn arbennig ar sancteiddrwydd 'Crist, y
sanctaidd Un' trwyddi – 'lle saif mae'n sanctaidd le', a chawn ein
hatgoffa o ymateb Moses wyneb yn wyneb â phresenoldeb Duw
pan welodd y berth yn llosgi (Ex. 3). Fe guddia'i wyneb oddi wrtho

mewn braw ac fe'i gorfodir i ddiosg ei sandalau oddi ar ei draed, a gallwn ddychmygu Moses yn sefyll yno o flaen y berth yn crynu gan ofn! Mae dod i bresenoldeb Duw ac ymagor iddo yn gofyn am wneud hynny 'mewn dwfn, barchedig fraw', oherwydd 'brawychus yw ei nerth, Breswylydd mawr y berth'. Mae adnabod Duw yn nwfn y galon yn golygu bod yn fodlon dod ato'n gyson a phrofi cyfnodau rheolaidd pryd y byddwn yn fodlon aros yn ddisgwylgar wrth ei draed. Yr ydym yn barod iawn yn aml i ddod â'n ceisiadau ger ei fron, ond yn anghofio treulio cymaint o amser yn gwrando ag yr ydym yn siarad.

Roedd Paul, er mewn cyfnod gwahanol i Moses, yn gwybod mai Duw i'w ofni ac Arglwydd i fod â pharchedig ofn ohono oedd ei Arglwydd ef. Cawn adroddiad yn Actau 9:31 fel y byddai'r Eglwys yn sgil ei bregethu, ac er gwaethaf pob erledigaeth a gwrthwynebiad, yn rhodio 'yn ofn yr Arglwydd ac yn niddanwch yr Ysbryd Glân' gan gynyddu wrth iddi wneud hynny. Yr Ysbryd Glân yw'r un sydd yn dod atom i'n cynorthwyo yn ein gwaith o ddwyn gogoniant i Grist. Dyma 'nerth yr Arglwydd Iôr [sy'n] symud yn ein plith'.

Mae'n llawer gwell, yn aml, cael gweithio yng nghwmni rhywun arall a chael annog a chynnal y naill a'r llall. Cofiwn nad ydym ni fyth yn sefyll ar ein pennau ein hunain pan fyddwn yn rhannu trugaredd a chariad a gras ein Harglwydd Iesu Grist, ond mae ef 'gerllaw', 'o'n cylch' ac yn 'symud yn ein plith'. Gallwn ninnau ymlonyddu yn ei gwmni a'i dderbyn trwy ffydd gan 'rodio . . . yn niddanwch yr Ysbryd Glân' (Actau 9:31).

GWEDDI

O Arglwydd, mae dy Ysbryd sanctaidd yn ddiddanwch i mi. Helpa fi yng nghanol galwadau eraill i ymlonyddu'n gyson yn dy gwmni di a bod yn llonydd yn ddigon hir i deimlo sancteiddrwydd dy bresenoldeb o'm cwmpas ac i glywed dy lais yn fy nerthu, fy iacháu ac yn f'arwain. Er gogoniant i Grist. Amen.

O llanwa hwyliau d'Eglwys

Caneuon Ffydd: Rhif 615

O llanwa hwyliau d'Eglwys
yn gadarn yn y gwynt
sydd heddiw o Galfaria
yn chwythu'n gynt a chynt:
mae'r morwyr yma'n barod
a'r Capten wrth y llyw,
a'r llong ar fyr i hwylio
ar lanw Ysbryd Duw.

O cadw'r criw yn ffyddlon
a'r cwrs yn union syth
ar gerrynt gair y bywyd
na wna ddiffygio byth:
rho ddwylo wrth y badau
yn barod at y gwaith
o ddwyn y rhai sy'n boddi
i uno ar y daith.

Agora ffordd drwy'r tonnau
pa bynnag storm a ddaw,
gwasgara'r niwl nes gwelwn
oleudy'r ochor draw:
mae'r llanw'n uwch na'r creigiau
a'r sianel ddofn yn glir
nes down i'r harbwr tawel
rhwng traethau aur y tir.

SIÔN ALED

MYFYRDOD

Cawn fynd ar fordaith yn yr emyn gwreiddiol hwn o waith Siôn
Aled, ond nid 'cruise' er difyrrwch, wedi ei drefnu gan ryw gwmni
gwyliau mohono! Eglwys Crist sydd yma 'ar fyr i hwylio ar lanw
Ysbryd Duw'. Mae'r ddelwedd o Eglwys Crist fel llong yn un gref
iawn ac yn cael ei chynnal trwy'r tri phennill. Llong hwyliau yw ein
llong, ac mae angen gwynt nerthol arni i lenwi'i hwyliau a'i symud

ymlaen. Yn ogystal â bod yn llanw i gario'r llong, mae Ysbryd Duw yn wynt hefyd, sydd 'yn chwythu lle y myn' (Ioan 3:8). Hwn yn unig all lenwi hwyliau'r llong hon, ac mae angen digon ohono! Cofiwn am Bantycelyn mewn cyfnod cynharach yn dyheu am 'deimlo awel o Galfaria fryn' (494), a Dafydd William, Llandeilo Fach, yn gofyn am awel o fynydd Seion lle mae Duw, nid yn unig i chwythu arno, ond i'w godi i fyny: 'O Arglwydd, dyro awel, a honno'n awel gref' (581).

Bu Paul, yr apostol, ar long sawl tro yn ystod ei deithiau cenhadol, gan ddioddef llongddrylliad unwaith hefyd wrth hwylio tua Rhufain (Actau 27). Ni ddefnyddiodd ef y llong fel delwedd, ond soniodd am yr eglwys fel adeilad gyda Christ yn gonglfaen iddo (Effesiaid 2:20–22). Ac mae ei ddelwedd o'r Eglwys fel corff yn arwyddo'r un math o gydweithio a chyd-dynnu ag y byddid yn rhaid wrtho ar long (1 Corinthiaid 12:12–30). Crist yw'r 'Capten' ar ein llong, 'yn ben ar bob peth i'r eglwys' (Eff. 1:22). Ef sydd yn 'cadw'r criw yn ffyddlon', ac yn sicrhau ein bod yn hwylio ar y llwybr cywir, sydd yn dilyn 'cerrynt gair y bywyd'. Wrth ddilyn y llwybr hwnnw a geir yng Ngair Duw ei hun, fe fyddwn yn cofio am waith a chenhadaeth yr Eglwys, sef 'dwyn y rhai sy'n boddi i uno ar y daith'. Nid llong bleser sydd gennym, fe gofiwch, ond un sydd yn achub ac yn cadw fel arch Noa gynt. Atgoffwn ein hunain yn gyson nad ydy'r Eglwys yn bodoli er ei mwyn ei hun, ond er mwyn y rhai sydd heb fod yn rhan ohoni ac mae angen eu dwyn at Grist trwyddi.

Darlun tipyn yn llai delfrydol oedd gan Gwenallt o'r Eglwys yn ein dyddiau ni pan gyfansoddodd ei gerdd 'Ar Gyfeiliorn' yn *Ysgubau'r Awen*. Mae'r llong yn ein dwylo ni ein hunain ac mae angen arweiniad arni: 'Ein llong yn tin-droi yn y niwl, a'r capten a'r criw yn feddw', yw ei ddedfryd arni. Ond gŵyr yntau hefyd fod yna obaith i'r llong os bydd y Capten go iawn, Pen Mawr yr Eglwys, yn gafael yn y llyw i'w harwain:

Gosod, O Fair, dy seren yng nghanol tywyllwch y nef,
A dangos â'th siart y llwybr yn ôl at ei ewyllys ef,
A disgyn rhwng y rhaffau dryslyd, a rho dy law ar y llyw,
A thywys ein llong wrthnysig i un o borthladdoedd Duw.

GWEDDI

O Dad, dibynnwn ar dy arweiniad mewn cymaint o ffyrdd; paid â chaniatáu inni gymryd y llyw i'n dwylo ein hunain oddi mewn i'r Eglwys, nac yn ein bywyd beunyddiol. Ti yw Capten ein bywydau, Arglwydd Iesu; cadw ni'n ffyddlon iti nes dod i'r harbwr tawel ar derfyn ein taith. Yn enw Iesu. Amen.

Bugail Israel sydd ofalus

Caneuon Ffydd: Rhif 666

Bugail Israel sydd ofalus
am ei dyner annwyl ŵyn;
mae'n eu galw yn groesawus
ac yn eu cofleidio'n fwyn.

"Gadwch iddynt ddyfod ataf,
ac na rwystrwch hwynt," medd ef,
"etifeddiaeth lân hyfrytaf
i'r fath rai yw teyrnas nef."

Dewch, blant bychain, dewch at Iesu
ceisiwch ŵyneb Brenin nef;
hoff eich gweled yn dynesu
i'ch bendithio ganddo ef.

Deuwn, Arglwydd, â'n rhai bychain,
a chyflwynwn hwynt i ti;
eiddot mwyach ni ein hunain
a'n hiliogaeth gyda ni.

PHILIP DODDRIDGE, 1702–51
cyf. MORRIS DAVIES, 1796–1876

MYFYRDOD

Hen emyn o waith Philip Doddridge, 'See Israel's gentle Shepherd stand With all engaging charms', sydd gennym yma mewn cyfieithiad gan Morris Davies. Ond mae'n emyn a genir yn aml hyd heddiw ar achlysur bedydd neu gyflwyniad plentyn i'r Eglwys yn enwedig. Mewn bedydd o'r fath, fe fydd y rhieni'n datgan eu ffydd yn Iesu Grist fel eu Harglwydd a'u Gwaredwr a'u bwriad i feithrin eu plant yn y ffydd honno. Cawn sôn am barodrwydd Iesu i fugeilio'r plant a'u derbyn i'w ofal, 'ei dyner annwyl ŵyn' ydyn nhw. Mae angen gofal bugeiliol arbennig Iesu ar blant a gallant ymateb i gariad Iesu, er efallai nad ydyn nhw'n deall holl oblygiadau eu ffydd ynddo.

Roedd Iesu yn ymwybodol o natur agored a derbyniol plant, ac fe ddefnyddiodd hynny fel llwybr i'w gariad dreiddio atyn nhw. Pan ddaeth rhieni â'u plant at Iesu er mwyn iddo eu bendithio, eu hiacháu a gweddïo efo nhw, fe geryddodd y disgyblion nhw am boeni dyn mor bwysig â Iesu. Defnyddiodd Iesu eiriau'r ail bennill yma i osod y bobl fawr yn eu lle. Roedd ei ffordd o ymwneud â nhw yn siarad cyfrolau ac yn dweud wrthyn nhw eu bod nhw'n werthfawr ganddo. Fe ychwanegodd hefyd: '"Yn wir, 'rwy'n dweud wrthych, pwy bynnag nad yw'n derbyn teyrnas Dduw yn null plentyn, nid â byth i mewn iddi,"' (Marc 10:15). Ond beth sydd mor arbennig yn null plentyn o dderbyn teyrnas Dduw? Yn wahanol i oedolion balch, mae plant yn ymwybodol o'u dibyniaeth ar eraill ac yn fwy parod i'w ymddiried eu hunain i rywun sy'n barod i'w bugeilio a'u gwarchod. Mae gallu plant hefyd i amsugno gwybodaeth a dysgeidiaeth yn rhyfeddol, a hynny hyd yn oed ar adegau pan na feddyliwn eu bod yn canolbwyntio – mae'r cwbl yn treiddio i mewn.

Yn wir, roedd Iesu wastad yn barod i ddysgu gwersi i bobl fawr trwy eu cymharu â phlant. Pan fu ei ddisgyblion yn ffraeo ynghylch pa un ohonyn nhw oedd y pwysicaf, fe gymerodd Iesu blentyn i'w freichiau a'i osod yn eu canol nhw gan ddweud: '"Pwy bynnag sy'n derbyn un plentyn fel hwn yn fy enw i, y mae'n fy nerbyn i"' (Marc 9:37). Roedd hi'n arfer cyfreithiol gan yr Iddewon dderbyn cynrychiolydd rhywun fel petaent yn derbyn y person ei hun. Felly, roedd derbyn plentyn bychan i'w plith yn golygu derbyn Iesu a hefyd dderbyn Duw. Dyma ein deffro i'n cyfrifoldeb aruthrol wrth feithrin plant. Rhodd gan Dduw ydyn nhw: 'plant ydynt etifeddiaeth yr Arglwydd' (Salm 127:3 BWM). Mae gennym ni gyfrifoldeb i ddangos Iesu Grist iddyn nhw. Ac mae arnyn nhw angen personau y gallan nhw weld Iesu drwyddyn nhw. Gadewch i blant brofi ein cariad, llawenydd, heddwch, amynedd, caredigrwydd, daioni, addfwynder a hunanreolaeth, sef y rhinweddau a gaed yn helaeth yn Iesu ei hun – Bugail Israel – wrth iddo dderbyn plant ato.

GWEDDI

O Dad nefol a thad ein Harglwydd Iesu Grist, diolchwn iti am yr 'etifeddiaeth lân hyfrytaf' sydd i'th blant, a'r holl rai a ddaw atat fel plant, yn nheyrnas nef. Cynorthwya ni i'n cyflwyno ein hunain a'n plant i'th ofal tyner di, Fugail Israel. Amen.

Nef yw i'm henaid ymhob man

Caneuon Ffydd: Rhif 688

Nef yw i'm henaid ymhob man
pan brofwyf Iesu mawr yn rhan;
ei weled ef â golwg ffydd
dry'r dywyll nos yn olau ddydd.

Mwynhad o'i ras maddeuol mawr,
blaen-brawf o'r nef yw yma nawr;
a darllen f 'enw ar ei fron
sy'n nefoedd ar y ddaear hon.

Ac er na welaf ond o ran
ac nad yw profiad ffydd ond gwan,
y defnyn bach yn fôr a fydd
a'r wawr a ddaw yn berffaith ddydd.

ROBERT AP GWILYM DDU, 1766−1850

MYFYRDOD

O edrych ar ychydig o waith Robert ap Gwilym Ddu (ceir tri emyn
ganddo yn *Caneuon Ffydd*), mae thema'r nefoedd yn un gref iawn
ganddo; sonia am seraffiaid ac angylion a chaniadau'r nef, ac mae
meddwl am y nefoedd yn llenwi ei ddychymyg. Mae'n gwybod
hefyd fod tragwyddoldeb y tu hwnt i'w ddychymyg ei hun: 'Mhen
oesoedd rif y tywod mân ni fydd y gân ond dechrau', meddai yn
emyn 492. Gallwn ddweud, felly, ei fod yn un a deimlai hiraeth am
ei gartref, yn un a garai sôn am ben ei daith, chwedl Emrys (617).

Ond er gobeithio am a ddaw, mae'n gwybod bod yr
addewid o nefoedd i'w dderbyn a'i feddiannu yn y presennol yma
ar y ddaear hefyd: 'Nef yw i'm henaid ymhob man', meddai, am ei
fod yn gwybod mai Iesu ei hun sydd yn mynd â bryd trigolion y lle
hwnnw. 'Nid oes ar y ddinas angen na'r haul na'r lleuad i dywynnu
arni, oherwydd gogoniant Duw sy'n ei goleuo, a'i lamp hi yw'r

Oen' (Dat. 21:23). Ef sydd hefyd yn abl i'n goleuo yn ein byd presennol – ei weld 'dry'r dywyll nos yn olau ddydd'. Nid breuddwyd ffŵl mo'r nefoedd i Robert ap Gwilym Ddu, oherwydd mae ganddo'r 'blaen-brawf . . . yma nawr', wrth iddo fwynhau 'gras maddeuol mawr' a chael sicrwydd wrth iddo 'ddarllen f'enw ar ei fron'. Mae'n cael sicrwydd o'i dderbyniad yno a hefyd mae'n cael ei atgoffa ei fod yn perthyn i Deyrnas nad ydy hi o waith llaw, a'i fod wedi ei dderbyn yn ddinesydd y nef.

Gall profiad felly ein gwneud yn ddihid am ein hamgylchiadau presennol ac amgylchiadau eraill hefyd, medd rhai. Gawsoch chi eich cyhuddo o fod â'ch pen yn y cymylau, neu heb fod â'ch traed ar y ddaear erioed? Edrychwch ar weddi Iesu dros ei ddisgyblion yn Ioan 17 a gwelwn nad ydy Iesu am i Dduw dynnu ei ddisgyblion allan o'r byd er nad ydyn nhw'n perthyn iddo: 'Nid wyf yn gweddïo ar i ti eu cymryd allan o'r byd, ond ar i ti eu cadw'n ddiogel rhag yr Un drwg' (Ioan 17:15). Ond mae'n eu hanfon i'r byd yn ei nerth ei hun: 'yr wyf fi'n eu hanfon hwy i'r byd' (17:18).

Yn y sicrwydd hwn o gwmni Iesu, ein bod yn perthyn iddo ef, y mae 'blaen-brawf o'r nef . . . yma nawr', a thyfu a chynyddu fydd y prawf hwnnw wrth inni ymddiried mwy yn yr un sy'n goleuo'r nef. Bydd y defnyn bach yn troi yn fôr a'r wawr sydd wedi torri eisoes yn dod 'yn berffaith ddydd'.

GWEDDI

O Dad trugarog, helpa fi i ddeall nad ydy cadw'r nefoedd o'm blaen a gobeithio yn yr hyn a ddaw yn golygu fy mod yn cael esgeuluso fy nghyfrifoldebau fel pererin yn y byd. Ond, yn hytrach, bod y blaen-brawf o'r nef yng nghwmni Iesu Grist yn fy ngwneud yn fwy effeithiol yn y byd. Yn enw'r Oen sy'n oleuni i'r nef ac yn oleuni i minnau. Amen.

Fy Nhad o'r nef, O gwrando 'nghri

Caneuon Ffydd: Rhif 691

Fy Nhad o'r nef, O gwrando 'nghri:
un o'th eiddilaf blant wyf fi;
O clyw fy llef a thrugarha,
a dod i mi dy bethau da.

Nid ceisio 'rwyf anrhydedd byd,
nid gofyn wnaf am gyfoeth drud;
O llwydda f'enaid, trugarha,
a dod i mi dy bethau da.

Fe all mai'r storom fawr ei grym
a ddaw â'r pethau gorau im;
fe all mai drygau'r byd a wna
i'm henaid geisio'r pethau da.

Fy Nhad o'r nef, O gwrando 'nghri
a dwg fi'n agos atat ti,
rho imi galon a barha
o hyd i garu'r pethau da.

MOELWYN, 1866–1944

MYFYRDOD

Fe gafodd Moelwyn ei ddymuniad bellach gan olygyddion *Caneuon Ffydd*, ac fe gynhwyswyd ei emyn fel y dymunai ef iddo ymddangos yn y lle cyntaf. O dan y teitl 'y doniau da' yr ymddangosodd yr emyn yng nghasgliad y Methodistiaid ym 1927, gyda Moelwyn yn gorfod ildio i gynnwys 'doniau da' yn hytrach na 'pethau da', oherwydd yr ofn y byddai rhai ardaloedd yng Nghymru yn cymryd yr emyn yn ysgafn oherwydd mai dyna oedd eu gair nhw am fferins neu losin! Mae John Thickens yn adrodd yr hanes ac yn sôn am y dymuniad a wireddwyd yma yn *Caneuon Ffydd,* 'Os yw'r emyn i fod mewn rhyw gasgliad eto, fel y lluniwyd ef ar y cyntaf yr hoffwn iddo ymddangos.'

Dyfynnu Mathew 7:11 oedd Moelwyn. Yno ceir sôn am y
pethau da y mae Duw eisiau eu rhoi i'r rhai sy'n gofyn ganddo.
Gallwn feddwl am y storfa fawr o bethau da y mae Duw fel Tad
eisiau inni eu cael, ond sy'n aros heb eu rhoi am nad ydym yn
gofyn amdanyn nhw. Cofiai Moelwyn fel y byddai yn blentyn yn
gwrando ar Richard Owen y Diwygiwr yn gweddïo am y pethau da
sydd gan Dduw ar ein cyfer. Dechreuodd Moelwyn weddïo yn yr
un modd am y pethau da y mae Duw eisiau eu rhoi i'w blant ac fe
drodd ei weddi yn emyn bron yn ddiarwybod iddo. Ond nid un i'n
difetha ni gydag anrhegion ydy Duw, fel y bydd ambell blentyn yn
cael popeth y gofynna amdano, a llawer mwy nag sy'n dda iddo.
Rhoi yr hyn sy'n angenrheidiol inni a wna Duw, gan roi pethau da
i'w blant os yw'n gwybod y bydd o les iddyn nhw.

Efallai mai'r llinellau mwyaf cyfarwydd yn yr emyn ydy:

Fe all mai'r storom fawr ei grym
a ddaw â'r pethau gorau im.

Er nad oedd Moelwyn ond yn ddeunaw oed pan gyfansoddodd yr
emyn, yr oedd yn amlwg yn gallu ymddiried yn dawel yn yr
Arglwydd ac yn gwybod 'fod Duw, ym mhob peth, yn gweithio er
daioni gyda'r rhai sy'n ei garu', fel y dywed Paul yn ei lythyr at
Gristnogion Rhufain (8:28). Dim ond ymddiriedaeth felly a all ganu
am y storm fawr yn dod â'r pethau gorau inni, a'r storm hefyd yn
ein cymell i geisio Duw fwyfwy. Fe ddywedir mai dau beth a all
ddigwydd i'n bywyd ysbrydol a'n perthynas â Duw pan fydd
stormydd bywyd yn pwyso arnom, sef naill ai cilio oddi wrtho a
cholli ffydd, neu nesáu ato a phrofi ei gynhaliaeth, ei ras a'i
drugaredd tuag atom. Un peth sy'n sicr ydy nad yw ein perthynas â
Duw yn aros yr un fath yn ystod y cyfnodau hyn. Byddwn yn rhai
sydd yn gofyn ganddo fel Tad sydd â gofal ohonom bob amser.

GWEDDI

O Dad nefol, cymaint mwy parod wyt ti i roi pethau da inni na'n
rhieni daearol hyd yn oed, a chymaint mwy y gwyddost ti
amdanom ni a'n holl anghenion. Cadw fi'n agos atat ac yn barod
bob amser i geisio dy gynhaliaeth, dy drugaredd a'th ras, beth
bynnag fo'r storm sy'n rhuo yn fy mywyd. Yn enw Iesu. Amen.

Cudd fy meiau rhag y werin

Caneuon Ffydd: Rhif 704

Cudd fy meiau rhag y werin,
    cudd hwy rhag cyfiawnder ne';
cofia'r gwaed un waith a gollwyd
    ar y croesbren yn fy lle;
        yn y dyfnder
bodda'r cyfan sy yno' i'n fai.

Rho gydwybod wedi ei channu'n
    beraidd yn y dwyfol waed,
cnawd a natur wedi darfod,
    clwyfau wedi cael iachâd;
        minnau'n aros
yn fy ninas fore a nawn.

Rho fy nwydau fel cantorion,
    oll i chwarae'u bysedd cun
ar y delyn sydd yn seinio
    enw Iesu mawr ei hun;
        neb ond Iesu
fo'n ddifyrrwch ddydd a nos.

Gwna ddistawrwydd ar ganiadau
    cras, afrywiog, hen y byd;
diffodd dân cynddeiriog natur
    sydd yn difa gras o hyd,
        fel y gallwyf
glywed pur ganiadau'r nef.

WILLIAM WILLIAMS, 1717–91

MYFYRDOD

'Neb ond Iesu' yw cri Williams Pantycelyn erbyn trydydd pennill yr emyn hwn, gan ei fod yn gweld na all neb arall fynd ati i guddio ei feiau rhag y rhai o'i gwmpas a rhag Duw ei hun hefyd, trwy ei waed ac yn nyfnder ei drugaredd, sydd yn ddigon dwfn i foddi popeth sydd ynddo'n fai. Ef sydd hefyd yn rhoi cydwybod lân iddo, ac yn gwneud i ganiadau'r byd ddistewi.

Mewn oes bur wahanol i un Pantycelyn, pan gawn ni fel Cristnogion ein hannog i osod ein Gwaredwr ochr yn ochr ag arweinyddion crefyddol mawr eraill, y mae'n rhaid inni wrthod pob ymdrech i'w osod ef fel un ymhlith llawer, neu hyd yn oed fel y gorau yn y ras. Mae ein Harglwydd Iesu Grist mewn dosbarth yn gyfan gwbl ar ei ben ei hun. 'Ymhlith a fu, neu ynteu ddaw, 'does debyg iddo fe', meddai Pantycelyn wrth gyhoeddi 'Mi dafla 'maich oddi ar fy ngwar' (493). Gwelai Iesu, nid yn unig fel y gorau a welodd y byd erioed, ond y gorau a wêl y byd byth. Yma eto dywed pa mor anhepgorol ydy Iesu Grist, nad oes 'neb ond Iesu', a hynny nid yn unig yng nghyd-destun iachawdwriaeth ond ein bywyd i gyd yn gyffredinol. Mae am i'w nwydau oll, y cyfan sydd ynddo a'i ddoniau i gyd, gael eu gosod fel bysedd ar y delyn sy'n seinio enw Iesu mawr. Ef fydd yn ddifyrrwch iddo ddydd a nos.

Fe heriodd Iesu ei ddisgyblion fwy nag unwaith am eu perthynas ag ef ei hun. A gofiwch chi ei her i'r deuddeg ar ôl i eraill weld bod cost bod yn ddisgybl yn rhy uchel ei bris, a bod ei eiriau amdano'i hun mewn perthynas â bywyd tragwyddol ac atgyfodi ar y dydd olaf yn rhy galed i wrando arnynt: '"A ydych chwithau hefyd, efallai, am fy ngadael?"' (Ioan 6:67). Ac ar ôl iddo hefyd fod yn cyfeirio ato'i hun fel bara'r bywyd, yn ddigon i gyflenwi eu hanghenion dyfnaf i gyd, mae Pedr yn sylweddoli yn sydyn nad oedd neb i gystadlu ag ef ac mae'n siarad ar ran y disgyblion eraill i gyd pan mae'n mynegi eu hangen llwyr amdano: '"Arglwydd, at bwy yr awn ni? Y mae geiriau bywyd tragwyddol gennyt ti"' (Ioan 6:68). Ni allai neb arall wneud yr hyn y medrai Iesu ei wneud drostyn nhw; nid oedd 'neb ond Iesu'.

Ai fel rhywun pwysig a pherthnasol, neu fel rhywun cwbl anhepgorol y gwelwn ni Iesu? Pe baem ni'n colli gafael arno, a fedrai rhywun neu rywbeth arall gymryd ei le? A oes yna rywun heblaw Iesu yn abl i lenwi'n bryd?

GWEDDI

O Dad nefol llawn cariad, rho i mi wybod mor unigryw ydy dy Fab, ac mor anhepgorol ydyw ar gyfer fy mywyd. Pwy arall all roi geiriau'r bywyd tragwyddol inni? Neb ond Iesu. Amen.

N'ad fod gennyf ond d'ogoniant

Caneuon Ffydd: Rhif 705

N'ad fod gennyf ond d'ogoniant
pur, sancteiddiol, yma a thraw,
'n union nod o flaen fy amrant
pa beth bynnag wnêl fy llaw:
treulio 'mywyd
f'unig fywyd, er dy glod.

O distewch gynddeiriog donnau,
tra bwy'n gwrando llais y nef;
sŵn mwy hoff, a sŵn mwy nefol
glywir yn ei eiriau ef:
f'enaid gwrando
lais tangnefedd pur a hedd.

WILLIAM WILLIAMS, 1717–91

MYFYRDOD

Gwyddai William Williams gystal â neb am awydd dyn am ryddid. Fe glywodd sôn am y Chwyldro Ffrengig erbyn diwedd ei oes a chanlyniadau hynny i'r holl gyfandir wrth i'r werin roi heibio ei hen ormeswyr a cheisio rhyddid. Cyfiawnheir y syniadaeth a roddodd fod i'r chwyldro yn un o lyfrau enwocaf Thomas Paine, *Rights of Man*. Prin fod Pantycelyn wedi cael cyfle i ddarllen y gwaith hwn, er ei fod yn ddarllenwr eang anghyffredin, gan iddo farw ym mlwyddyn cyhoeddi rhan gyntaf y gwaith yn y Saesneg ym 1791.

Ond fe wyddai Pantycelyn beth oedd gwir ryddid pob dyn hefyd, fel y dywed John Stott yn ein dyddiau ni: 'Nid rhyddid rhag ein cyfrifoldeb tuag at Dduw ac eraill er mwyn byw i ni'n hunain ydy rhyddid, ond rhyddid rhagom ni ein hunain i fyw er mwyn Duw ac eraill.' Dyna ddiffiniad cryno iawn o ryddid mewn perthynas â dyn a Duw.

Am y rhyddid hwnnw mae Williams yn sôn yn yr emyn

sydd o'n blaenau ni nawr, y rhyddid i fyw i Dduw. Yr ydym ni i gyd yn ymwybodol iawn o fyrder ein hoes a'r ffaith mai dim ond un tro a gawn ni arni hi. Nid rihyrsal ydy'r bywyd hwn ar gyfer ei redeg eto, ond mae'r ddrama'n digwydd ar hyn o bryd ac yn cael ei chwarae allan yn ein bywyd bob dydd. Dyna sydd yn gwneud y meddylfryd yng ngeiriau Williams yn un prydferth pan ddywed am 'treulio 'mywyd, f'unig fywyd, er dy glod'. Fe allai ef, yn ŵr ifanc disglair, fod wedi dilyn amryw yrfaoedd, ond dewis ei gysegru'i hun i Dduw a wnaeth a gweithio i hyrwyddo achos Iesu Grist ymhlith y Methodistiaid dirmygedig. Ond, beth bynnag y dewiswn ei wneud o'n bywydau, pa broffesiwn bynnag y penderfynwn ei ddilyn, 'pa beth bynnag wnêl fy llaw', fel y dywed ei bennill cyntaf, fe allwn fod yn dwyn clod i Dduw yn y gwaith hwnnw os byddwn yn ei gadw ef 'n union nod o flaen fy amrant'. Paul sy'n sôn am fywyd fel ras, a bod Duw yn gosod nod yn Iesu Grist o'n blaenau a gwobr ar ein cyfer hefyd, 'Yr wyf yn cyflymu at y nod, i ennill y wobr y mae Duw yn fy ngalw i fyny ati yng Nghrist Iesu' (Phil. 3:14).

Yr ydym yn gwbl rydd i wrando neu i beidio â 'gwrando llais y nef'; fe rydd Duw ryddid inni anwybyddu'r hyn a ddywed wrthym, derbyn ei gyngor neu ei wrthod. 'Cynghoraf di i brynu gennyf fi aur wedi ei buro drwy dân, iti ddod yn gyfoethog' (Dat. 3:14), oedd ei gyngor i'r eglwys yn Laodicea. Dywedodd wrthyn nhw hefyd ei fod yn 'sefyll wrth y drws ac yn curo' (3:20), a'i fod yn rhoi'r rhyddid iddyn nhw agor neu beidio ag agor iddo. Pan dderbyniwn ei gyngor, felly, a phrynu ganddo ac agor y drws iddo yna fe dderbyniwn y rhyddid y crëwyd ein heneidiau ar ei gyfer. Wedi'n clymu wrth Iesu y profwn y rhyddid mwyaf y gall y galon ddynol ei brofi byth. Dyna pam fod Williams mor barod i dreulio'i unig fywyd er clod i Dduw, gan ddewis rhyddid mewn perthynas â Duw. Hebddo nid oes rhyddid o gwbl.

GWEDDI

Diolch iti, O Dduw, am gael gwrando ar lais y nef a derbyn rhyddid yn unig wrth imi gael fy ngollwng o bob caethiwed gan dy Fab Iesu Grist. Helpa fi i fyw yn y rhyddid hwn – y rhyddid i dreulio f'unig fywyd, er dy glod ac er mwyn eraill. Yn enw Iesu. Amen.

Anghrediniaeth, gad fi'n llonydd

Caneuon Ffydd: Rhif 729

Anghrediniaeth, gad fi'n llonydd,
onid e mi godaf lef
o'r dyfnderoedd, lle 'rwy'n gorwedd,
i fyny'n lân i ganol nef;
Brawd sydd yno'n eiriol drosof,
nid wy'n angof nos na dydd,
Brawd a dyr fy holl gadwynau,
Brawd a ddaw â'r caeth yn rhydd.

'Chydig ffydd, ble 'rwyt ti'n llechu?
Cymer galon, gwna dy ran;
obaith egwan, ble 'rwyt tithau?
Tyn dy gledd o blaid y gwan:
anghrediniaeth, ffo o'r llwybyr,
nid rhaid imi frwydro'n hir;
er mai eiddil yw fy enw
eto i gyd 'rwy'n ennill tir.

DAFYDD WILLIAM 1721?–94

MYFYRDOD

Byddwn, rwy'n siŵr, yn meddwl am lawer o'n hemynwyr a'r tadau gynt fel cewri'r ffydd, ac nid oes drwg yn eu dyrchafu nhw yn ein golygon cyn belled â'n bod ni'n cofio mai pobl fel chi a fi oedden nhw hefyd. Meddyliwn wedyn am arwyr y Beibl, pobl fel Moses a Dafydd ac Elias, ac rydym yn meddwl am bobl oedd yn iawn yn eu perthynas â Duw ac y cyflawnwyd pethau mawr trwyddyn nhw. Ond mae'n rhaid inni roi pinsh bach i'n hunain hefyd a'n hatgoffa'n hunain mai pobl a chanddynt wendidau, amheuon a ffaeleddau oedden nhw, ac nad ydy'r Beibl yn gwneud dim i guddio'r ffaith honno.

Sôn am weddi mae Dafydd William yma yn ei bennill cyntaf, a'i fod yn ei chael hi'n anodd credu'r addewidion mae Duw wedi eu rhoi iddo ac yn anobeithio yn wyneb y ffaith nad yw'n gweld ei weddïau'n cael eu hateb. O'r herwydd, mae'n gorwedd mewn dyfnderoedd ac yn isel ei ysbryd. Wrth sôn am weddi, mae Iago'n ein hatgoffa am un a weddïodd ac a gafodd ganlyniadau: 'Yr oedd Elias yn ddyn o'r un anian â ninnau, ac fe weddïodd ef yn daer am iddi beidio â glawio; ac ni lawiodd ar y ddaear am dair blynedd a chwe mis' (Iago 5:17). Ond wrth ein hannog i weddïo'n daer, mae Iago'n ein hatgoffa mai dyn yr un fath â chi a fi oedd Elias, dim byd yn arbennig ynddo, dim ond ei ufudd-dod i Dduw. Cofiwn mor isel y teimlodd ef hefyd – hyd at farw pan glywodd fod Jesebel am ei ladd, a hynny ar ôl ei fuddugoliaeth fawr ar fynydd Carmel pryd y gwelwyd amlygu gallu Duw Israel a difa proffwydi Baal (1 Bren. 18). Bu Duw yn drugarog wrtho, yn gadael iddo orffwys a chael ei atgyfnerthu cyn siarad yn annwyl efo fo mewn 'llef ddistaw fain' (BWM), a'i atgoffa yng nghanol ei ddigalondid bod saith mil yn Israel heb blygu glin i Baal a bod ganddo waith i Elias i'w gyflawni eto (1 Bren.19). Dydy Duw ddim yn troi ei gefn ar y proffwyd, am ei fod yn fwy amyneddgar a goddefgar na neb arall. Mae'n ein deall yn llwyr, ac yn deall ein hamheuon a'n gwendidau hefyd. Diolch mae Dafydd William am y 'Brawd sydd yno'n eiriol drosof', yn ein deall yn llwyr am ei fod wedi gwisgo natur dyn ac yn abl i gydymdeimlo'n llwyr â ni yn Iesu Grist.

Fel y dengys llawer iawn o'r Salmau, y rhai a alwn ni'n Salmau cwynfanus, does dim drwg mewn lleisio'n hamheuon a'n cwynion wrth Dduw. Yn wir, dyna'r unig ffordd effeithiol o ddelio â nhw, sef cyfaddef yn onest wrth Dduw ein bod ni mewn dryswch ac amheuaeth. 'Am ba hyd, Arglwydd, yr anghofi fi'n llwyr? Am ba hyd y cuddi dy wyneb oddi wrthyf?' (Salm 13:1) ydy cwyn y Salmydd yma, ond chaiff Duw mo'i frifo gan ein cwynion; y mae'n fwy na hynny ac yn gallu cymryd beth bynnag a daflwn ni tuag ato!

GWEDDI

O Dad, rwy'n diolch, pan ydw i mewn dryswch ac amheuaeth yn syrthio i lawr i iselder, fy mod i bryd hynny yn gallu syrthio ar fy ngliniau; a phryd hynny yn cael gwrandawiad i'm hamheuon a'm cwynion ac yn derbyn nerth a chymorth i ennill tir arnyn nhw. Yn enw'r Brawd sy'n eiriol. Amen.

Tyred, Iesu, i'r anialwch

Caneuon Ffydd: Rhif 730

Tyred, Iesu, i'r anialwch,
at bechadur gwael ei lun,
ganwaith ddrysodd mewn rhyw rwydau –
rhwydau weithiodd ef ei hun;
llosg fieri sydd o'm cwmpas,
dod fi i sefyll ar fy nhraed,
moes dy law, ac arwain drosodd
f'enaid gwan i dir ei wlad.

Manna nefol sy arna'i eisiau,
dŵr rhedegog, gloyw, byw
sydd yn tarddu o dan riniog
temel sanctaidd, bur fy Nuw;
golchi'r aflan, cannu'r duaf,
gwneud yr euog brwnt yn lân;
ti gei'r clod ryw fyrdd o oesoedd
wedi i'r ddaear fynd yn dân.

Ar dy allu 'rwy'n ymddiried:
mi anturiaf, doed a ddêl,
dreiddio drwy'r afonydd dyfnion,
mae dy eiriau oll dan sêl;
fyth ni fetha a gredo ynot,
ni bu un erioed yn ôl;
mi â 'mlaen, a doed a ddelo,
graig a thyle, ar dy ôl.

WILLIAM WILLIAMS, 1717–91

MYFYRDOD

Erbyn cyhoeddi'r emyn hwn sydd yn cael ei ddyfynnu o gasgliad mawreddog Pantycelyn, *Ffarwel Weledig, Groesaw Anweledig Bethau*, a ymddangosodd yn dair rhan rhwng 1763 a 1769, yr oedd yr emynydd yn canu fel na chanodd erioed o'r blaen. Yr oedd Methodistiaeth Cymru wedi ei thanio eto gan wres Diwygiad Llangeitho a dorrodd allan ym 1762. Dyma ddiwygiad na fyddai'n oeri am flynyddoedd ac a olygodd os oedd Williams yn cynhyrchu emynau fel rhaeadrau o fawl, y naill ar ôl y llall, yna roedd yna bobl ledled Cymru, dychweledigion y seiadau, oedd yn awchu amdanyn nhw ac yn barod i'w canu.

Roedd gan y mudiad Methodistaidd ei fardd a oedd yn hyderus, yn brofiadol ac, o ran ei dechneg, yn gallu mynegi ei feddwl a'i brofiad ei hun gan ymgorffori profiad cynifer o'i bobl, y

Methodistiaid. Fe gafodd Cymru farddoniaeth yn y cyfnod yma i fynd â'i gwynt hi. Barddoniaeth ysbrydoledig ydoedd, ac fel y dywedodd Williams yn ei ragymadrodd i ail ran *Ffarwel Weledig*, lle cwynai i raddau fod gormod o emynau sâl yn cael eu cynhyrchu, na ddylai'r beirdd lunio 'un hymn fyth nes bont yn teimlo eu heneidiau yn agos i'r nef, tan awelon yr Ysbryd Glân'.

Caiff Williams Pantycelyn ei hun mewn anialwch neu anial dir yn aml. Mae'r anialwch yn cynrychioli hyn o fyd y cawn ein gosod ynddo, ac fel roedd yr anialwch yn lle i deithio trwyddo yn hanes yr Hebreaid yn yr Ecsodus, neu yn lle i fod ynddo am gyfnod yn unig fel ym Mabilon pan gaethgludwyd y genedl i'r fan honno, lle i aros ynddo dros amser ac i dreulio taith bywyd ynddo yw'r byd hwn i Williams, gan nad ydy ei obaith ym mhethau'r ddaear, ond yn y nefoedd ei hun, neu'r Ganaan dragwyddol. Gellid beirniadu Pantycelyn, fel y gwnaeth llawer, am ei bortreadu ei hun ormod fel pererin arallfydol, ond nid yw'n bererin encilgar, gan fod ei fys yn sicr iawn ar byls yr oes yr oedd yn byw ynddi a'i wybodaeth am bethau'r byd hwn yn syfrdanol!

Gydag yntau â'i draed yn sicr ar y ddaear, felly, fe wyddai Williams, fel y gwyddai Paul o'i flaen, mai 'yn y nefoedd y mae ein dinasyddiaeth ni' (Phil. 3:20). Am gymorth y nef ei hun y gofynna yn ei emyn: 'Tyred, Iesu, i'r anialwch'. Gofynna iddo losgi'r mieri, y pechodau a'r temtasiynau sydd yn ei gaethiwo gymaint yn ei fywyd a'i arwain drosodd 'i dir ei wlad'. Gofynna am fanna o'r nefoedd ei hun i'w gynnal ar daith bywyd. Ymlaen mae'r nod, nid yn unrhyw le ar y ddaear hon, a Duw ei hun sydd yn arwain fel yr arweiniodd genedl yr Hebreaid o'r Aifft gynt. Beth bynnag fydd yn rhwystrau ar y ffordd (craig a thyle), mae'n addo dilyn yr arweiniad a gaiff gan Dduw ar y daith, arweiniad sydd yn ei Air 'mae dy eiriau oll dan sêl'.

Mae taith bywyd i Williams yn un o gyffro a menter, gan nad yw'n aros yn llonydd ddim, ond mae hefyd yn un o ymddiriedaeth lwyr wrth iddo ddilyn yr unig Un y gall fod yn sicr o'i arweiniad y tu yma i'r nefoedd.

GWEDDI

O Dad, caf fy nghyffroi wrth feddwl fy mod, er yn byw yma yn y gymuned lle yr wyt ti wedi fy ngosod, yn ddinesydd y nef mewn gwirionedd. Gwna fi'n un sy'n barod i fentro ar daith bywyd yn unig o dan dy arweiniad di. Gyda'n gilydd cawn wynebu pob 'craig a thyle' a goroesi. Yn enw Iesu. Amen.

Mae ffrydiau 'ngorfoledd yn tarddu

Caneuon Ffydd: Rhif 747

Mae ffrydiau 'ngorfoledd yn tarddu
o ddisglair orseddfainc y ne',
ac yno'r esgynnodd fy Iesu
ac yno yr eiriol efe:
y gwaed a fodlonodd gyfiawnder,
daenellwyd ar orsedd ein Duw,
sydd yno yn beraidd yn erfyn
i ni, y troseddwyr, gael byw.

Cawn esgyn o'r dyrys anialwch
i'r beraidd baradwys i fyw,
ein henaid lluddedig gaiff orffwys
yn dawel ar fynwes ein Duw:
dihangfa dragwyddol geir yno
ar bechod, cystuddiau a phoen,
a gwledda i oesoedd diderfyn
ar gariad anhraethol yr Oen.

O fryniau Caersalem ceir gweled
holl daith yr anialwch i gyd,
pryd hyn y daw troeon yr yrfa
yn felys i lanw ein bryd;
cawn edrych ar stormydd ac ofnau
ac angau dychrynllyd a'r bedd,
a ninnau'n ddihangol o'u cyrraedd
yn nofio mewn cariad a hedd.

DAVID CHARLES, 1762–1834

MYFYRDOD

Cymharol ychydig o emynau a luniodd David Charles (rhyw 24). Ceir blas o'u mawredd a rhyfeddod y profiad personol sydd ynddyn nhw yn y saith emyn o'i waith a welir yn *Caneuon Ffydd* bellach. Gwelwn thema'r anialwch yma eto fel yn gymaint o waith ein prif emynwyr, a'r dyhead am gael codi allan ohono ac uwchlaw iddo:

Cawn esgyn o'r dyrys anialwch
i'r beraidd baradwys i fyw.

A oes un emyn yn nes at galon y Cymro na'r emyn sydd o'n blaenau ni? Dyna oedd cwestiwn Ifor L. Evans yn ei gasgliad bychan o waith prif emynwyr Cymru, *Blodau Hyfryd,* yn 1945. Ond yn benodol, y pennill olaf o'r emyn, sef 'O fryniau Caersalem ceir gweled'. 'Bu mwy o ganu ar ei bennill olaf nag ar unrhyw bennill arall, ond odid, yn angladdau Cymru', meddai John Thickens wedyn wrth gyfeirio at yr emyn yn ei *Emynau a'u Hawduriaid.*

Efallai'n wir bod rhyw dynfa ynom ni yng Nghymru i edrych yn ôl a hiraethu am a fu ac mai dyna sy'n peri ein bod yn hoff o gyfeirio at yr olygfa o fryniau Caersalem a welodd David Charles. Ond edrych ymlaen mae David Charles mewn gwirionedd at gael cyrraedd y lle hwnnw ble 'Mae ffrydiau 'ngorfoledd yn tarddu'. Gwaith a hyfrydwch y credadun wedi cyrraedd y baradwys honno fydd 'gwledda i oesoedd diderfyn ar gariad anhraethol yr Oen'.

Er bod David Charles yn sôn mewn emyn arall (114) y 'bydd synnu wrth gofio'r rhain tu draw i'r llen', ychydig mewn gwirionedd fydd ein diddordeb yn 'holl daith yr anialwch i gyd', ac ni fydd fawr o gyfle i edrych yn ôl bryd hynny a sylwi ar fanion y daith – dim ond rhyfeddu ein bod wedi cyrraedd a chael bod gyda'r Iesu 'sydd yno yn beraidd yn erfyn' drosom ar hyn o bryd.

'Yn y ddinas bydd gorsedd Duw a'r Oen, a'i weision yn ei wasanaethu', a ddatguddir i Ioan (Dat. 22:3). Bydd popeth arall yn pylu yno wrth inni ddod yn rhan o oleuni yr Un sy'n goleuo'r cyfan (adn.5). Bydd popeth yn newydd yno a'r 'pethau cyntaf wedi mynd heibio', sef y stormydd a'r ofnau y sonia David Charles amdanyn nhw. 'Ac ni bydd marwolaeth mwyach, na galar na llefain na phoen'(Dat. 21:4), dim ond diolch ein bod 'ninnau'n ddihangol o'u cyrraedd yn nofio mewn cariad a hedd'.

GWEDDI

O Dad, diolch iti am y gobaith sydd o'm blaen am y 'beraidd baradwys i fyw'. Bydd cymaint o waith gennyt ti yno ar fy nghyfer fel na fydd fawr amser i ystyried yr hyn a fu, ond ymgolli ynot ti ac yn ein mawl i'r Oen. O am gael plymio yno a 'nofio mewn cariad a hedd'. Amen.

Adenydd colomen pe cawn

Caneuon Ffydd: Rhif 749

Adenydd colomen pe cawn,
   ehedwn a chrwydrwn ymhell,
i gopa bryn Nebo mi awn
   i olwg ardaloedd sydd well;
a'm llygaid tu arall i'r dŵr,
   mi dreuliwn fy nyddiau i ben
mewn hiraeth am weled y Gŵr
   fu farw dan hoelion ar bren.

'Rwy'n tynnu tuag ochor y dŵr,
   bron gadael yr anial yn lân;
mi glywais am goncwest y Gŵr
   a yfodd yr afon o'm blaen;
fe dreiglodd y maen oedd dan sêl,
   fe gododd y Cadarn i'r lan;
fe'i caraf ef, deued a ddêl,
   mae gobaith i'r truan a'r gwan.

Ni allaf tra bwyf yn y cnawd
   ddim diodde'r caniadau sydd fry,
na llewyrch wynepryd fy Mrawd –
   mae'n llawer rhy ddisglair i mi;
'n ôl hedeg a gadael fy nyth,
   a chuddio fy mhabell o glai,
bydd digon o nefoedd dros byth
   ei weled ef fel ag y mae.

1, 3 THOMAS WILLIAM, 1761 – 1844
2 JOHN WILLIAMS, 1728? – 1806

MYFYRDOD

Mae pawb yn falch o gael dianc ar brydiau, rhag ein trefniadau a'n
gorchwylion dyddiol, os dim ond am hoe fach cyn dychwelyd
wedyn wedi ein hadnewyddu. Pan fydd rhyw drafferthion neu
amgylchiadau yn bygwth ein trechu, dyma'n hymateb bryd hynny
hefyd. Dyna oedd ymateb Dafydd y brenin ar ddechrau Salm 55

wedi i Absalom ei fab ei fradychu a phan oedd hi'n ymddangos yn ddu iawn arno: 'O na fyddai gennyf adenydd colomen, imi gael ehedeg ymaith a gorffwyso! Yna byddwn yn crwydro ymhell ac yn aros yn yr anialwch; brysiwn i gael cysgod rhag y gwynt stormus a'r dymestl' (Salm 55: 6–8).

Cael dianc yw dyhead calon Dafydd, ond mae'n gwybod hefyd fod Duw yn fwy na'i holl elynion a'i drafferthion ac fe ddysgodd sut i droi ei drafferthion yn gyfleon am weddi. Erbyn diwedd y Salm, mae'n gallu cyhoeddi: 'Bwrw dy faich ar yr Arglwydd, ac fe'th gynnal di; ni ad i'r cyfiawn gael ei ysgwyd byth' (adn. 22).

Defnyddia Thomas William, Bethesda'r Fro, y dyhead hwn gan Dafydd am adenydd colomen a'i droi'n ddyhead am y nefoedd ei hun ac am gael gadael ei nyth yma ar y ddaear a'i babell o glai, ond os na chaiff wneud hynny eto, yna mae o leiaf am gael cip ar y nefoedd o'r fan lle mae. Moses gafodd fynd i ben mynydd Nebo i gael golwg ar wlad yr addewid yn ymestyn allan o'i flaen. Roedd ei 'lygaid tu arall i'r dŵr' ar y tir yr oedd wedi dyheu amdano cyhyd, ond ni chafodd fynd i mewn i'r wlad am mai darlun yn unig oedd hi o'r wir orffwystra oedd yn aros amdano yn y nefoedd.

Ceir priodas hyfryd yn yr emyn hwn rhwng dau bennill Thomas William ac un John Williams yn y canol. Mae'r delweddu yn gryf yn y penillion i gyd; yr adenydd a'r nyth a'r afon. Mae penillion Thomas yn llawn hiraeth pruddglwyfus 'am weled y Gŵr fu farw dan hoelion ar bren', a phennill John wedyn yn llawn gobaith oherwydd concwest 'y Gŵr a yfodd yr afon o'm blaen'. Fe wnaeth fwy na chroesi'r afon i'r wlad well, fe 'yfodd yr afon' mewn buddugoliaeth lwyr ar angau a'r bedd yn ei farw aberthol a'i atgyfodiad wedyn, ac 'fe gododd y Cadarn i'r lan', gan gynnig ffordd ar dir sych inni groesi gydag ef. 'Mae gobaith i'r truan a'r gwan.'

GWEDDI

O Dduw Dad, boed fy nyhead innau hefyd am gael bod yn dy gwmni di, a dyro imi gipolwg ar 'ardaloedd sydd well', er mwyn imi gael dwyn eraill i olwg y wlad honno. Buasai'n braf cael dianc yno a bod gyda thi, ond wnei di f'atgoffa, Arglwydd, dy fod yn fwy na'm trafferthion i gyd, a'm helpu fel Dafydd gynt i fwrw fy maich arnat ti am gynhaliaeth tra wyf i yma yn fy nyth ar y ddaear. Yn enw'r Gŵr, Iesu, a yfodd yr afon o'm blaen. Amen.

Gwna fi fel pren planedig, O fy Nuw

Caneuon Ffydd: Rhif 756

Gwna fi fel pren planedig, O fy Nuw,
yn ir ar lan afonydd dyfroedd byw,
yn gwreiddio ar led, a'i ddail heb wywo mwy,
yn ffrwytho dan gawodydd dwyfol glwy'.

Gad imi fyw, ynghanol pob rhyw bla,
dan gysgod clyd adenydd Iesu da;
a'm tegwch gwir fel olewydden wiw
o blaniad teg daionus Ysbryd Duw.

    1 ANN GRIFFITHS, 1776–1805
    2 ANAD.

MYFYRDOD

Awydd i fod yn ffrwythlon sydd gan Ann Griffiths ym mhennill cyntaf ein hemyn. Ond fe ŵyr cystal â neb fod yn rhaid wrth dir da wedi ei ddyfrio a'i wrteithio er mwyn i blanhigyn ddwyn ffrwyth. Mae Ann yn troi addewid Duw yn y Salm gyntaf, 'efe a fydd fel pren wedi ei blannu ar lan afonydd dyfroedd, yr hwn a rydd ei ffrwyth yn ei bryd; a'i ddalen ni wywa, a pha beth bynnag a wnêl, efe a lwydda' (Salm 1:3, BWM), yn weddi iddi hi ei hun. Mae'r addewid yn ddibynnol ar barodrwydd un i fod â'i ewyllys yng nghyfraith yr Arglwydd, ac yn myfyrio yn ei gyfraith ef ddydd a nos (ad.2). A wyddom ni am unrhyw un oedd yn fwy parod nag Ann Griffiths ei hun i 'fyfyrio yn ei gyfraith ef ddydd a nos'? Roedd dail y pren yn parhau heb wywo am fod y pren wedi ei wreiddio'n ddwfn ac yn sugno dŵr o'r 'afonydd dyfroedd byw' yn nodd iddo'i hun. Y Beibl yw nodd Ann ac mae hi'n sugno'n helaeth ohono. Diau bod cyfeiriad yma hefyd at weledigaeth Eseciel (pennod 47), lle mae'r dŵr yn llifo'n afon gref o dan drothwy'r deml ac yn dyfrhau pob math o goedydd a'u 'ffrwyth yn ymborth, a'i ddalen yn feddyginiaeth' (Eseciel 47:12). Roedd proffwydoliaeth o'r fath am ddyfroedd yn llifo ac yn bendithio, yn rhagfynegi gwaith yr Ysbryd Glân ym mywydau credinwyr y Testament Newydd. Os yw'r dŵr bywiol, adnewyddol hwn am gael effaith, yna mae'n rhaid iddo ein cyrraedd ni, y rhai sydd wedi'n plannu ar ei lan, a llifo trwom er mwyn cyrraedd ein cenhedlaeth ninnau megis cenhedlaeth Ann.

Gwyddai Ann hefyd y byddai'r rhai a 'blannwyd yn nhŷ yr Arglwydd' (Salm 92:13) yn blodeuo ac yn ffrwytho iddo yn eu hen ddyddiau, ond chafodd Ann ddim byw i weld cyflawni'r addewid hwnnw. Priododd â Thomas Griffiths o Feifod ar 10 Hydref 1804, ond am ddeng mis yn unig y bu hi'n briod â'i gŵr, a ddaeth i fyw ati hi i Ddolwar Fach gan ei bod erbyn hyn yn ferch ifanc amddifad. Bu'n briodas hynod o hapus er mai ber oedd hi. Ganed merch iddyn nhw ymhen y deng mis, ond bu farw'r fechan yn bythefnos oed, a bu Ann farw'n union ar ei hôl a hithau ond yn naw ar hugain mlwydd oed. Fe'i claddwyd y 12fed o Awst, 1805.

Er tristwch yr hanes hwn a oedd yn rhy gyffredin o lawer y dyddiau hynny, yr ydym ni'n diolch heddiw am Ann:

Hithau a enwaf weithian:

Y danbaid, fendigaid Ann,

fel y canodd J. T. Job wrth ddiolch i Dduw amdani yn ei awdl i'r emyn ac emynwyr Cymru, 'Eu Nêr a Folant', ym 1918. Yn nawdegau'r ddeunawfed ganrif bu Ann dan weinidogaeth y Methodistiaid oedd yn codi yn Sir Drefaldwyn gan brofi'n fuan o'r ailenedigaeth, profiad a fu'n ganolbwynt ei meddwl oddi ar hynny ac a roddodd i ni ffrwyth hyfryd ei hemynau 'dan gawodydd dwyfol glwy'.

GWEDDI

O Dad nefol, yr wyt ti'n disgwyl ffrwyth gan bob un o'th blant. Bydded inni fwrw'n gwreiddiau yn ddwfn ynot ti er mwyn tynnu o'th nodd, fel na wywa ein dail o dan ddylanwadau'r byd o'n cwmpas, ac y cynyddo ein ffrwyth er clod a gogoniant i dy Fab. Amen.

Pan fwyf yn teimlo'n unig lawer awr

Caneuon Ffydd: Rhif 758

Pan fwyf yn teimlo'n unig lawer awr
heb un cydymaith ar hyd llwybrau'r llawr,
am law fy Ngheidwad y diolchaf i
â'i gafael ynof er nas gwelaf hi.

Pan fyddo beichiau bywyd yn trymhau
a blinder byd yn peri im lesgáu,
gwn am y llaw a all fy nghynnal i
â'i gafael ynof er nas gwelaf hi.

Pan brofais archoll pechod ar fy nhaith
a minnau'n ysig ŵr dan gur a chraith,
ei dyner law a'm hymgeleddodd i
â'i gafael ynof er nas gwelaf hi.

A phan ddaw braw yr alwad fawr i'm rhan
a'r cryfaf rai o'm hamgylch oll yn wan,
nid ofnaf ddim, ei law a'm tywys i
â'i gafael ynof er nas gwelaf hi.

JOHN ROBERTS, 1910–84

MYFYRDOD

Mynegi profiad a wna John Roberts, Llanfwrog. Cawn glywed am
ei brofiad o agosrwydd Duw ato ar hyd pob cam o daith bywyd.
Cawn ein cymell i rannu yn ei brofiad a rhoi diolch am 'law fy
Ngheidwad . . . a'i gafael ynof er nas gwelaf hi'. Mae'r cyferbyniad
yn un effeithiol wrth iddo gyfeirio at law ei Geidwad yn ei gynnal
a'i ymgeleddu a'i dywys, hyn i gyd er y ffaith na ellid ei gweld hi
trwy lygad naturiol. Ond o edrych trwy lygad ffydd y mae
presenoldeb y llaw i'w weld yn eglur ddigon. Peth felly, yn wir, ydy
ffydd, ac mae diffiniad awdur y Llythyr at yr Hebreaid ohoni yn un

sy'n crynhoi llawer: 'Y mae ffydd yn warant o bethau y gobeithir amdanynt, ac yn sicrwydd o bethau na ellir eu gweld' (Heb.11:1). Yn wir, mae'r bennod hon yn y llythyr at yr Hebreaid yn olrhain hanes y rhai sydd wedi gweithredu trwy ffydd yn yr Hen Destament, pob un ohonynt yn ymddiried yng ngallu Duw i'w cynnal nhw ac i gyflawni ei addewidion iddyn nhw. Dynion a merched cyffredin ddigon y sonnir amdanyn nhw, ond a wnaethpwyd yn anghyffredin trwy eu ffydd a'u hymddiriedaeth yn Nuw.

Mae yna hanes bendigedig i'w gael yn 2 Brenhinoedd 6: 15–17, sydd ymhlyg ym mhrif rediad yr hanes am Eliseus y proffwyd. Mae gwas Eliseus yn codi un bore ac yn gweld llu o filwyr brenin Syria o gwmpas y pentref roedden nhw'n aros ynddo, ac yn meddwl yn naturiol ei bod hi ar ben arnyn nhw. Ond mae Eliseus, ar ôl cyhoeddi wrtho, "Paid ag ofni; y mae mwy gyda ni nag sydd gyda hwy", yn gweddïo wedyn ar i'r gwas gael prawf o hynny trwy lygaid ffydd, '"Arglwydd, agor ei lygaid, iddo weld."' Y fath galondid a gafodd pan agorodd Duw ei lygaid. 'Ac yna fe welodd y mynydd yn llawn meirch a cherbydau tanllyd o gwmpas Eliseus.'

O ymddiried yn Nuw, trwy ffydd fe allwn ninnau weld, y llaw sy'n ein cynnal ac, yng nghanol trallodion a brwydrau bywyd, bod 'mwy gyda ni nag sydd gyda nhw'. Gŵyr yr emynydd, o fod wedi profi cynhaliaeth ei Geidwad ar hyd taith bywyd, y bydd hefyd gydag ef 'pan ddaw braw yr alwad fawr i'm rhan', oherwydd fe fu farw'r Ceidwad hwn a chael ei atgyfodi. Trwy ffydd yr ydym yn credu ac yn dal gafael yn hyn, ac am iddo gael ei gyfodi bydd hefyd yn ein cyfodi ninnau, oherwydd, yng ngeiriau Paul: 'Y gwir yw fod Crist wedi ei gyfodi oddi wrth y meirw, yn flaenffrwyth y rhai sydd wedi huno' (1 Cor. 15:20).

GWEDDI
Diolch iti, Arglwydd, am lygaid ffydd i weld bod dy law arnaf ac yn gafael ynof er nad ydw i'n ei gweld hi gyda'm llygaid naturiol. Helpa fi i aros yn dy law, gan y gwn mai yno mae heddwch a diogelwch i'w cael ac na fyddi di'n fy ngollwng byth. Yn enw fy Ngheidwad, Iesu Grist. Amen.

Am fod fy Iesu'n fyw

Caneuon Ffydd: Rhif 762

Am fod fy Iesu'n fyw,
byw hefyd fydd ei saint;
er gorfod dioddef poen a briw,
mawr yw eu braint:
bydd melys glanio draw
'n ôl bod o don i don,
ac mi rof ffarwel maes o law
i'r ddaear hon.

Ac yna gwyn fy myd
tu draw i'r byd a'r bedd:
caf yno fyw dan foli o hyd
mewn hawddfyd hedd
yng nghwmni'r nefol Oen
heb sôn am bechod mwy,
ond canu am ei ddirfawr boen
byth gyda hwy.

JOHN THOMAS, 1730–1804?

MYFYRDOD

Er bod y byd o'n cwmpas yn newid yn gyflym, heb fod fawr ddim yn aros yr un fath, fe wyddom nad yw rhai pethau yn newid yn y byd hwn. Un o'r rheiny, wrth gwrs, yw poen a dioddefaint. Yn anffodus, mae dioddefaint yn rhan o'n byd ni ac yma i aros yn ei amrywiol weddau.

Ond roedd gan y Methodistiaid cynnar, ac mae John Thomas, awdur ein hemyn yma, yn enghraifft wiw ohonyn nhw, bersbectif gwahanol ar y byd hwn sydd yn llawn poen. Bywyd caled eithriadol a gafodd John Thomas. Adrodda am ei fagwraeth yn ei hunangofiant, *Rhad Ras*. Bachgen eiddil ydoedd a gafodd ei fagu o luch i dafl gan wahanol berthnasau, ac yn nes ymlaen a gafodd ei gam-drin yn arw oherwydd ei ddaliadau. Gallai John Thomas fod wedi ymateb gyda hunandosturi a rhwystredigaeth, ond yn hytrach fe ymatebodd gyda dewrder a sicrwydd fod yr hyn oedd wedi, ac yn digwydd iddo yn mynd i buro'i gymeriad a'i wneud yn berson gwell. Roedd yna ddyfalbarhad yn perthyn iddo ef fel i Paul gynt: 'yr ydym . . . yn gorfoleddu yn ein gorthrymderau, oherwydd fe wyddom mai o orthrymder y daw'r gallu i ymddál, ac o'r gallu i ymddál y daw rhuddin cymeriad, ac o gymeriad y daw gobaith' (Rhuf. 5:3). Gwyddai fel Cristion fod y wobr o'i flaen yn fwy na'r gost, a gallai ganu:

> er gorfod dioddef poen a briw,
> mawr yw eu braint.

Seiliai ei obaith ar y bywyd tragwyddol sydd yn Iesu Grist ac ar y ffaith bod Iesu'n fyw ac wedi ei atgyfodi ar y trydydd dydd ar ôl ei groeshoelio. Yno byddai pob poen yn darfod:

> Caf yno fyw dan foli o hyd
> mewn hawddfyd hedd.

Dyma gonglfaen ffydd y Cristion. Os na chafodd Iesu ei gyfodi, mae'r canlyniadau yn rhai trychinebus i bob Cristion. 'Ac os nad yw Crist wedi ei gyfodi, ofer yw eich ffydd, ac yn eich pechodau yr ydych o hyd' (1 Cor. 15:17), meddai Paul wrth yr eglwys yng Nghorinth pan gododd rhyw amheuaeth am wirionedd yr atgyfodiad yno. Byddai'r cwbl wedi ei chwalu, a John Thomas druan a myrddiynau o gredinwyr eraill yn fwy truenus na neb, am mai pen draw'r drychineb yma fyddai nad oes nefoedd i'w chael: 'Os ar gyfer y bywyd hwn yn unig yr ydym wedi gobeithio yng Nghrist, nyni yw'r bobl fwyaf truenus o bawb' (1 Cor. 15:19).

Ond 'os' a ddywedodd Paul wrth resymu â'r amheuwyr. Dyma'i ddyfarniad ar y mater: 'Ond y gwir yw fod Crist wedi ei gyfodi oddi wrth y meirw, yn flaenffrwyth y rhai sydd wedi huno' (1 Cor. 15:20). Dyna sail gobaith a hyder John Thomas yng nghanol byd o boen hefyd:

> Am fod fy Iesu'n fyw
> Byw hefyd fydd ei saint.

GWEDDI

O Dduw, a gyfodaist Iesu ar ein cyfer, diolchwn fod inni sail i'n ffydd a'n gobaith ynddo ef, ac y coronir ffydd y saint 'yng nghwmni'r nefol Oen heb sôn am bechod mwy'. Yn enw Iesu. Amen.

Da yw bod wrth draed yr Iesu

Caneuon Ffydd: Rhif 771

Da yw bod wrth draed yr Iesu
ym more oes;
ni chawn neb fel ef i'n dysgu
ym more oes;
dan ei groes mae ennill brwydrau
a gorchfygu temtasiynau;
achos Crist yw'r achos gorau
ar hyd ein hoes.

Cawn ei air i buro'r galon
ym more oes,
a chysegru pob gobeithion
ym more oes;
wedi bod ym mlodau'n dyddiau
ni bydd eisiau gado'i lwybrau:
cawn fynediad i'w drigfannau
ar ddiwedd oes.

ELFED, 1860 – 1953

MYFYRDOD

Nid oes dim yn hyfrytach na bod yng nghwmni plant wrth iddyn nhw weddïo o'r galon, neu o'r frest, fel y byddwn yn ei ddweud. Fel hyn y clywais blentyn yn ei ymddiried ei hun i gariad Duw yn ddiweddar: 'Wnei di garu pawb wyt ti'n ei 'nabod, a 'dwi'n siŵr dy fod ti'n gallu caru pawb sy'n y byd i gyd'. 'Codaist amddiffyn rhag dy elynion o enau babanod a phlant sugno', meddai'r Salmydd (8:2). Yr adnod hon a ddefnyddiodd Iesu wrth gyfiawnhau wrth awdurdodau'r deml fod y plant a'r bobl ifanc yn ei foli fel y Meseia gan weiddi: 'Hosanna i Fab Dafydd' (Mth. 21:15–16).

Nid oes dim yn y Beibl yn gwahardd plant rhag bod yn llafar yn eu mawl i Dduw, a phan geisiodd disgyblion Iesu wahardd y mamau rhag dod â'u plant at draed Iesu i gael eu bendithio oherwydd ei flinder, fe'u ceryddodd nhw a dweud: '"Gadewch i'r plant ddod ataf fi; peidiwch â'u rhwystro, oherwydd i rai fel hwy y mae teyrnas Dduw yn perthyn"' (Marc 10:14). I gyfnod arall, bellach, mae'r ymadrodd Saesneg: 'Children should be seen and not heard', yn perthyn, diolch byth. Yr ydym yn colli cymaint wrth beidio â chynnwys, a rhoi lle digonol i blant wrth inni addoli.

Ond i'r cyfnod Fictoraidd hwnnw mae'r emyn hwn gan Elfed yn perthyn. Ymddangosodd yn *Trysorfa'r Plant* (Medi 1896), a dywedir bod adlais o emyn Saesneg ynddo, a oedd yn ymgorfforiad o'r hyn a geid ar gyfer plant y cyfnod, 'O won't you be a Christian while you're young?' Roedd y gwahoddiad yn un taer i blant y cyfnod i ddod at 'draed yr Iesu ym more oes'. Cofiwn nad oedd llawer o blant yn tyfu i weld bywyd fel oedolion ychwaith.

Edrych yn ôl o flinder ei henaint mae'r pregethwr yn Llyfr y Pregethwr pan ddywed, 'Cofia dy Greawdwr yn nyddiau dy ieuenctid, cyn i'r dyddiau blin ddod' (12:1). Ein hannog yn yr un modd wna Elfed i sefydlu'n perthynas â Duw tra byddwn yn ifanc, cyn i frwydrau a themtasiynau bywyd galedu ein calonnau. O'i osod 'ym mhen ei ffordd' fel plentyn, (Diar. 22:6, BWM), 'ni bydd eisiau gado'i lwybrau', oherwydd bydd wedi profi llwybrau Duw yn rhai diogel ar gyfer holl daith bywyd.

Daliwn ati heddiw i roi pob cyfle i blant ac ieuenctid i ymateb i alwad Duw arnyn nhw a'u cyflwyno'u hunain i'r Arglwydd Iesu yn gynnar yn eu hoes. Os oedd y gwahoddiad yn un taer yng nghyfnod Elfed, dylai fod yr un mor daer yn ein cyfnod ni – dydy plant ddim yn blant yn hir!

GWEDDI

Ein Tad, yr hwn wyt yn y nefoedd, diolchwn iti am bob cyfle i rannu ymhlith ein plant y trysorau yr wyt ti yn eu hymddiried i'n gofal. Cyflwynwn bob plentyn yr ydym yn ei adnabod i'th ofal di, gan ofyn iti eu dwyn nhw at draed yr Iesu ym more oes. Er mwyn ei enw. Amen.

Mi glywais lais yr Iesu'n dweud

Caneuon Ffydd: Rhif 774

Mi glywais lais yr Iesu'n dweud,
"Tyrd ataf fi yn awr,
flinderog un, cei ar fy mron
roi pwys dy ben i lawr."
Mi ddeuthum at yr Iesu cu
yn llwythog, dan fy nghlwyf;
gorffwysfa gefais ynddo ef
a dedwydd, dedwydd wyf.

Mi glywais lais yr Iesu'n dweud,
"Mae gennyf fi yn rhad
y dyfroedd byw; sychedig un,
o'u profi cei iachâd."
At Iesu deuthum, profi wnes
o'r ffrydiau sy'n bywhau;
fy syched ddarfu: ynddo ef
'rwy'n byw dan lawenhau.

Mi glywais lais yr Iesu'n dweud,
"Goleuni'r byd wyf fi,
tro arnaf d'olwg, tyr y wawr
a dydd a fydd i ti."
At Iesu deuthum, ac efe
fy haul a'm seren yw;
yng ngolau'r bywyd rhodio wnaf
nes dod i gartre 'Nuw.

HORATIUS BONAR, 1808–89
cyf. Y CANIEDYDD CYNULLEIDFAOL NEWYDD, 1921

MYFYRDOD

Diolchwn, er ised cyflwr yr Eglwys yn ein plith yn ystod y dyddiau hyn, fod modd clywed llais Iesu yn dal i geisio siarad â ni, siarad geiriau o gysur ac anogaeth. Nid yw ei lais yn llai eglur nac yn ddistawach heddiw nag a fu o'r blaen, ond fe ymddengys ein bod yn fwy cyndyn i wrando arno, a bod y lleisiau eraill sydd o'n cwmpas ym mhob man yn boddi ei sŵn.

Cyfieithiad sydd yma o waith Horatius Bonar, a

gyfansoddodd yr emyn gwreiddiol, 'I heard the voice of Jesus say', pan oedd yn weinidog yn Kelso yn yr Alban. Dywedir iddo ei seilio ar Ioan 1:16: 'O'i gyflawnder ef yr ydym ni oll wedi derbyn gras ar ben gras.'

Byddai'n hawdd i ni basio heibio i'r adnod hon o brolog Ioan i'w efengyl, gan ddiolch yn unig am fod gras Duw yn cael ei rannu'n hael i bawb, ond mae Ioan yn dysgu bod y gras hwnnw yn tarddu 'o'i gyflawnder'. Dyma Dduw yn ein cyfarfod yn union fan ein hangen ym mherson Iesu Grist, gyda holl adnoddau'r Duwdod y tu cefn iddo.

Canolbwyntia'r tri phennill ar wahanol addewidion ein Harglwydd, ac ar y cyflawnder sydd yng Nghrist i gyfarfod â'n hanghenion dyfnaf, bob un. Addawa'n gyntaf ein cysuro a'n cynnal pan ddown, yn llwythog a blinedig, â'n beichiau ato: '"Dewch ataf fi, bawb sy'n flinedig ac yn llwythog, ac fe roddaf fi orffwystra i chwi!"' (Mth. 11:28). Mae'n addo diwallu pob syched sydd ynom gyda'i ddŵr bywiol gan ein bywhau: '"Bydd y dŵr a roddaf iddo yn troi yn ffynnon o ddŵr o'i fewn, yn ffrydio i fywyd tragwyddol"' (Ioan 4:14). Dyma'r cysur a'r gobaith mae'n eu cynnig i bawb sy'n ei ganlyn, sef y bydd yn symud eu tywyllwch ymaith: '"Myfi yw goleuni'r byd . . . ni bydd neb sy'n fy nghanlyn i byth yn rhodio yn y tywyllwch, ond bydd ganddo oleuni'r bywyd"' (Ioan 8:12).

O glywed a derbyn yr addewidion, rhaid inni fod yn sicr bod Duw am eu cyflawni; ei fod am ein cysuro a'n cynnal, ein bywhau a'n goleuo â gobaith. Atgoffwn ein hunain o'i Air inni. Peidiwn ag edrych yn unlle arall am yr hyn mae Duw wedi ei addo inni. Disgwyliwn iddo eu cyflawni yn ein bywydau, ac i'r addewidion hyn, ymysg eraill, godi ein disgwyliadau o Dduw. Os yw Iesu'n barod ei air ar ein cyfer, daliwn ar ei air a dywedwn fel Samuel gynt: 'Llefara, Arglwydd, canys y mae dy was yn gwrando' (1 Sam. 3:9).

GWEDDI

Diolchaf iti, O Dduw, dy fod, nid yn unig yn rhoi addewidion, ond yn barod i'w cyflawni bob tro trwy ras ein Harglwydd Iesu Grist sydd i'w gael yn ei gyflawnder ar gyfer anghenion pob un ohonom. Pâr inni bwyso ar dy eiriau. Er gogoniant i enw Iesu. Amen.

Rho im yr hedd na ŵyr y byd amdano

Caneuon Ffydd: Rhif 787

Rho im yr hedd na ŵyr y byd amdano,
   hedd, nefol hedd, a ddaeth drwy ddwyfol loes;
pan fyddo'r don ar f'enaid gwan yn curo
   mae'n dawel gyda'r Iesu wrth y groes.

O rho yr hedd na all y stormydd garwaf
   ei flino byth na chwerwi ei fwynhad
pan fyddo'r enaid ar y noson dduaf
   yn gwneud ei nyth ym mynwes Duw ein Tad.

Rho brofi'r hedd a wna im weithio'n dawel
   yng ngwaith y nef dan siomedigaeth flin;
heb ofni dim, ond aros byth yn ddiogel
   yng nghariad Duw, er garwed fyddo'r hin.

O am yr hedd sy'n llifo megis afon
   drwy ddinas Duw, dan gangau'r bywiol bren:
hedd wedi'r loes i dyrfa'r pererinion
   heb gwmwl byth na nos, tu hwnt i'r llen.

ELFED, 1860 – 1953

MYFYRDOD

Gofyn am beth syml iawn mae Elfed yma ar yr edrychiad cyntaf;
onid yw pawb yn ceisio heddwch a llonyddwch? Onid dyma un o
anghenion mwyaf ein byd ar hyn o bryd? Ond am yr hedd sydd yn
ddyfnach na llonyddwch a distawrwydd y gofynna Elfed – am
'hedd na ŵyr y byd amdano', am y 'Shalom' sydd yn un o
briodoleddau Duw ei hun.

    Os ewch chi i Israel, yna'r cyfarchiad fydd 'Shalom' –
heddwch – ond mae'n golygu llawer iawn mwy na chyfarchiad.
Mae cyflawnder, diogelwch, iechyd, llwyddiant a chyfeillgarwch oll
yn rhan o ystyr cyfoethog y gair hwn.

Dyma'r hedd oedd yn perthyn i Iesu ei hun hefyd ac sydd yn cael ei gynnig i ninnau. 'Ef yw ein heddwch ni' dywed Effesiaid 2:14 wrthym, ac yng nghanol stormydd bywyd mae Elfed yn ein sicrhau ei bod yn 'dawel gyda'r Iesu wrth y groes'. A gofiwch chi hanes y storm ar y môr ym Marc pennod 4? Wedi i Iesu ddweud '"Awn drosodd i'r ochr draw"' fe ddaeth hi'n storm fawr ar y môr, ond cysgu drwyddi wnaeth Iesu. Daeth ofn ar y disgyblion, ac roedden nhw'n methu â deall pam nad oedd Iesu yn poeni am y sefyllfa – '"A wyt ti'n hidio dim ei bod ar ben arnom?"' meddent. Edrychodd yntau ar y gwynt ffyrnig a llefaru 'heddwch' wrtho, a 'bydd dawel' wrth y tonnau, ac fe gafwyd llonyddwch eto. Ond trodd wedyn at y storm yng nghalonnau ei ddisgyblion a gofyn: '"Pam y mae arnoch ofn? Sut yr ydych heb ffydd o hyd?"' Yn y fan honno roedd y broblem, yn eu calonnau eu hunain am nad oedden nhw wedi profi heddwch perffaith Duw ei hun.

'"Yr wyt yn cadw mewn heddwch perffaith y sawl sydd â'i feddylfryd arnat, am ei fod yn ymddiried ynot"', medd y proffwyd Eseia (26:3). Fe'n sicrheir bod heddwch perffaith i'w gael er y 'stormydd garwaf' pan fyddwn yn gwneud ein 'nyth ym mynwes Duw ein Tad'. Yn wir sonia'r Beibl am wneud heddwch â Duw cyn profi heddwch Duw drosom ein hunain (Rhuf. 5:1). Gallwn, wedyn, o brofi heddwch personol, fod yn rhannu'n heddwch a 'gweithio'n dawel yng ngwaith y nef', a gall pobl eraill synhwyro'n heddwch ninnau ynghanol pob 'siomedigaeth flin' wrth i ni weini tangnefedd i eraill. 'Os bydd y tŷ yn deilwng, doed eich tangnefedd arno', meddai Iesu wrth anfon ei ddisgyblion allan (Mth. 10:13).

Fuoch chi'n dyheu erioed am fod yn un o'r 'tangnefeddwyr – plant i Dduw', chwedl Waldo, ac am gael eich bendithio yn ôl y Gwynfydau ym Mathew 5 fel rhai sydd yn gallu dwyn harmoni a chytundeb allan o ddisgord a checru? Fe allwn, gyda'n geiriau doeth ac ysbryd tawel, fod yn rhai sydd yn cadw heddwch ac yn dwyn heddwch i fod wrth helpu eraill i wynebu eu hagweddau a'u gweithredoedd anghywir.

GWEDDI

Diolch iti, fy Nhad, mai Duw heddwch wyt ti a dy fod yn llefaru heddwch wrth fy nghalon a'm henaid i. Rho im yr hedd, Arglwydd, a fydd yn para am byth yn dy gwmni di dy hun, sy'n abl i wneud cymaint o wahaniaeth yn fy mywyd i, ac ym mywydau pobl eraill o'm cwmpas i. Yn enw dy Fab, Tywysog tangnefedd. Amen.

Tydi a wnaeth y wyrth, O Grist, Fab Duw

Caneuon Ffydd: Rhif 791

Tydi a wnaeth y wyrth, O Grist, Fab Duw,
tydi a roddaist imi flas ar fyw:
fe gydiaist ynof drwy dy Ysbryd Glân,
ni allaf tra bwyf byw ond canu'r gân;
'rwyf heddiw'n gweld yr harddwch sy'n parhau,
'rwy'n teimlo'r ddwyfol ias sy'n bywiocáu;
mae'r Halelwia yn fy enaid i,
a rhoddaf, Iesu, fy mawrhad i ti.

Tydi yw haul fy nydd, O Grist y groes,
yr wyt yn harddu holl orwelion f'oes;
lle'r oedd cysgodion nos mae llif y wawr,
lle'r oeddwn gynt yn ddall 'rwy'n gweld yn awr;
mae golau imi yn dy Berson hael,
penllanw fy ngorfoledd yw dy gael;
mae'r Halelwia yn fy enaid i,
a rhoddaf, Iesu, fy mawrhad i ti.

Tydi sy'n haeddu'r clod, ddihalog Un,
mae ystyr bywyd ynot ti dy hun;
yr wyt yn llanw'r gwacter drwy dy air,
daw'r pell yn agos ynot, O Fab Mair;
mae melodïau'r cread er dy fwyn,
mi welaf dy ogoniant ar bob twyn;
mae'r Halelwia yn fy enaid i,
a rhoddaf, Iesu, fy mawrhad i ti.

W. RHYS NICHOLAS, 1914–96

MYFYRDOD

Synnwyr isel iawn o'u gwerth sydd gan lawer o bobl heddiw, gyda chyrsiau yn cael eu cynnal yn ein colegau i godi ymwybyddiaeth o hunan-barch mewn pobl. Ond hyd nes y bydd Duw yn dweud wrthym pwy ydym ni, fyddwn ni ddim yn gwybod ein gwerth na'n pwrpas. Yn waeth fyth, bydd eraill yn gallu'n defnyddio a dylanwadu arnom i'w dibenion eu hunain. 'Yng Nghrist' yn unig y deuwn i sylweddoli ein gwerth a phwrpas bywyd, ac mae'r emynydd yn mynegi mewn llawer modd trwy'r emyn fod 'ystyr bywyd ynot ti dy hun'.

Sonia W. Rhys Nicholas, wrth agor ei emyn, am 'y wyrth' mae Crist yn ei chyflawni. Ond beth yw'r wyrth honno? Fel y mae genedigaeth plentyn yn wyrth ynddi'i hun, felly hefyd yr ail-enedigaeth pan gawn ni ein geni o'r newydd i obaith bywiol: 'Felly, os yw rhywun yng Nghrist, y mae'n greadigaeth newydd; aeth yr hen heibio, y mae'r newydd yma' (2 Cor. 5:17).

Dyrchafwn fawl i Grist trwy gydol yr emyn hwn, yr un sy'n gwneud y wyrth o roi'r natur newydd hon inni, gan gydio ynom trwy ei Ysbryd Glân. Y fath wahaniaeth a wna i'n bywydau. Mae W. Rhys Nicholas yn mynd i afiaith wrth ddisgrifio'r gwahaniaeth mae Iesu'n ei wneud yn ei fywyd ei hun. Prin fod emyn mor bersonol ei orfoledd wedi ei lunio ers dyddiau ein hemynwyr mwyaf yng ngwres y Diwygiad Methodistaidd. Mae Iesu'n cyffroi ei holl synhwyrau. Derbynia gân i'w chanu ac i bawb ei chlywed; derbynia lygaid newydd i weld ôl llaw Duw ar bopeth – a'r 'harddwch sy'n parhau'; mae ei holl berson yn cael ei drydaneiddio wrth iddo 'deimlo'r ddwyfol ias sy'n bywiocáu'; ac mae ei enaid, y rhan arhosol ohono, yn llawn o'r 'Halelwia', sef mawl i enw Duw. Dyma fywyd yn cael ei fyw i'r eithaf gyda 'blas' anhygoel arno: bywyd yn ei holl gyflawnder.

I gyfrannu bywyd fel hyn inni y daeth Iesu i'n byd: '"Yr wyf fi wedi dod er mwyn i ddynion gael bywyd, a'i gael yn ei holl gyflawnder"' (Ioan 10:10). Mae'n cyfrannu o'i fywyd ei hun inni wrth ddod â'r 'pell yn agos' yn ei farw aberthol drosom (Eff. 2:13). Mae bywyd yn wag os na wyddom beth yw ei ddiben. Byddwn yn poeni am yr hyn mae eraill yn ei feddwl ohonom wrth inni chwilio am arwyddocâd o rywle i'n bywydau. Ond mae Iesu'n 'llanw'r gwacter' trwy ei air – yn llefaru i mewn i'n bywydau ac yn rhoi gwir arwyddocâd i fywyd pob un ohonom wrth inni ei ddefnyddio mewn gwasanaeth iddo.

GWEDDI

Diolch iti, Arglwydd, am gael canu'r gân a bery byth, ac am fywyd yn ei holl gyflawnder yng Nghrist. Cadw fy llygaid ar Iesu pan fyddaf fi'n teimlo'n ddiwerth, yn methu gwneud dim byd yn iawn, yn methu bod yn ddigon da. Does imi arwyddocâd i'm bywyd yn neb arall ond yng Nghrist. Amen.

Cofia'r newynog, nefol Dad

Caneuon Ffydd: Rhif 816

Cofia'r newynog, nefol Dad,
filiynau llesg a thrist eu stad
sy'n llusgo byw yng nghysgod bedd,
ac angau'n rhythu yn eu gwedd.

Rho ynom dy dosturi di,
i weld mai brodyr oll ŷm ni:
y du a'r gwyn, y llwm a'r llawn,
un gwaed, un teulu drwy dy ddawn.

O gwared ni rhag in osgoi
y sawl ni ŵyr at bwy i droi;
gwna ni'n Samariaid o un fryd,
i helpu'r gwael yn hael o hyd.

Dysg inni'r ffordd i weini'n llon
er lleddfu angen byd o'r bron,
rhoi gobaith gwir i'r gwan a'r prudd,
ac archwaeth dwfn at faeth y ffydd.

Holl angen dyn, tydi a'i gŵyr,
d'Efengyl a'i diwalla'n llwyr;
nid digon popeth hebot ti:
bara ein bywyd, cynnal ni.

TUDOR DAVIES

MYFYRDOD

Trueni mawr ein byd yw bod gan rai fwy na digon tra bod eraill yn gorfod 'llusgo byw yng nghysgod bedd', fel y dywed Tudor Davies. Ar bwy mae'r bai bod sefyllfa fel hyn yn bodoli? Ar Dduw ynteu ar ddyn? Po fwyaf y meddyliwn am ddioddefaint ein byd, mwyaf fyth y cyfrifoldeb a deimlwn ein hunain amdano. Allwn ni ddim ateb y cwestiynau i gyd, ond fe wyddom fod a wnelo ni ein hunain rywbeth â'r ateb.

Cawn hanes Iesu yn yr efengylau yn dangos tosturi

eithriadol tuag at lawer o anffodusion yn ystod ei weinidogaeth ar y ddaear. Ar un o'r achlysuron hynny, ym Marc 1:40–45, fe welwn Iesu yn estyn ei law mewn tosturi tuag at y dyn gwahanglwyfus oedd yn gofyn iddo am iachâd. Mae'n ei ddangos ei hun yn barod i wneud rhywbeth am y sefyllfa, ac yn barod hefyd i estyn ei dosturi wrth iddo estyn ei law i gyffwrdd â'r person ysgymun hwn. Gofyn am dosturi tebyg i dosturi Iesu mae Tudor Davies. Tosturi i weld na allwn ni basio heibio i bobl heb falio, ac na allwn ni ychwaith beidio â gwrando ar y gri a ddaw atom trwy ddarluniau ein cyfryngau a'n gwasg: lluniau'r 'miliynau llesg a thrist eu stad'.

Un o broblemau mawr ein dyddiau ni yw difrawder, neu'r hyn mae'r cyfryngau'n ei alw'n 'compassion fatigue'. Rydym yn blino ar weld yr un darluniau ar y teledu o blant â boliau chwyddedig a mamau hesb yn darfod o flaen ein llygaid. Y gwir amdani yw nad ydy hi'n cymryd yn hir inni flino, ac nad peth newydd o gwbl ydy'r difrawder hwn. Cyfansoddodd Iesu ddameg yn unswydd er mwyn dangos ar y pryd i un o athrawon y gyfraith, ac i ninnau hefyd, ein bod i falio am eraill, sef dameg y Samariad Trugarog (Luc 10:25–37). Ynddi cawn weld 'pwy yw fy nghymydog' a'n bod i'w garu fel ni'n hunain. Y Samariad ydy'r cymydog mwyaf annhebygol yn yr achos hwn. Dydy hi ddim ots ganddo fod yna rai eraill wedi pasio heibio i'r dyn oedd yn gorwedd yn ei waed ei hun ar fin y ffordd o'i flaen. Mae'n dod oddi ar ei asyn ac yn mynd allan o'i ffordd i'w ymgeleddu.

Bu'r ddameg hon yn fodd i bobl ar hyd yr oesoedd sylweddoli eu cyfrifoldeb tuag at eu cyd-ddyn. 'Gwna ni'n Samariaid o un fryd', ydy gweddi ein hemynydd.

Efallai'n wir ei bod yn anghyfleus yn aml inni dosturio tuag at y rheiny sydd mewn angen, ond gallwn ddweud dau beth am garedigrwydd brawdol fel hyn. Yn gyntaf, na fyddwn ni byth yn edifar o'i ddangos a'i wneud; ac yn ail, y bydd yn byw yn y cof pan mae pethau eraill wedi hen fynd yn angof.

GWEDDI
Nefol Dad, gwyddom dy fod yn cofio ac yn ymwybodol o holl anghenion dynoliaeth. Gwna ninnau'n ymwybodol hefyd o'n cyfrifoldeb tuag at gyd-ddyn sydd yn gymydog inni. Dyro dosturi Iesu ynom a'i nerth i ni yn ôl y dydd 'i helpu'r gwael yn hael o hyd'. Yn enw Iesu. Amen.

O am awydd cryf i feddu

Caneuon Ffydd: Rhif 819

O am awydd cryf i feddu
ysbryd pur yr addfwyn Iesu,
ysbryd dioddef ymhob adfyd,
ysbryd gweithio drwy fy mywyd.

Ysbryd maddau i elynion
heb ddim dial yn fy nghalon;
ysbryd gras ac ysbryd gweddi
dry at Dduw ymhob caledi.

O am ysbryd cario beichiau
a fo'n llethu plant gofidiau;
ar fy ngeiriau a'm gweithredoedd
bydded delw lân y nefoedd.

THOMAS MORGAN, 1850–1939

MYFYRDOD

Pe baem ni'n cael dewis, beth fyddai ein huchelgais ni, gweini ynteu cael eraill yn gweini arnom ni? Fe gafodd Iesu'r dewis hwnnw ac fe ddewisodd fod yn was o'i fodd ei hun. Am yr un awydd hwnnw y gofynna Thomas Morgan yn yr emyn hwn. Iesu yn sicr yw ein hesiampl orau o sut i wasanaethu. Ef sydd yn cyflawni proffwydoliaeth Eseia am y gwas perffaith: 'Dyma fy ngwas, yr wyf yn ei gynnal, f'etholedig, yr wyf yn ymhyfrydu ynddo. Rhoddais fy ysbryd ynddo' (Eseia 42:1).

Fe'n dysgodd i fod yn ostyngedig gan gymryd y cam cyntaf wrth weini ar ei ddisgyblion. Dyma fe'n 'codi o'r swper ac yn rhoi ei wisg o'r neilltu, yn cymryd tywel ... tywalltodd ddŵr ... a dechreuodd olchi traed y disgyblion' (Ioan 13:4–5). Rhoddodd gymaint o'r neilltu er mwyn dod i wasanaethu yn ein plith: 'fe'i gwacaodd ei hun,' meddai Paul (Phil. 2:7), a'i dywallt ei hun allan mewn gwasanaeth i ni.

Efallai nad ydy hi'n ffasiynol iawn gweini bellach, a doedd hi ddim yng nghyfnod Iesu ychwaith; yn wir, roedd cywilydd ar Pedr wrth feddwl y byddai ei Arglwydd yn gadael iddo'i hun gael ei weld yn gwneud gwaith mor isel â golchi traed. Ond dywedodd Iesu wrthyn nhw, '"Yr wyf wedi rhoi esiampl i chwi; yr ydych chwithau i wneud fel yr wyf fi wedi ei wneud i chwi ... nid yw unrhyw was yn fwy na'i feistr ... Os gwyddoch y pethau hyn, gwyn eich byd os gweithredwch arnynt"' (Ioan 13:15-17). Os ydym am gael ein bendithio, yna mae'n rhaid inni fod yn barod i wasanaethu.

Fe gawn orchymyn newydd gan Iesu i garu ein gilydd (Ioan 13:34), esiampl a gorchymyn, fel y gwelwyd uchod, i wasanaethu ein gilydd, gorchymyn i wneud popeth heb rwgnach nac ymryson (Phil. 2:14), ein rhybuddio y dylem faddau i'n gilydd (Mth. 6:14-15), ein gorchymyn a'n gadael gyda chanllawiau i weddïo (Mth. 6:9-13), a'n gorchymyn drachefn i gario beichiau ein gilydd (Gal. 6:2). Fe ŵyr ein hemynydd am y gorchmynion hyn, ond mae'n gofyn am 'ysbryd pur yr addfwyn Iesu', 'ysbryd dioddef', 'ysbryd gweithio', 'ysbryd maddau', 'ysbryd gweddi', ac 'ysbryd cario beichiau', i gyflawni'r gorchmynion hyn, yr ysbryd hwnnw y mae Iesu'n ei addo i'w ddisgyblion ar ei esgyniad i'r nefoedd. Fe dderbyniwch nerth wedi i'r Ysbryd Glân ddod arnoch, a byddwch yn dystion i mi ... hyd eithaf y ddaear' (Actau 1:8).

GWEDDI

Arglwydd Iesu, cael bod yn debyg iti yw fy uchelgais, cael dy stamp di arnaf er mwyn imi fod â 'delw lân y nefoedd' arnaf. Cynorthwya fi i ofyn, i chwilio ac i guro nes cael nerth dy Ysbryd Glân di dy hun yn eiddo imi. Er mwyn dy enw. Amen.

Efengyl tangnefedd, O rhed dros y byd

Caneuon Ffydd: Rhif 844

Efengyl tangnefedd, O rhed dros y byd,
a deled y bobloedd i'th lewyrch i gyd;
na foed neb heb wybod am gariad y groes,
a brodyr i'w gilydd fo dynion pob oes.

Sancteiddier y ddaear gan Ysbryd y ne';
boed Iesu yn Frenin, a neb ond efe:
y tywysogaethau mewn hedd wrth ei draed
a phawb yn ddiogel dan arwydd ei waed.

Efengyl tangnefedd, dos rhagot yn awr,
a doed dy gyfiawnder o'r nefoedd i lawr,
fel na byddo mwyach na dial na phoen
na chariad at ryfel, ond rhyfel yr Oen.

EIFION WYN, 1867–1926

MYFYRDOD

Dyhead pobl, ers rhyfeloedd mawr yr ugeinfed ganrif, yw gweld terfyn ar ryfel fel ffordd o setlo gwahaniaethau rhwng cenhedloedd neu garfanau. Mae'r emyn hwn gan Eifion Wyn yn parhau i roi mynegiant i'r dyhead hwnnw heddiw. Ond nid yw'r dyhead wedi dwyn ffrwyth, ac mae ein byd yn parhau i fod yn lle peryglus ac ofnus i lawer o'i drigolion wrth i ryfeloedd gael eu hymladd ar draws ei gyfandiroedd i gyd. Deuthum ar draws yr ystadegyn hwn yn ddiweddar, sef bod yna 26 o ryfeloedd yn cael eu hymladd ar hyn o bryd ar draws y byd. Mae'r rheiny yn cynnwys llawer mwy o garfanau a chenhedloedd a gwledydd, wrth gwrs, a miliynau o bobl yn byw felly yng nghysgod rhyfel – rhai ohonyn nhw'n gyfarwydd inni trwy'r cyfryngau, ond llawer ohonyn nhw na wyddom ni ddim amdanyn nhw, neu yr ydym wedi hen anghofio am eu bodolaeth.

Peth clodwiw ddigon yw dyheu a gweithio dros heddwch byd, ond tra pery hunanoldeb a balchder mewn dynion, a thra pery cylchoedd trais i gael eu meithrin gan chwerwder a diffyg maddeuant, nid oes gobaith gweld diwedd ar ryfela. Mae ein hemynydd yn mynd â ni at wraidd y mater ac yn dweud bod yn rhaid newid calonnau dynion trwy eu dwyn nhw i lewyrch cariad Crist, a amlygwyd yn bennaf yn ei groes. Hyn er mwyn newid ysbryd y Ddaear.

Teitl godidog ar y Meseia yw 'Tywysog tangnefedd', a'r newyddion da am ei ddyfodiad ef i achub y byd yw 'Efengyl tangnefedd' felly. Ond tangnefedd yw hi, yn bennaf ac yn flaenaf, rhwng Duw a dyn. Wrth i'r Efengyl tangnefedd honno gael ei lledaenu ledled y byd, gan droi gelynion Duw yn blant iddo, y daw 'dynion pob oes' yn 'frodyr i'w gilydd', heb fod 'na chariad at ryfel, ond rhyfel yr Oen'.

Edrych ymlaen at y cyfnod hwnnw pryd y byddai neges Duw o heddwch a maddeuant i ddyn wedi ei chyhoeddi i'r byd yn gyfan mae'r proffwydi Eseia a Micha pan broffwydant, 'Curant eu cleddyfau'n geibiau, a'u gwaywffyn yn grymanau. Ni chyfyd cenedl gleddyf yn erbyn cenedl, ac ni ddysgant ryfel mwyach' (Eseia 2:4; Micha 4:3). Roedd gweld diwedd ar ryfel a'r gobaith am deyrnasiad dwyfol yma ar y ddaear mor bwysig gan Dduw, ac yn parhau i fod felly, nes iddo ddatguddio'r broffwydoliaeth hon i'r proffwyd Eseia ac i Micha hefyd. Dyma gyfnod pryd y bydd 'Iesu yn Frenin, a neb ond efe'.

Mae ein hemynydd yn dyheu am y dydd hwnnw fel y proffwydi, ac fel Duw ei hun. Dydd pan fydd Iesu yn ymweld eto â'r ddaear ac yn sefydlu ei deyrnas yma mewn grym. Dyna'r rheswm am y brys sydd yn yr emyn: 'rhed dros y byd'; 'dos rhagot yn awr'. Y fath oleuni a fydd bryd hynny wrth i Dduw ddatrys holl anghydfod, dial a phoen ein byd, pan ddaw 'y bobloedd i'th lewyrch i gyd'. Prysured y dydd yn wir!

GWEDDI

O Dad, rwy'n diolch iti am y gobaith na fydd y ddaear hon fel ag y mae hi am byth, ond y bydd pethau'n newid wrth i Iesu gael ei gyhoeddi'n Frenin ac i bobl ddod i lewyrch ei Efengyl. Prysured y dydd y bydd ef yn Frenin, 'a neb ond efe'. Amen.

Dros Gymru'n gwlad, O Dad

Caneuon Ffydd: Rhif 852

Dros Gymru'n gwlad, O Dad, dyrchafwn gri,
y winllan wen a roed i'n gofal ni;
d'amddiffyn cryf a'i cadwo'n ffyddlon byth,
a boed i'r gwir a'r glân gael ynddi nyth;
er mwyn dy Fab a'i prynodd iddo'i hun,
O crea hi yn Gymru ar dy lun.

O deued dydd pan fo awelon Duw
yn chwythu eto dros ein herwau gwyw,
a'r crindir cras dan ras cawodydd nef
yn erddi Crist, yn ffrwythlon iddo ef,
a'n heniaith fwyn â gorfoleddus hoen
yn seinio fry haeddiannau'r addfwyn Oen.

LEWIS VALENTINE, 1893–1986

MYFYRDOD

Gresynwn yn aml fod cyflwr ein gwlad fel ag y mae hi, ond mae hi'n hawdd gresynu ac yn hawdd gweld bai ar genhedlaeth sydd wedi codi ac sydd eto yn codi, am beidio â dilyn llwybrau y rhai a aeth o'u blaenau, am beidio â pharchu'r etifeddiaeth deg sydd wedi ei throsglwyddo i ni. Fel y dywed Gerallt Lloyd Owen yn ei gerdd 'Etifeddiaeth':

Cawsom wlad i'w chadw,
darn o dir yn dyst
ein bod wedi mynnu byw.

Peidiwn â gresynu, peidiwn â beirniadu'r genhedlaeth bresennol; y mae'r pydredd yn y pren ers cenedlaethau, er pan ddechreuwyd diystyru 'amddiffyn cryf' Duw ein Tad nefol drosom fel cenedl.

Gweddïo a dyheu mae Lewis Valentine yn ei wneud yn yr emyn adnabyddus hwn, ac mae hynny'n agwedd lawer mwy adeiladol na gresynu a beirniadu. Roedd Lewis Valentine yn cofio 'blynyddoedd deheulaw y Goruchaf' (Salm 77:10, BWM) yma yng Nghymru, ac yn gwybod nad anghofiodd Duw ei addewid inni a'i drugaredd tuag atom. Mae'n dal gafael yn yr addewid honno yn ei bennill cyntaf: 'd'amddiffyn cryf a'i cadwo'n ffyddlon byth', ac nid yw'n gollwng gafael ynddi. Bron na allwn ni ddweud ei fod yn gweddïo yma fel pe byddai eisoes wedi derbyn yr hyn y galwa amdano. Felly mae Iesu'n gorchymyn inni weddïo mewn ffydd: '"A pha beth bynnag a ofynnoch mewn gweddi, gan gredu, chwi a'i derbyniwch"' (Mth. 21:22, BWM), meddai wrth ei ddisgyblion, gan eu hatgoffa bod ffydd yn gallu symud mynyddoedd.

Rhywbeth i ddal gafael ynddi ac i'w diogelu gyda'ch bywyd oedd gwinllan yng nghyfnod y Beibl. Cofiwn am hanes Naboth yn colli ei fywyd oherwydd bod Ahab y brenin wedi llygadu ei winllan, a'i wraig Jesebel wedi trefnu ffordd i gael gwared â Naboth er mwyn i'w gŵr gael ei ddymuniad. '"Yr Arglwydd a'm gwaredo rhag rhoi i ti etifeddiaeth fy hynafiaid' (1 Bren. 21:3) oedd ateb Naboth i gais Ahab am ei winllan, er ei fod yn cynnig un well iddo yn ei le. Gyda'r un penderfyniad mae Lewis Valentine yn cyfeirio yma at Gymru fel 'gwinllan wen a roed i'n gofal ni;, nid yw'n barod i'w hildio i neb arall, nac iddi fod yn rhan o deyrnas neb arall heblaw teyrnas Dduw. Mae'r thema o Gymru fel gwinllan bellach yn un gref yn ein plith, a dichon mai Lewis Valentine yma a Saunders Lewis yntau, pan ysgrifennodd am 'winllan a roddwyd i'm gofal yw Cymru fy ngwlad' yn ei ddrama *Buchedd Garmon*, sydd yn bennaf cyfrifol am y ddelwedd hon.

Ond nid oes diben yn y byd mewn cael gwinllan onid ydym yn gofalu amdani ac onid ydy hi'n dwyn ffrwyth. Mae Lewis Valentine yn cydnabod mai 'erwau gwyw' sydd gennym bellach ac mai 'crindir cras' sydd yn ein gofal, ac yn dyheu a galw am 'gawodydd nef' ac 'awelon Duw' i chwythu'r rheiny i'w lle, er mwyn i'r winllan gael dwyn ffrwyth iddo ef eto a bod yn rhan o 'erddi Crist', gyda'n hiaith yn cael ei defnyddio i'r diben y'i bwriadwyd, sef i 'seinio fry haeddiannau'r addfwyn Oen'.

GWEDDI

O Dduw Dad, y gwinllannwr, gad inni alw allan arnat a dyheu am y fendith a'r awelon a'r cawodydd yr wyt ti'n abl i'w rhoi inni yng Nghymru, a gad inni weddïo fel pe byddem ni eisoes wedi eu derbyn. Yn haeddiant yr addfwyn Oen. Amen.

Anfonodd Iesu fi

Caneuon Ffydd: Rhif 866

Anfonodd Iesu fi
i'r byd i wneud ei waith
a gwneud yn siwr y daw
ei deyrnas ef yn ffaith;
nid gwaith angylion yw
troi byd o boen a braw
yn fyd o gariad pur
a heddwch ar bob llaw:
anfonodd Iesu fi
i wir ryddhau ei fyd,
O Dduw, rho help im wneud
d'ewyllys di o hyd.

EMYN TRADDODIADOL O CUBA
cyf. JORGE MALDONADO
a MEURWYN WILLIAMS, 1940–98

MYFYRDOD

Wrth gyflwyno cyfrol o ganeuon, *Sent by the Lord*, yn bennaf o eglwysi yng nghanolbarth America, gobaith y casglwr John L. Bell oedd y byddai'r caneuon hyn yn dod o hyd i ffordd i mewn i addoliad eglwysi ym Mhrydain. 'Caneuon y bobl gyffredin, nid y rhai proffesiynol, ydy'r rhain, a gallan nhw ein helpu ni i ddathlu hoffter Duw o'r cyffredin', meddai yn ei gyflwyniad.

Cân wedi ei chasglu o'r traddodiad llafar yw'r emyn hwn, a chymerodd Bell y cyfieithiad o'i eiriau cyntaf, 'Sent by the Lord am I', yn deitl i'w lyfr. Mae'r geiriau a'r gerddoriaeth ynghlwm yn ei gilydd, ac er na wyddys dim oll am darddiad y gân, y mae'n enghraifft dda o'r ffordd y gall y traddodiadau gwerin yng nghanolbarth America gynhyrchu caneuon bywiog iawn mewn cyweiriau lleddf. Gwnaeth y diweddar Meurwyn Williams gymwynas â ni wrth ei throsi i'r Gymraeg a'i dwyn bellach, o'i chynnwys yn *Caneuon Ffydd*, yn rhan o addoliad yr eglwysi Cymraeg.

Mae'r gân yn cyfleu'r penderfyniad a'r pwrpas oedd yn

rhan o genhadaeth Crist, a'r ffaith ei fod hefyd wedi rhoi gwaith arbennig i ninnau i'w wneud. Addawodd gymorth yr Ysbryd Glân inni cyn iddo esgyn i'r nefoedd, gan ddweud: "'byddwch yn dystion i mi yn Jerwsalem, ac yn holl Jwdea a Samaria, a hyd eithaf y ddaear."' (Actau 1:8). Nid oes dim yn amwys yn y comisiwn hwn. Roedd hi'n amlwg i'r dilynwyr oedd yn bresennol, beth fyddai eu gwaith o'r amser hynny, ac mai eu gwaith nhw fyddai o, ac nid gwaith neb arall! Dyna pam mae ein hemyn yn dweud:

> nid gwaith angylion yw
> troi byd o boen a braw
> yn fyd o gariad pur
> a heddwch ar bob llaw.

Un o rinweddau gorau unrhyw weithiwr, beth bynnag fo'i alwedigaeth, ydy ei fod yn 'gweld ei waith', h.y. yn sylweddoli beth ydy ei waith, ac nid yn ei adael i rywun arall. Allwn ninnau ddim gadael y gwaith o hyrwyddo Teyrnas Dduw a bod yn dystion i Iesu Grist, i fodau eraill, mwy 'ysbrydol' na ni'n hunain, fel angylion; ein gwaith ni, a neb arall yw 'gwneud yn siŵr y daw ei deyrnas ef yn ffaith'. Sonia Paul yn 1 Corinthiaid 12 ac Effesiaid 4 am y gwahanol bobl sydd oddi mewn i eglwys: apostolion, proffwydi ac athrawon, er enghraifft, ond nid pawb sy'n gallu bod yn arweinwyr, ac ni all y rheiny ennill y byd ar eu pennau eu hunain – does dim digon ohonyn nhw! Mae'n rhaid i holl bobl Dduw rannu yn y gwaith o ennill y byd i Grist; dyma yw 'gweinidogaeth yr holl saint'. Ac yn ogystal â chydweithio gyda'n gilydd yn y gwaith, yr ydym yn cael cydweithio gyda Duw ei hun. Ef sydd yn ein nerthu i wneud ei ewyllys, fel y daw'r ddaear yn debycach i'r nef.

GWEDDI

'O Dduw, rho help im wneud d'ewyllys di o hyd.' I sylweddoli hefyd dy fod yn fy ngalw i, er cyn lleied sydd gennyf i'w gynnig, yn ôl fy nhyb i, i fod yn rhan o'r tîm sydd yn ennill y byd i Grist. Er gogoniant i'w enw. Amen.

Dyro dy gariad i'n clymu

Caneuon Ffydd: Rhif 871

Dyro dy gariad i'n clymu,
  dy gariad fyddo'n ein plith;
dyro dy gariad i Gymru,
  bendithion gwasgar fel gwlith:
dysg inni ddeall o'r newydd
  holl ystyr cariad at frawd;
dyro dy gariad i'n clymu,
  dy gariad di.

Mewn byd o newyn a thristwch
  dysg i ni rannu pob rhodd,
mawr yw dy gariad di atom,
  dysg i ni garu'r un modd:
dysg inni ddeall o'r newydd
  holl ystyr cariad at frawd;
dyro dy gariad i'n clymu,
  dy gariad di.

Gwna ni yn lampau d'oleuni
  lle byddo t'wyllwch a thrais,
gwna ni'n gyhoeddwyr dy obaith
  fel clywo'r bobloedd dy lais:
dysg inni ddeall o'r newydd
  holl ystyr cariad at frawd;
dyro dy gariad i'n clymu,
  dy gariad di.

1 DAVE BILBROUGH, *cyf.* CATRIN ALUN
2, 3 SIÔN ALED

MYFYRDOD

Dyma gyfuniad ffres yn yr emyn hwn o drosiad gan Catrin Alun a phenillion newydd gan Siôn Aled. Un pennill sydd yn y gwreiddiol, 'Let there be love shared among us', gan Dave Bilbrough, a defnyddir hwnnw'n sail ar gyfer adeiladu emyn cyflawn yn y Gymraeg gyda'r rhan olaf o'r pennill cyntaf yn cael ei hailadrodd yn y tri phennill.

Cawn gyfeiriad uwchben y gwreiddiol sy'n ein cyfeirio at 1 Ioan 4:7, sy'n nodi fel y dylai cariad Duw ennyn ynom ninnau gariad brawdol a chariad tebyg i'w gariad ef ei hun: 'Ffrindiau annwyl, gadewch inni garu ein gilydd, oherwydd mae cariad yn dod oddi wrth Dduw, mae pawb sy'n caru fel hyn wedi ei eni'n blentyn i Dduw ac yn adnabod Duw' (Beibl.net). Dyma'r cariad sy'n ein clymu ac yn ein dysgu ni 'i ddeall o'r newydd holl ystyr cariad at frawd'.

Mae thema cariad yn llifo trwy lythyrau Ioan i gyd. Pam fod angen pwysleisio cymaint ar gariad at ein gilydd tybed? Mae'n rhaid bod Ioan yn gweld ei angen ymhlith Cristnogion y ganrif gyntaf, ac mae'r angen yn parhau heddiw.

Pam fod angen cymhelliad dros garu? meddech chi – mae'r teimlad yn ddigon! Ond allwn ni ddim dibynnu ar ein teimladau bob tro – os o gwbl! Efallai ein bod yn teimlo'n llawn cariad brawdol un diwrnod, ond bod hwnnw'n troi yn annifyrrwch ac yn gasineb yn fuan iawn wrth inni gael ein cyffwrdd gan amgylchiadau o'n cwmpas. Dyna pam mae Ioan yn datgan *gorchymyn* i ni garu: 'Dyma ei orchymyn: ein bod i gredu yn enw ei Fab ef, Iesu Grist, a charu'n gilydd' (1 Ioan 3:23). Nid awn ymhell iawn fel Cristnogion yn y byd os byddwn yn dibynnu ar ein teimladau i'n harwain ni. Cariad yw'r prawf o'r bywyd Cristnogol.

Er mwyn para i garu, mae'n rhaid gwybod ymhle mae ei ffynhonnell, inni gael mynd yn ôl ati a drachtio'n helaeth ohoni. Olrheinia Ioan gariad yn ôl at ei darddiad yn natur Duw, 'cariad yw Duw' (1 Ioan 4:8), a'r modd y datguddiwyd y cariad hwnnw inni yng nghroes Crist. Dyma sut y gwnaeth Duw ddangos ei gariad tuag atom: anfonodd 'ei unig Fab i'r byd, er mwyn i ni gael byw drwyddo ef' (1 Ioan 1:9). Yn y fan honno y mae ein cariad ninnau'n cael ei danio ac y dysgwn 'garu'r un modd'.

Yn ein pennill olaf fe welwn oleuni cariad yn trechu tywyllwch gelyniaeth a thrais. Yn ogystal â bod yn 'gariad', mae Duw hefyd yn 'oleuni' (1 Ioan 1:5). Cofiwn fod: 'Y sawl sy'n dweud ei fod yn y goleuni, ac yn casáu ei gydaelod, yn y tywyllwch y mae o hyd' (1 Ioan 2:9). Datguddiwn wir natur ein perthynas â Duw yn ein perthynas â phobl eraill. Neges o gariad a goleuni a gobaith sydd gennym ar gyfer y rhai yr ydym mewn perthynas â nhw, a'r rheiny yn tarddu yn unig o'r cariad a'r goleuni a'r gobaith sydd oddi wrth Dduw ac yn cael ei ddatguddio inni yng Nghrist.

GWEDDI

O Dad, yr hwn wyt yn gariad i gyd, rwy'n dechrau deall o'r newydd holl ystyr cariad at frawd. Paid â gadael imi ymwneud yn unig â'r rhai o'm cwmpas, ond gad imi eu caru nhw. 'Dyro dy gariad i'n clymu, dy gariad di.' Er mwyn Iesu. Amen.

CENT 03/09/19